Recht – schnell erfasst

Weitere Bände siehe
http://www.springer.com/series/3296

Joachim Gruber

Handelsrecht –
Schnell erfasst

6. Auflage

 Springer

Reihenherausgeber
Dr. Detlef Kröger
Buch, Deutschland

Claas Hanken
Bremen, Deutschland

Autor
Prof. Dr. Joachim Gruber
Westsächsische Hochschule Zwickau
Zwickau, Deutschland

ISSN 1431-7559
Recht – schnell erfasst
ISBN 978-3-662-58347-0   ISBN 978-3-662-58348-7 (eBook)
https://doi.org/10.1007/978-3-662-58348-7

Die Deutsche Nationalbibliothek verzeichnet diese Publikation in der Deutschen National-bibliografie; detaillierte bibliografische Daten sind im Internet über ▶ http://dnb.d-nb.de abrufbar.

Springer
© Springer-Verlag GmbH Deutschland, ein Teil von Springer Nature 1995, 1996, 2000, 2003, 2006, 2019

Springer ist ein Imprint der eingetragenen Gesellschaft Springer-Verlag GmbH, DE und ist ein Teil von Springer Nature.
Die Anschrift der Gesellschaft ist: Heidelberger Platz 3, 14197 Berlin, Germany

Vorwort zur 6. Auflage

Dieses Buch soll dem Leser (und natürlich auch der Leserin) den Einstieg in das Handelsgesetzbuch (HGB) ermöglichen. In diesem Gesetz geht es im Wesentlichen um die Fragen:

- Wer ist Kaufmann und welche Besonderheiten gelten für Verträge mit Kaufleuten?
- Wie sind die Rechtsbeziehungen zwischen dem Kaufmann und seinen Hilfspersonen ausgestaltet?
- Welche Rechnungslegungspflichten obliegen dem Kaufmann?
- Was ist bei der Gründung und Führung von Personenhandelsgesellschaften zu beachten?

Darüber hinaus ist es Ziel des Buches, neben den im HGB geregelten Rechtsmaterien zusätzlich die für die kaufmännische Praxis und die Prüfungen im Fach Handelsrecht wichtigen Vorschriften außerhalb des HGB kurz und verständlich darzustellen. Über den Inhalt des HGB hinaus geht vorliegendes Werk daher auch auf den internationalen Handelsverkehr und die verfahrensrechtlichen Besonderheiten bei Handelsstreitigkeiten ein; zu letztgenanntem Punkt gehört auch eine Einführung in die Schiedsgerichtsbarkeit. Ferner werden die Grundzüge des Scheck- und des Wechselrechts und des Gewerblichen Rechtsschutzes (dieser Begriff umfasst das Patent-, das Gebrauchsmuster-, das Design-, das Marken- sowie das Wettbewerbsrecht) skizziert. Außerdem werden die Gesellschaftsformen erläutert, die nicht im HGB geregelt sind (z. B. GmbH, AG).

Das Werk wendet sich zum einen an Studierende der Wirtschaftswissenschaften, die bei ihrer Ausbildung an Universitäten, Fachhochschulen und Berufsakademien mit dem Handelsrecht konfrontiert werden, und zum anderen an Praktiker, welche sich im Rahmen einer Fortbildung oder im Hinblick auf ihre berufliche Tätigkeit mit dem Handelsrecht beschäftigen wollen. Vor allem für die letztgenannte Zielgruppe werden immer wieder die praktischen Auswirkungen der einzelnen Regelungen aufgezeigt. Ferner soll dieses Buch Jura-Studenten eine erste Orientierung bieten und ihnen für die Klausurvorbereitung die Möglichkeit geben, die Kernfragen des Handelsrechts in kurzer Zeit zu wiederholen.

Wie in der Buchreihe üblich, werden die wichtigsten Normen im Wortlaut wiedergegeben. Dabei hielt ich mich an die Schreibweise im Originaltext; das führt z. B. dazu, dass es im Text von älteren Gesetzen „daß" und bei neueren Gesetzen „dass" heißt.

Für die Neuauflage mussten zahlreiche Passagen aktualisiert werden; viele Abschnitte habe ich erweitert. Dabei wurde insbesondere das Recht der Europäischen Union stärker als bisher berücksichtigt. Ferner enthält das Buch nun gelegentlich Hinweise auf Gerichtsentscheidungen, und zwar bei der Darstellung von Rechtsfragen, zu denen die Rechtsprechung Ansichten vertritt, die sich nicht (zumindest nicht unmittelbar) aus dem Wortlaut des Gesetzes ergeben. Wer mag, kann die Urteile im Internet oder in einschlägigen Zeitschriften nachlesen (die Fundstellen werden im Buch genannt); notwendig für das Verständnis ist das nicht.

Stark ausgebaut wurde auch das als Glossar angelegte Register; so kann dieser Buchteil als eigenständiges Kurzrepetitorium genutzt werden. Im Register werden außerdem die im Buch verwendeten Abkürzungen erklärt. Bei Gesetzen, die keine amtliche Abkürzung haben, übernahm ich die Abkürzung aus der vom Bundesministerium der Justiz und für Verbraucherschutz betriebenen Internetseite „gesetze-im-internet.de", um das Auffinden der dort in der alphabetischen Reihenfolge der Abkürzung aufgelisteten Gesetze zu erleichtern.

Hilfreich für die Überarbeitung waren die Anregungen, welche die zahlreichen Rezensenten in den Besprechungen der letzten beiden Auflagen gaben. Den Autoren dieser Buchbesprechungen gilt daher mein besonderer Dank (die 5. Auflage wurde u. a. besprochen von Volker Römermann, NJW 2007, 2832; Rolf Steding, NJ 2007, 72; Christian Grieben, Staatsanzeiger für das Land Hessen 2007, 508; Frederik Karsten, GewArch 2007, 167–168; Jan Kaiser, JuS-Magazin 3/07, 31; Benjamin Krenberger, studjur-online.de Mai 2007; Ines E. Dernedde, SchiedsVZ 2007, 273; Tilo Keil, DZWIR 2007, 528; Sven Polenz, JURA 2007, 960; Ray Junghanns, DVP 2008, 438; die 4. Auflage von Norbert Gross, NJW 2003, 1025; Christian Klostermann, WRP 2003, 401–402; Ludwig Gramlich, WM 2003, 852; Marc Schüffner, Berliner Anwaltsblatt 2003, 195–196; Stefanie Samland, www.jurawelt.com; Nikolai H. R. Lück, JA 8/2003, IV; Klaus Lammich, JURA 2003, 360; Bernd Müller-Christmann, JuS 6/2003, XLII–XLIV; Annemarie Großhans, Schweizerische Juristen-Zeitung 2003, 364; Liechtensteinische Juristen-Zeitung 2003, 70 (Redaktion); Jürgen Vahle, DVP 2003, 515; Ralf Lengen, www.mittelstanddirekt.de; Franz Schneider, Lebende Sprachen 2003, 139–141).

Bedanken möchte ich mich auch bei Frau Jana Ritter für das aufopferungsvolle Korrekturlesen.

Prof. Dr. Joachim Gruber D.E.A. (Paris I)
Zwickau, Februar 2019

Hinweise zur Vertiefung und Internetadressen

Dieses Buch enthält bewusst keine Literaturangaben und nur wenige Hinweise auf relevante Urteile, da es mir nur um die Grundlagen des Handelsrechts geht. Die Urteile werden mit Datum und Aktenzeichen zitiert (und für diejenigen Leser, die eine Entscheidung in einer Hausarbeit zitieren möchten, zusätzlich noch mit einer Fundstelle in einer gängigen Fachzeitschrift); die Entscheidungen der Bundesgerichte und des Europäischen Gerichtshofs können anhand dieser Angaben im Volltext im Internet einfach gefunden und nachgelesen werden (Bundesgerichtshof: ▶ http://www.bundesgerichtshof.de; Bundesverwaltungsgericht: ▶ http://www.bverwg.de; Europäischer Gerichtshof: ▶ http://www.curia.europa.eu).

» HGB-Kommentare

Wer den einen oder anderen Punkt vertiefen möchte, dem sei ein Blick in die Kommentarliteratur empfohlen. Falls die Ihnen zugängliche Bibliothek nicht nach Sachgebieten geordnet ist, hier einige Namen von HGB-Kommentaren: Baumbach/Hopt, Ebenroth/Boujong/Joost/Strohn, Glanegger u. a., Heymann, Koller/Kindler/Roth. Ein umfassender Kommentar zum deutschen und europäischen Markenrecht: Kur/von Bomhard/Albrecht. In welcher Bibliothek in Ihrer Nähe die jeweils neuste Auflage verfügbar ist, lässt sich anhand des „Karlsruher virtuellen Katalogs" im Internet unter ▶ http://www.kvk.bibliothek.kit.edu.html feststellen.

» Gesetze im Internet

» BT-Drucksachen im Internet

Die jeweils neuste Gesetzesversion steht im Internet unter ▶ http://www.gesetze-im-internet.de. Das Bundesgesetzblatt ist (allerdings nur als Leseversion) unter ▶ http://www.bgbl.de abrufbar. Bei aktuellen Gesetzesänderungen lohnt es sich, die Gesetzesbegründung der Bundesregierung zu lesen. Diese wird in den Bundestags-Drucksachen (meist abgekürzt „BT-Drucks.") veröffentlicht, welche auch über das Internet unter ▶ http://dip.bundestag.de abrufbar sind.

Die Verordnungen und Richtlinien der Europäischen Union sind im Internet unter ▶ http://eur-lex.europa.homepage.eu.html zu finden.

» Vertiefungswerke

Bezüglich der von mir nur kurz angesprochenen Randgebiete des Handelsrechts empfehle ich Ihnen bei Bedarf die Lektüre der in derselben Reihe wie vorliegendes Buch (bzw. einer entsprechenden Reihe für BWL-Bücher) erschienenen Werke zum Arbeitsrecht, Bürgerlichen Recht, Bankrecht, Gesellschaftsrecht, Insolvenzrecht, Transportrecht, Vereinsrecht und Wettbewerbsrecht sowie zur Buchführung.

Einen kompakten Überblick über das große Gebiet des Gewerblichen Rechtsschutzes bietet Gruber, Gewerblicher Rechtsschutz und Urheberrecht, 10. Aufl. (2019). Der im ▶ Kap. 3 abgedruckte arbeitsrechtliche Fall zum Wettbewerbsverbot stammt aus Gruber, Standardfälle Arbeitsrecht, 10. Aufl. (2018).

Wer die Anwendung seiner Handelsrechtskenntnisse anhand von Fällen üben möchte, kann dies mit dem Buch „Fallsammlung zum Handelsrecht" von R. Jula, 2. Aufl. (2009) tun.

》 Klausurtipp

Ein Tipp zum Schluss: Die Aufgabensteller von Klausuren lassen sich oft durch aktuelle Gerichtsentscheidungen inspirieren. Daher rate ich Ihnen, vor der Klausur einen Blick auf die Homepage des Bundesgerichtshofs zu werfen, auf der Presseinformationen und (u. a.) die jüngsten BGH-Entscheidungen im Volltext zu finden sind.

Inhaltsverzeichnis

Einführung

© Springer-Verlag GmbH Deutschland, ein Teil von Springer Nature 2019
J. Gruber, *Handelsrecht – Schnell erfasst*, Recht – schnell erfasst,
https://doi.org/10.1007/978-3-662-58348-7_1

1

1.1 Abgrenzung zwischen HGB und BGB

Handelsrecht ist das Sonderprivatrecht der Kaufleute

Handelsrecht ist das Sonderprivatrecht der Kaufleute. Das Handelsgesetzbuch (HGB) enthält daher für bestimmte Vorgänge Spezialregelungen, welche die Regelungen des Bürgerlichen Gesetzbuches (BGB) verdrängen. Dieser Spezialitätsgrundsatz wird in Art. 2 des Einführungsgesetzes zum HGB (EGHGB) ausdrücklich hervorgehoben.

> **Art. 2 EGHGB – Verhältnis des HGB zum BGB**
> (1) In Handelssachen kommen die Vorschriften des BGB nur insoweit zur Anwendung, als nicht im HGB oder in diesem Gesetz [= im EGHGB] ein anderes bestimmt ist.

Dennoch ist das BGB auch für den Kaufmann von Bedeutung, denn das HGB hat nur einige wenige Rechtsfragen im Auge und im Übrigen muss auf das BGB zurückgegriffen werden. Daher ist es empfehlenswert, erst den in derselben Reihe wie vorliegendes Lehrbuch erschienenen Band „Bürgerliches Recht: schnell erfasst" durchzuarbeiten, bevor man sich dem vorliegenden Werk zuwendet. Um die Unterschiede zwischen dem BGB und dem HGB deutlich zu machen, wird aber auch im Folgenden immer dann auf das BGB eingegangen, wenn durch den Vergleich der BGB- mit den HGB-Regelungen die Besonderheiten des Handelsrechts deutlicher herausgearbeitet werden können als es ohne eine Bezugnahme auf das BGB der Fall wäre.

Im BGB finden sich Bestimmungen über den Unternehmer.

Die Tendenz des Gesetzgebers geht dahin, den Anwendungsbereich des HGB immer weiter zurückzudrängen und die auftretenden Rechtsfragen im BGB zu regeln. Das Abgrenzungskriterium Kaufmann (= HGB)/Nicht-Kaufmann (= BGB) wird immer mehr durch die Unterscheidung Unternehmer/Verbraucher (für beide enthält das BGB Regelungen mit unterschiedlichen Rechtsfolgen) ersetzt. Dies zeigt sich auch darin, dass das BGB seit dem Jahr 2000 gleich zu Beginn zwischen Verbrauchern (§ 13 BGB) und Unternehmern (§ 14 BGB) unterscheidet.

> **§ 13 BGB – Verbraucher**
> Verbraucher ist jede natürliche Person, die ein Rechtsgeschäft zu Zwecken abschließt, die überwiegend weder ihrer gewerblichen noch ihrer selbstständigen beruflichen Tätigkeit zugerechnet werden können.

> **§ 14 BGB – Unternehmer**
> (1) Unternehmer ist eine natürliche oder juristische Person oder eine rechtsfähige Personengesellschaft, die bei Abschluss eines Rechtsgeschäfts in Ausübung ihrer gewerblichen oder selbstständigen beruflichen Tätigkeit handelt.

Dabei ist der Unternehmerbegriff des BGB mit dem Kaufmannsbegriff des HGB nur teilidentisch, da ersterer auch Freiberufler mit einschließt, die nicht unter den Kaufmannsbegriff des HGB fallen, sowie nicht in das Handelsregister eingetragene Kleingewerbetreibende. Näheres dazu erfahren Sie im folgenden Kapitel.

Folgende Vorschriften des BGB werden ergänzt, beziehungsweise in den meisten Fällen verdrängt, durch Vorschriften des HGB:		
BGB	**Inhalt der BGB-/HGB-Regelung**	**HGB**
§ 151	Vertragsannahme durch Schweigen, wenn Annahmeerklärung nach Verkehrssitte nicht zu erwarten ist / Vertragsannahme durch Schweigen bei vorherigem Angebot der Geschäftsbesorgung	§ 362
§ 157	Auslegung nach Treu und Glauben / Berücksichtigung von Handelsbräuchen	§ 346
§§ 164 ff.	Allgemeine Regelung zur Vertretung / Vertretung durch den Prokuristen, Handlungsbevollmächtigten, Laden-und Warenlagerangestellten	§§ 48 ff.
§ 243 I	Gattungsschuld	§ 360
§ 246	Gesetzlicher Zinssatz 4 % / Gesetzlicher Zinssatz 5 %	§ 352
§ 271	Leistungszeit / Leistung während der Geschäftszeit	§ 358
§ 273	Zurückbehaltungsrecht nur bei Anspruch aus demselben rechtlichen Verhältnis / Zurückbehaltungsrecht bei allen Ansprüchen	§§ 369 ff.
§ 276	Verantwortlichkeit des Schuldners bei Vorsatz und Fahrlässigkeit / Sorgfaltspflicht des Kaufmanns	§ 347
§ 288	Zinsen bei Verzug (dazu § 286 BGB) in Höhe von 5 % über dem Basiszinssatz nach § 247 BGB, sofern ein Verbraucher beteiligt ist (§ 288 I BGB), und in Höhe von 9 % über dem Basiszinssatz bei Geschäften zwischen Unternehmern (§ 288 II BGB); Fälligkeitszinsen nur beim Werkvertrag (§ 641 IV BGB) / Zinsen nicht erst bei Verzug, sondern schon ab Fälligkeit, allerdings nur in Höhe von 5 %	§ 353
§§ 293, 300	Bei Annahmeverzug des Gläubigers keine Hinterlegung / Hinterlegungsbefugnis bei Annahmeverzug	§§ 373 f.
§ 310 I 2	Berücksichtigung von Handelsbräuchen bei der Inhaltskontrolle von Allgemeinen Geschäftsbedingungen / Berücksichtigung von Handelsbräuchen	§ 346

◻ **Abb. 1.1**   Die Spezialvorschriften des HGB

1

§ 315	Bestimmungskauf	§ 375
§ 343	Herabsetzung der Vertragsstrafe möglich / Keine Herabsetzung der Vertragsstrafe	§ 348
§ 323 II Nr. 2	Fixhandelskauf	§ 376
§§ 434 ff.	Sachmängelansprüche beim Kauf verjähren frühestens nach zwei Jahren / Sachmängelansprüche gehen mangels unverzüglicher Mängelrüge unter	§ 377
§ 488	Darlehenszinsen nur bei Vereinbarung / Darlehenszinsen in Höhe von 5% (§ 352 II HGB) auch ohne Vereinbarung	§ 354 II
§§ 611 ff.	Dienstvertrag allgemein / Dienstvertrag mit kaufmännischen Angestellten	§§ 59 ff.
§§ 612, 632, 653	Vergütung gilt bei Dienst-, Werk-und Mäklervertrag als stillschweigend vereinbart / Entgeltlichkeit der Geschäftsbesorgung kraft Gesetzes	§ 354
§ 631	Werkvertrag / Fracht-, Speditionsvertrag	§§ 407 ff., §§ 453 ff.
§ 651	Werklieferungsvertrag	§ 381 II
§§ 652 ff.	Mäklervertrag / Handelsmakler	§§ 93 ff.
§§ 688 ff.	Verwahrung / Lagergeschäft	§§ 467 ff.
§§ 705 ff.	GbR (= BGB-Gesellschaft) / OHG, KG, Stille Gesellschaft	§§ 105 ff., 161 ff., 230 ff.
§ 766	Schriftform bei Bürgschaftserklärung / Formfreie Bürgschaftserklärung, wenn Handelsgeschäft	§ 350
§ 771	Einrede der Vorausklage / Keine Einrede der Vorausklage	§ 349
§§ 780, 781	Schriftform bei Schuldversprechen und Schuldanerkenntnis / Formfrei, wenn Handelsgeschäft	§ 350
§§ 932 ff.	Gutgläubiger Erwerb beweglicher Sachen / Erweiterte Möglichkeit zum gutgläubigen Erwerb beweglicher Sachen	§ 366
§ 1207	Gutgläubiger Erwerb eines Pfandes / Erweiterte Möglichkeit zum gutgläubigen Erwerb eines Pfandes	§ 366
§§ 1975, 1990	Erbe kann Haftung auf Nachlass beschränken / Erbe eines Handelsgeschäfts haftet bei Fortführung des Handelsgeschäfts unter der bisherigenFirma unbeschränkt	§ 27 I

◘ **Abb. 1.1**   (Fortsetzung)

1.2 Aufbau des HGB

Das HGB hat fünf Kapitel (in der Sprache des Gesetzes „Bücher"). Diese haben folgende Titel:
1. Handelsstand (§§ 1–104a)
2. Handelsgesellschaften und stille Gesellschaft (§§ 105–236)
3. Handelsbücher (§§ 238–342e)
4. Handelsgeschäfte (§§ 343–475h)
5. Seehandel (§§ 476–619)

Bei der Auslegung der einzelnen Paragrafen des HGB ist zu beachten, dass nicht alle Bestimmungen amtliche, das heißt vom Gesetzgeber verfasste Überschriften haben. Amtliche Überschriften haben nur die in den letzten Jahren geänderten Bestimmungen, nämlich die §§ 8 bis 13 h, 238 bis 342a und 407 bis 475h HGB. Die meisten Gesetzesausgaben zum HGB enthalten zwar zusätzliche, von den Verlagsredaktionen hinzugefügte Überschriften (oft durch eckige Klammern gekennzeichnet). Diese haben für die Auslegung der betreffenden Gesetzesnorm aber keine Aussagekraft.

> Nur einige Paragrafenüberschriften im HGB sind amtlich.

Das Gesellschaftsrecht ist im HGB nur bezüglich bestimmter Gesellschaftsformen, nämlich der Offenen Handelsgesellschaft (OHG), der Kommanditgesellschaft (KG) und der Stillen Gesellschaft geregelt. Für die Gesellschaft mit beschränkter Haftung (GmbH) und die Aktiengesellschaft (AG) gibt es spezielle Gesetze, nämlich das Gesetz betreffend die Gesellschaften mit beschränkter Haftung (GmbHG) und das Aktiengesetz (AktG). Je ein besonderes Gesetz gibt es auch für die Partnerschaftsgesellschaft, die Genossenschaft (eG), den Versicherungsverein auf Gegenseitigkeit (VVaG), die Europäische wirtschaftliche Interessenvereinigung (EWIV), die Europäische Aktiengesellschaft (SE) und die Europäische Genossenschaft (SCE). Regelungen bezüglich der Gesellschaft bürgerlichen Rechts (GbR) und des Vereins finden sich im BGB. Näheres dazu erfahren Sie im ▶ Kap. 4.

1

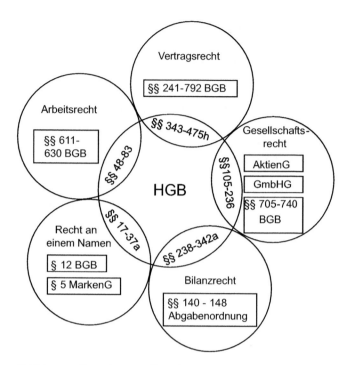

○ **Abb. 1.2**   Die wichtigsten Überschneidungen des HGB mit anderen
Gesetzen

1.3 Änderungen des HGB durch den Gesetzgeber

Das HGB hat seit 1900
zahlreiche Änderungen
erfahren.

Das HGB in seiner Ursprungsfassung vom 10.05.1897 trat gleichzeitig mit dem BGB am 01.01.1900 in Kraft (Art. 1 Abs. 1 EGHGB in Verbindung mit Art. 1 Abs. 1 EGBGB). Seither hat es zahlreiche Änderungen erfahren. Will man wissen, welches Recht auf einen Sachverhalt anzuwenden ist, hilft ein Blick in das EGHGB: Bei Gesetzesänderungen wird dort geregelt, ob für einen bestimmten Tatbestand die bisherige oder die geänderte Gesetzesfassung Anwendung findet. Durch das Schuldrechtsmodernisierungsgesetz vom 26.11.2001, das einige Spezialregelungen für Kaufleute im HGB (die bisherigen §§ 378, 382 HGB) ersatzlos aufhob, ist in letzter Zeit der Anwendungsbereich des HGB weiter zurückgedrängt worden. Auch im ureigensten Anwendungsbereich des HGB, nämlich hinsichtlich der Regelungen bezüglich der Kaufmannseigenschaft und der Firma, hat das HGB an Bedeutung eingebüßt. Hier trat durch das Handelsrechtsreformgesetz vom 01.07.1998 eine deutliche Liberalisierung ein. Ältere Literatur und Rechtsprechung zu diesen Fragen sind daher in weitem Maße überholt.

Bedeutung gewonnen hatte das HGB dagegen in den letzten Jahrzehnten im Bereich der kaufmännischen Rechnungslegung. Hier sind durch das Bilanzrichtlinien-Gesetz vom 19.12.1985 zahlreiche neue Regelungen in das HGB eingefügt worden. Vorliegendes Buch will dem Rechnung tragen, indem diesem Thema, welches in vielen Lehrbüchern zum Handelsrecht ausgespart wird, ein eigenes Kapitel gewidmet ist. Mit der zunehmenden Internationalisierung der Rechnungslegung durch Rechnungslegungsgrundsätze, die durch internationale Gremien aufgestellt werden, nimmt die Bedeutung des HGB für diesen Bereich derzeit allerdings wieder ab. Ein wichtiger Schritt war insoweit die Einführung von Vorschriften zu Konzernabschlüssen nach internationalen Rechnungslegungsstandards durch das Bilanzrechtsreformgesetz, das am 15.12.2004 in Kraft trat.

Schlüsselbegriffe des Handelsrechts

Wenn Sie vor diesen Begriffen erst einmal den Respekt verloren haben, sind Sie auf dem besten Wege, etwas vom Handelsrecht zu verstehen.

- **Kaufmann** – Jeder, der einen Geschäftsbetrieb betreibt, der einen in kaufmännischer Weise eingerichteten Geschäftsbetrieb erfordert oder der in das Handelsregister eingetragen ist.
- **Handelsregister** – Öffentliches Register, das über die wichtigsten Rechtsverhältnisse der Kaufleute Auskunft gibt.
- **Firma** – (Nur) der Handelsname des Kaufmanns, unter dem er seine Geschäfte betreibt.
- **Prokura** – Weitreichende, durch Rechtsgeschäft erteilte Vollmacht zur Vertretung des Inhabers eines Handelsgeschäfts.
- **Personenhandelsgesellschaften** – Sammelbegriff für die KG und die OHG als Abgrenzung zu den Kapitalgesellschaften (GmbH, AG, KGaA). Bei den Personenhandelsgesellschaften werden nur die Einkünfte der Gesellschafter besteuert, während die Kapitalgesellschaften als Steuersubjekte selbst der Steuerpflicht unterliegen.
- **Rechnungslegungsvorschriften** – Im HGB werden die Buchführungspflichten und die Bilanzierungsgrundsätze für Kaufleute geregelt.
- **Handelsgeschäft** – Alle Geschäfte eines Kaufmanns, die zum Betriebe seines Handelsgewerbes gehören.
- **Handelskauf** – Kaufvertrag, bei dem zumindest ein Vertragspartner Kaufmann ist.

1

- **Patentrecht** – Regelt den Schutz für Erfindungen.
- **Gebrauchsmusterrecht** – Regelt den Schutz für Erfindungen.
- **Designrecht** – Regelt den Schutz für Formgestaltungen im gewerblichen Bereich in Deutschland.
- **Geschmacksmusterrecht** – Regelt den Schutz für Formgestaltungen im gewerblichen Bereich in der Europäischen Union.
- **Recht der Marken und sonstigen Kennzeichen** – Regelt den Schutz für Marken, geschäftliche Bezeichnungen und Herkunftsangaben.
- **Wettbewerbsrecht** – Regelt den Schutz des Wettbewerbs vor sittenwidrigen Handlungen von Unternehmen im Verhältnis zum Verbraucher.

1.4 Bearbeitung von Handelsrechtsfällen

Als Erstes ist der Sachverhalt aufzubereiten.

Bei der Bearbeitung eines Handelsrechtsfalles ist als Erstes der Sachverhalt aufzubereiten. Dabei ist bei Klausuren insbesondere auf die Fragestellung zu achten. Nicht selten wird in Prüfungsarbeiten eine Frage beantwortet, die gar nicht gestellt war. Beantworten Sie also die gestellte Frage, aber auch nur diese.

Beispiel

Wird in einer Klausur gefragt, ob Kaufmann A gegen Kaufmann B einen Anspruch auf Geldzahlung aus einem Kaufvertrag hat, wirkt es sich katastrophal auf die Benotung aus, wenn darüber philosophiert wird, ob der Kaufmann B sich durch die Nichtzahlung des geforderten Kaufpreises eventuell wegen eines Betrugs strafbar gemacht hat. Solche Ausflüge in für die Klausurlösung nicht relevante Rechtsgebiete sind regelmäßig kennzeichnend für sehr schwache Kandidaten und machen daher einen äußerst schlechten Eindruck.

Lesen Sie den Sachverhalt genau! Hüten Sie sich dabei vor Unterstellungen. Oft wird der Sachverhalt „verbogen", indem zum Beispiel unterstellt wird, dass eine Ware versichert war und deswegen ein Schaden nicht entstanden sei, obwohl der Sachverhalt dazu keine Angaben enthält.

Bei komplexeren Sachverhalten empfiehlt es sich, eine Übersichtsskizze mit einer grafischen Darstellung der beteiligten Personen und ihrer Rechtsbeziehungen anzufertigen. Enthält der Sachverhalt viele Daten und Ereignisse, ist es ratsam, eine Skizze zu entwerfen und diese Daten und Ereignisse in einer chronologisch aufgebauten Tabelle zu ordnen.

Als zweiter Schritt ist anhand der Frage „Wer will was von wem woraus?" die rechtliche Prüfung durchzuführen. Schreiben Sie einen entsprechenden Obersatz an den Anfang ihrer Falllösung.

Wer will was von wem woraus?

Beispiel

Handelsvertreter Hugo könnte einen Anspruch auf eine Provision in Höhe von 3000 € gegen die Gustav GmbH für die Vermittlung eines Geschäfts mit Karl Kaufmann aus § 87 HGB haben.

Beim Entwurf einer Lösungsskizze ist ergebnisoffen das Gesetz auszulegen. Erst am Ende sollte man prüfen, ob das Ergebnis auch vernünftig ist. Der umgekehrte Weg, erst aus dem Gefühl heraus ein Ergebnis zu suchen und dann das Gesetz auszulegen, birgt das Risiko in sich, dass man in das Gesetz etwas hineinliest, was dort gar nicht steht, zumindest nicht an der betreffenden Stelle.

Achten Sie auch auf einen logischen Aufbau ihrer Lösung. Rechtsfragen, die für die Beantwortung der Fallfrage unerheblich sind, sind nicht zu erörtern.

Für die Lösung handelsrechtlicher Fälle sind in der Regel sowohl Normen des HGB als auch Normen aus dem BGB heranzuziehen. Das HGB ist nur anzuwenden, wenn zumindest eine der Vertragsparteien Kaufmann ist. Die Kaufmannseigenschaft ist jedoch erst zu prüfen, wenn dies entscheidungserheblich ist, wenn also eine HGB-Vorschrift Anwendung finden könnte. Solange nur BGB-Vorschriften in Betracht kommen, ist diese Frage unerheblich. Dabei ist zu beachten, dass in den Fällen, in denen ein bestimmtes Problem sowohl im BGB als auch im HGB geregelt ist, die HGB-Vorschriften als speziellere Normen die BGB-Vorschriften verdrängen.

Noch ein Hinweis, wie Sie vermeiden können, sich im Paragrafen-Dschungel zu verirren: Wenn Sie einen einschlägigen Paragrafen gefunden haben, lesen Sie immer auch einige Paragrafen vor und nach dieser Norm. Meist sind dort Dinge geregelt, die im Zusammenhang mit dieser Norm stehen oder zumindest für das Verständnis der betreffenden Norm wichtig sind.

Immer auch einige Paragrafen vor und nach der einschlägigen Norm lesen!

Wissen Sie gar nicht, wo Sie eine Norm suchen sollen, so hilft oft ein einfacher Trick: Die meisten Gesetzessammlungen haben hinten ein Stichwortverzeichnis. Überlegen Sie, unter welchem Begriff Sie etwas zu einem bestimmten

1

Problem finden könnten, und schauen Sie einfach im Stichwortverzeichnis nach.

Beachten Sie bei der Fallbearbeitung, dass bei einigen Ansprüchen zwischen dem Innen- und dem Außenverhältnis zu unterscheiden ist.

Beispiel

Kaufmann Karl hat seinem Prokuristen Paul untersagt, Kaufverträge mit einem Wert von über 40.000 € abzuschließen. Prokurist Paul verkauft an einen Dritten, Detlef Dagobert, Waren im Wert von 45.000 €. Hier ist zu unterscheiden: Zum einen stellt sich die Frage, ob Prokurist Paul den Kaufmann Karl im Außenverhältnis gegenüber Dagobert wirksam vertreten konnte. Zum anderen ist zu prüfen, welche Maßnahmen Kaufmann Karl im Innenverhältnis gegen seinen Prokuristen einleiten kann, weil dieser weisungswidrig gehandelt hat.

Nachdem Sie Ihre Lösungsskizze gefertigt haben, müssen Sie eine ausformulierte Reinschrift fertigen. Als Faustregel gilt, dass für die Reinschrift mindestens die Hälfte der vorgegebenen Zeit eingeplant werden sollte.

Formulierung der Lösung im sog. Gutachtenstil

Zuletzt noch einige Hinweise auf formale Dinge: Die Lösung ist im so genannten Gutachtenstil zu schreiben. Dieser zeichnet sich dadurch aus, dass am Anfang die Vermutung steht, dass eine Person Ansprüche gegen eine andere haben könnte. Charakteristisch für diesen Stil sind daher Sätze, die mit „also, folglich, deswegen, somit, daher" beginnen.

In fast allen Gesetzen, so auch im HGB und im BGB, werden die einzelnen Normen als Paragrafen bezeichnet (z. B. § 1 HGB), in den für das Handelsrecht relevanten Gesetzen spricht man lediglich im EGHGB, im EGBGB, im Scheckgesetz, im Wechselgesetz, im UN-Kaufrecht und im Grundgesetz (GG) von Artikeln (z. B. Art. 1 EGHGB). Zitieren Sie die Paragrafen und Artikel mit dem dazugehörenden Gesetz, denn immer dann, wenn Sie sowohl Normen des BGB als auch des HGB in einer Klausur erörtern, ist es im Interesse der Klarheit notwendig, dass Sie sagen, welche Gesetzesnorm gemeint ist. Steht im Text einer Klausur nur § 48, muss der Prüfer überlegen, ob der Schreiber § 48 HGB oder § 48 BGB meint. Lediglich wenn in einer Arbeit überwiegend HGB-Normen geprüft werden, kann man in einer Fußnote folgenden Hinweis anbringen: „§§ ohne nähere Bezeichnung sind solche des HGB". In diesem Fall werden dann im Text die HGB-Normen ohne Gesetzesangabe zitiert. Außerdem ist darauf zu achten, dass die Normen jeweils mit dem einschlägigen Absatz, und wenn es darauf ankommt zusätzlich mit dem einschlägigen Satz zitiert werden. Im Folgenden wird dafür die Zitierweise „§ 15 II 2 HGB" gewählt, womit § 15 HGB, Absatz 2 und dort Satz 2 gemeint ist. Häufig findet man in Büchern aber auch die Zitierweise „§ 15 Abs. 2 S. 2 HGB".

Schreiben Sie Ihre Gedanken in einer einfachen, klaren Sprache nieder. Die beliebten Schachtelsätze sind keineswegs – wie viele Klausurenschreiber wohl meinen – ein besonders „wissenschaftlicher" Schreibstil. Gute wissenschaftliche Texte zeichnen sich vor allem durch kurze Sätze aus, die viele Verben enthalten, was den Text lebendiger macht. Bemühen Sie sich um gutes Deutsch und achten Sie darauf, dass Ihnen keine Rechtschreibfehler unterlaufen. Vermeiden Sie nach Möglichkeit Fremdwörter. Gleiches gilt für Abkürzungen, es sei denn, diese sind allgemein bekannt. Von der Erfindung eigener, nicht üblicher Abkürzungen ist dringend abzuraten. Dies gilt auch dann, wenn im Text erklärt wird, für was die Abkürzung steht. Viele Prüfer werden diese Erklärung bei der Vielzahl von Klausuren, die ihnen vorliegt, schnell vergessen und wissen dann nicht, was die Abkürzung bedeuten soll.

> Drücken Sie sich in einer einfachen, klaren Sprache aus!

Begründen Sie die von Ihnen gefundene Lösung. Wertende Ausdrücke wie „ganz offensichtlich" oder „ein klarer [Vertragsbruch]" ersetzen keine Begründung und sollten vermieden werden.

Ferner ist wichtig, dass man juristische Fachbegriffe korrekt gebraucht. Insbesondere bei Nicht-Juristen findet man in Rechtsklausuren immer wieder Formulierungen wie: „Damit tritt § xxx HGB in Kraft." Wann eine Norm in Kraft tritt, bestimmt der Gesetzgeber. Gemeint haben die Studierenden: „Damit sind die Tatbestandsvoraussetzungen des § xxx HGB erfüllt". Im Zivilprozess gibt es übrigens keinen „Verteidiger" des Beklagten (den gibt es nur bei Strafverfahren), sondern einen „Prozessbevollmächtigten". Man sollte sich auch davor hüten, dass man für denselben rechtlichen Sachverhalt abwechselnd zwei verschiedene Begriffe, wie z. B. Anfechtung/Kündigung oder Kaufvertrag/Werkvertrag verwendet.

> Fachbegriffe sind korrekt zu gebrauchen.

1.5 Auf den Punkt gebracht!

Auf den folgenden Seiten finden Sie die wichtigsten Gesetzesparagrafen im Wortlaut abgedruckt. Lesen Sie diese Normen immer genau durch!

Das Buch enthält Beispiele zur Erläuterung, die am hervorgehobenen Druck zu erkennen sind.

1

Falls Sie Klausuren zum Handelsrecht schreiben müssen, beherzigen Sie die folgenden Punkte:

- Lesen Sie bei Klausuren den Sachverhalt genau durch und beantworten Sie nur die Frage, die gestellt wurde.
- Sollen Sie einen Handelsrechtsfall lösen, muss am Beginn Ihrer Überlegungen immer die Frage stehen: „Wer will was von wem woraus?".
- Wenn Gegenstand einer Handelsrechtsklausur Vertragsbeziehungen sind, ist Ausgangspunkt der Falllösung das BGB. Dabei ist aber immer auch zu prüfen, ob es spezielle HGB-Normen gibt, da diese dem BGB vorgehen.
- Schreiben Sie einen klaren Stil ohne Schachtelsätze. Bemühen Sie sich um gutes Deutsch und achten Sie darauf, dass Ihnen keine Rechtschreibfehler unterlaufen.
- Zitieren Sie die gesetzlichen Grundlagen genau. Nennen Sie nicht nur den Paragrafen, sondern auch den Absatz und den Satz dieses Paragrafen, auf den es ankommt, und schreiben Sie hinter den Paragrafen auch immer das Gesetz.

Zwei Musterklausuren mit Lösungen finden Sie am Ende des Buches.

Viel Spaß beim Durcharbeiten dieses Buches und Erfolg bei etwaigen Prüfungen.

Kaufmannseigenschaft und Firma

© Springer-Verlag GmbH Deutschland, ein Teil von Springer Nature 2019
J. Gruber, *Handelsrecht – Schnell erfasst*, Recht – schnell erfasst,
https://doi.org/10.1007/978-3-662-58348-7_2

2.1 Kaufleute

HGB nur anwendbar, wenn wenigstens eine Vertragspartei Kaufmann ist

Der Kaufmannsbegriff ist der zentrale Begriff des Handelsrechts, da anhand dieses Begriffs entschieden wird, ob das HGB Anwendung findet oder nicht. Das HGB kennt zum einen Kaufleute, die aufgrund der Art und des Umfangs ihres Handelsgewerbes automatisch Kaufmann im Sinne des HGB sind, und zum anderen Kaufleute, welche diesen Status erst durch die Eintragung ins Handelsregister erhalten.

Man unterscheidet daher zwischen folgenden Arten von Kaufleuten:

- **Istkaufmann:** Betreibt jemand einen Gewerbebetrieb, der einen in kaufmännischer Weise eingerichteten Geschäftsbetrieb erfordert, so ist der Betreiber dieses Betriebs Kaufmann kraft Gesetzes (daher Istkaufmann).
- **Kannkaufmann:** Kleingewerbetreibende können (daher Kannkaufmann) sich als Kaufmann in das Handelsregister eintragen lassen und erwerben mit der Eintragung die Kaufmannseigenschaft.
- **Formkaufmann:** Bestimmte Gesellschaftsformen (GmbH, AG, KGaA, eG, SE und SCE) sind allein aufgrund ihrer Rechtsform (daher Formkaufmann), unabhängig von der Art und dem Umfang ihres Geschäftsbetriebs mit der Eintragung im Handelsregister Kaufleute.
- **Fiktivkaufmann:** Fiktivkaufmann ist eine Person, die mit ihrer Firma (zu Unrecht) im Handelsregister eingetragen ist und ein Gewerbe betreibt, das jedoch kein Handelsgewerbe ist. Diese Person ist somit zwar kein Kaufmann, wird aber wie ein Kaufmann behandelt.
- **Scheinkaufmann:** Scheinkaufmann ist eine Person, die als Kaufmann auftritt, obwohl sie weder im Handelsregister eingetragen noch kraft Gesetzes Kaufmann ist. Aufgrund des von ihr gesetzten Rechtsscheins wird sie gutgläubigen Dritten gegenüber wie ein Kaufmann behandelt.

2.1.1 Betreiber eines Handelsgewerbes als Istkaufmann

§ 1 HGB – Istkaufmann
(1) Kaufmann im Sinne dieses Gesetzbuchs ist, wer ein Handelsgewerbe betreibt.

(2) Handelsgewerbe ist jeder Gewerbebetrieb, es sei denn, daß das Unternehmen nach Art oder Umfang einen in kaufmännischer Weise eingerichteten Geschäftsbetrieb nicht erfordert.

Nach dieser Vorschrift ist man Kaufmann unter den in § 1 II HGB genannten Voraussetzungen kraft Gesetzes. Daher nennt man den Kaufmann nach § 1 HGB auch Istkaufmann. § 1 II HGB stellt den Grundsatz auf, dass jedes Gewerbe zugleich ein Handelsgewerbe ist. Der Begriff „Handelsgewerbe" verleitet zur Annahme, dass damit nur der Warenhandel gemeint ist. Dies trifft jedoch nicht zu; auch das Dienstleistungs- und das Handwerksgewerbe fallen unter diesen Begriff, ebenso wie Unternehmen der Urproduktion (letzteres ist im Schrifttum jedoch nicht unbestritten).

> Wer ein Handelsgewerbe betreibt, ist Kaufmann.

Eine Definition, was ein Gewerbebetrieb ist, findet sich nicht im HGB. Orientierungspunkte, wie ein Gewerbebetrieb zu definieren ist, lassen sich lediglich aus § 15 Einkommensteuergesetz (EStG) ableiten. Gewerbe ist nach der Rechtsprechung die

> Gewerbebetrieb als Voraussetzung der Kaufmannseigenschaft

- selbstständige,
- planmäßig ausgeübte und auf Dauer ausgerichtete wirtschaftliche Tätigkeit am Markt,
- die nach außen erkennbar
- und die keine freiberufliche Tätigkeit ist.

Eine selbstständige Tätigkeit liegt vor, wenn jemand seine Tätigkeit im Wesentlichen frei gestalten und seine Arbeitszeit bestimmen kann (§ 84 I 2 HGB). Es muss eine rechtliche, nicht notwendigerweise wirtschaftliche Selbstständigkeit vorliegen.

> selbstständige Tätigkeit

Eine wirtschaftliche Tätigkeit liegt vor, wenn Produkte oder Dienstleistungen gegen Entgelt angeboten werden; streitig ist jedoch, ob als zusätzliche Voraussetzung noch eine Gewinnerzielungsabsicht vorliegen muss. Die ältere Rechtsprechung bejaht dies, große Teile der Literatur verneinen dies. Der Bundesgerichtshof (BGH, Urteil v. 29.03.2006 – VIII ZR 173/05, NJW 2006, 2250) und das Bundesverwaltungsgericht (Urteil v. 25.10.2001 – 7 C 10/01, Neue Justiz 2002, 217) sind in zwei besonderen Einzelfällen der neueren Literatur gefolgt.

> wirtschaftliche Tätigkeit

Auf jeden Fall reicht die Absicht aus; ob tatsächlich ein Gewinn erzielt wird, ist unerheblich. Diese Tätigkeit muss planmäßig auf gewisse Dauer, also nicht nur gelegentlich betrieben werden.

Einer der (wenigen) Fälle, in denen eine wirtschaftliche Tätigkeit nach außen nicht erkennbar ist, ist z. B. der Stille Gesellschafter (vgl. dazu das ► Kap. 4).

Welches die Freien Berufe sind, die im Sinne des Handelsrechts eine freiberufliche Tätigkeit ausüben, ist gesetzlich nicht definiert. Für das Handelsrecht entscheidend ist die

> Freier Beruf im Sinne des Handelsrechts

2

soziale Anschauung. Eine Orientierung liefert die Definition in § 1 II 1 des Gesetzes über Partnerschaftsgesellschaften Angehöriger Freier Berufe (Partnerschaftsgesellschaftsgesetz – PartGG), wonach die Freien Berufe im Allgemeinen auf der Grundlage besonderer beruflicher Qualifikation oder schöpferischer Begabung die persönliche, eigenverantwortliche und fachlich unabhängige Erbringung von Dienstleistungen höherer Art im Interesse der Auftraggeber und der Allgemeinheit zum Inhalt haben. Zu beachten ist allerdings, dass der Apotheker einen Freien Beruf ausübt und zugleich ein Gewerbe betreibt (Bundesverfassungsgericht, Urteil v. 30.05.1956 – 1 BvF 3/53, NJW 1956, 1025). Daher wird er als Betreiber eines Handelsgewerbes angesehen.

Eine Aufzählung von Freien Berufen findet sich in § 18 I Nr. 1 Einkommensteuergesetz – EStG, die im Wesentlichen in § 1 II 2 PartGG übernommen wurde. Im Sinne des Steuerrechts gelten als freiberufliche Tätigkeiten die selbstständig ausgeübte wissenschaftliche, künstlerische, schriftstellerische, unterrichtende oder erzieherische Tätigkeit, die selbstständige Berufstätigkeit der Ärzte, Zahnärzte, Tierärzte, Rechtsanwälte, Notare, Patentanwälte, Vermessungsingenieure, Ingenieure, Architekten, Handelschemiker, Wirtschaftsprüfer, Steuerberater, beratenden Volks- und Betriebswirte, vereidigten Buchprüfer, Steuerbevollmächtigten, Heilpraktiker, Dentisten, Krankengymnasten, Journalisten, Bildberichterstatter, Dolmetscher, Übersetzer, Lotsen und ähnlicher Berufe.

Aber Achtung: Diese Definition ist auf das Handelsrecht nur bedingt übertragbar! So fallen Heilpraktiker, Journalisten und Bildberichterstatter im Handelsrecht im Gegensatz zum Steuerrecht unter den Gewerbebegriff und werden nicht als Freier Beruf angesehen. Im Zweifel hilft daher nur ein Blick in einen Kommentar zum HGB.

Beispiele
- Börsenspekulant: Mangels Erkennbarkeit nach außen kein Gewerbe.
- Hobby-Imker, der gelegentlich Honig verkauft: Um ein Gewerbe bejahen zu können, muss die Tätigkeit von vornherein auf eine Vielzahl von Geschäften gerichtet sein. Daher liegt hier mangels Planmäßigkeit und Ausrichtung auf Dauer kein Gewerbe vor.
- Rechtsanwalt: Freiberufler (vgl. § 2 I BRAO – Bundesrechtsanwaltsordnung, ferner § 18 I Nr. 1 EStG – Einkommensteuergesetz), daher kein Gewerbe.

- Steuerberatungs-GmbH: Zwar übt der Steuerberater einen Freien Beruf aus (§ 32 II StBerG – Steuerberatungsgesetz); schließt er sich jedoch mit anderen Freiberuflern zu einer Kapitalgesellschaft zusammen, finden die HGB-Vorschriften über Kaufleute Anwendung (§ 6 HGB in Verbindung mit § 49 I StBerG). Entsprechendes gilt auch für die anderen Freien Berufe.

Ausgenommen vom Begriff des Handelsgewerbes und damit vom Kaufmannsbegriff sind nach § 1 II 2. Halbsatz HGB die Kleingewerbetreibenden. Dabei kommt es nicht darauf an, ob der Gewerbetreibende tatsächlich einen kaufmännisch eingerichteten Gewerbebetrieb führt (also z. B. Bilanzen erstellt), sondern entscheidend ist, ob das Unternehmen nach Art und Umfang einen in kaufmännischer Weise eingerichteten Geschäftsbetrieb erfordert.

Kleingewerbetreibende sind keine Istkaufleute.

  Wann ein Unternehmen nach Art oder Umfang einen in kaufmännischer Weise eingerichteten Gewerbebetrieb erfordert, lässt sich nicht pauschal festlegen. Kriterien sind z. B.:
- Natur und Vielfalt der vorkommenden Geschäftskontakte,
- Betriebsvermögen,
- Zahl der Beschäftigten.

Hauptkriterien sind der Umsatz und die Notwendigkeit einer kaufmännischen Buchführung. Beträgt der Jahresumsatz mehr als 250.000 €, wird man – sofern die sonstigen Umstände nicht dagegen sprechen –, vom Erfordernis eines in kaufmännischer Weise eingerichteten Gewerbebetriebs ausgehen können.

Beispiel

Eine Kantine erwirtschaftet einen Jahresumsatz von 250.000 €. Die Umsatzhöhe spricht für die Notwendigkeit eines kaufmännischen Geschäftsbetriebs. In einer Kantine werden aber nur gleichförmige Verkaufsgeschäfte gegen Barzahlung getätigt, so dass die Buchführung einfach gestaltet werden kann. Daher ist in diesem Fall trotz der Umsatzhöhe ein kaufmännischer Geschäftsbetrieb nicht erforderlich.

Zum anderen sind kraft Gesetzes die Betriebe der Land- und Forstwirtschaft keine Istkaufleute.

§ 3 HGB – Betriebe der Land- und Forstwirtschaft
(1) Auf den Betrieb der Land- und Forstwirtschaft finden die Vorschriften des § 1 keine Anwendung.

2

Betriebe der Land- und Forstwirtschaft sind keine Istkaufleute.

Freiberufler, Kleingewerbetreibende und Betriebe der Land- und Forstwirtschaft sind also keine Istkaufleute; sie sind jedoch Unternehmer im Sinne des § 14 BGB.

2.1.2 Kaufmann kraft Eintragung (Kannkaufmann)

Kleingewerbetreibende als Istkaufleute durch Eintragung im Handelsregister

Nach § 1 II HGB ist ein Kleingewerbetreibender nicht kraft Gesetzes Kaufmann. Sofern ein Kleingewerbetreibender es aber wünscht, kann er ins Handelsregister eingetragen werden. Durch die Eintragung ins Handelsregister wird die Stellung als Kaufmann begründet. Man spricht daher vom Kannkaufmann. Er gilt dann als Kaufmann und unterliegt für die Dauer seiner Eintragung uneingeschränkt den für den Kaufmann geltenden Regelungen im HGB.

> **§ 2 HGB – Kannkaufmann**
> Ein gewerbliches Unternehmen, dessen Gewerbebetrieb nicht schon nach § 1 Abs. 2 Handelsgewerbe ist, gilt als Handelsgewerbe im Sinne dieses Gesetzbuchs, wenn die Firma des Unternehmens in das Handelsregister eingetragen ist. Der Unternehmer ist berechtigt, aber nicht verpflichtet, die Eintragung nach den für die Eintragung kaufmännischer Firmen geltenden Vorschriften herbeizuführen. …

Beispiel für Kannkaufmann
Der Betreiber eines kleinen Kioskes ist kein Istkaufmann, da sein Betrieb keinen in kaufmännischer Weise eingerichteten Geschäftsbetrieb (§ 1 II 2. Halbsatz HGB) erfordert. Er kann den Kaufmannsstatus aber durch Eintragung in das Handelsregister erreichen.

Diese Option für den Kaufmannsstatus bringt allerdings eine Vielzahl von Pflichten mit sich, die in den folgenden Kapiteln dargestellt werden. Ihr Nutzen liegt dagegen lediglich in einem Prestigegewinn, der z. B. im internationalen Geschäftsverkehr von Bedeutung sein kann.

Diese Entscheidung kann jederzeit wieder rückgängig gemacht werden. Der Kannkaufmann kann die Einleitung eines Löschungsverfahrens (§ 2 Satz 3 HGB; für die OHG beachte § 105 II 2 HGB) beantragen. Mit Löschung im Handelsregister verliert er mit Wirkung für die Zukunft – aber nicht rückwirkend zum Zeitpunkt der Eintragung! – seinen Status als Handelsgewerbe.

Eine Besonderheit gilt für land- und forstwirtschaftliche Unternehmen. Auch diese können sich in das Handelsregister eintragen lassen.

> **§ 3 HGB – Betriebe der Land- und Forstwirtschaft als Kannkaufleute**
> (2) Für ein land- oder forstwirtschaftliches Unternehmen, das nach Art und Umfang einen in kaufmännischer Weise eingerichteten Geschäftsbetrieb erfordert, gilt § 2 mit der Maßgabe, dass nach Eintragung in das Handelsregister eine Löschung der Firma nur nach den allgemeinen Vorschriften stattfindet, welche für die Löschung kaufmännischer Firmen gelten.

Der letzte Satz besagt, dass land- und forstwirtschaftliche Unternehmen, wenn sie sich einmal für eine Eintragung ins Handelsregister entschieden haben, diese nicht mehr nach Lust und Laune rückgängig machen können, sondern nur unter den Voraussetzungen der §§ 393 ff. Gesetz über das Verfahren in Familiensachen und in den Angelegenheiten der freiwilligen Gerichtsbarkeit – FamFG. Nach § 395 I FamFG kann eine Firma z. B. dann gelöscht werden, wenn die Eintragung der Firma wegen des Mangels einer wesentlichen Voraussetzung unzulässig war. Im Gegensatz zum „normalen" Kannkaufmann nach § 2 HGB wird der land- oder forstwirtschaftliche Kannkaufmann also mit Eintragung ins Handelsregister dem Istkaufmann gleichgesetzt. Für ihn gilt dann der Grundsatz: Einmal Kaufmann, immer Kaufmann.

Besonderheiten bei land- und forstwirtschaftlichen Unternehmen

2.1.3 Kaufmann kraft Rechtsform (Formkaufmann)

> **§ 6 HGB – Formkaufmann**
> (1) Die in betreff der Kaufleute gegebenen Vorschriften finden auch auf die Handelsgesellschaften Anwendung.
>
> (2) Die Rechte und Pflichten eines Vereins, dem das Gesetz ohne Rücksicht auf den Gegenstand des Unternehmens die Eigenschaft eines Kaufmanns beilegt, bleiben unberührt, auch wenn die Voraussetzungen des § 1 Abs. 2 HGB nicht vorliegen.

§ 6 I HGB stellt klar, dass auch die OHG und die KG Kaufmann sein können, obwohl sie keine juristischen Personen sind. Kraft der ausdrücklichen Verweisung in § 1 EWIV-Ausführungsgesetz

2

Die GmbH, die AG, die KGaA und die eG gelten aufgrund ihrer Rechtsform als Kaufleute.

auf die für die OHG geltenden Vorschriften gilt dies auch für die Europäische wirtschaftliche Interessenvereinigung (EWIV).

Die Handelsgesellschaften, die zum Betrieb eines Handelsgewerbes errichtet werden (§ 105 I HGB), sind allerdings schon nach § 1 I HGB Kaufmann, weshalb § 6 I HGB für diese Fälle keinen eigenständigen Anwendungsbereich hat. Praktische Bedeutung hat § 6 I HGB dagegen für die Handelsgesellschaften, die nur ihr eigenes Vermögen verwalten und nur kraft Eintragung ins Handelsregister eine OHG oder KG sind (§§ 105 II, 161 II HGB).

§ 6 II HGB legt fest, dass bestimmte „Vereine" auch dann als Handelsgesellschaften gelten, wenn sie kein Handelsgewerbe betreiben, das Unternehmen also einen nach Art oder Umfang in kaufmännischer Weise eingerichteten Geschäftsbetrieb nicht erfordert. Mit „Verein" in § 6 II HGB ist nicht nur der Verein nach §§ 21 ff. BGB gemeint, sondern alle körperschaftlich strukturierten Gesellschaftstypen. Welche juristischen Personen Formkaufleute sind, sagt § 6 II HGB nicht. Solche Regelungen enthalten die einschlägigen Gesetze für die betreffende Gesellschaft. Als Handelsgesellschaft gelten kraft gesetzlicher Anordnung die GmbH (§ 13 III GmbHG), die AG (§ 3 I AktG) und die KGaA (§ 278 III in Verbindung mit § 3 I AktG) sowie die SE (Art. 1 I SE-VO). Genossenschaften sind keine Handelsgesellschaften. Aber auch sie gelten gemäß § 17 II GenG als Kaufleute im Sinne des HGB. Diese juristischen Personen werden mit ihrer Eintragung Kaufleute. Gleiches gilt kraft der Verweisung auf das nationale Recht für die Europäische Genossenschaft (SCE).

Formkaufleute sind somit die GmbH, die AG, die KGaA, die eG, die SE und die SCE sowie die OHG, die KG und die EWIV.

2.1.4 Fiktiv- und Scheinkaufmann

> **§ 5 HGB – Fiktivkaufmann**
> Ist eine Firma im Handelsregister eingetragen, so kann gegenüber demjenigen, welcher sich auf die Eintragung beruft, nicht geltend gemacht werden, daß das unter der Firma betriebene Gewerbe kein Handelsgewerbe sei.

Wer durch die Eintragung in das Handelsregister den Rechtsschein erweckt, er sei Kaufmann (sogenannter Fiktivkaufmann), muss sich auch als solcher behandeln lassen, selbst wenn die Eintragung zu Unrecht erfolgt ist. Die Bedeutung dieser Norm ist jedoch in der Praxis gering, da das Vertrauen Dritter in die Handelsregistereintragung bereits durch § 2 HGB ausreichend geschützt ist.

Außer dem Fiktivkaufmann gibt es noch den Scheinkaufmann. Als Scheinkaufmann wird derjenige bezeichnet, der im Rechtsverkehr als Kaufmann auftritt, obwohl er weder im Handelsregister eingetragen noch kraft Gesetzes Kaufmann ist. Nach dem allgemeinen Rechtsgrundsatz von Treu und Glauben muss sich derjenige, der den Schein erweckt, Kaufmann zu sein, gutgläubigen Dritten gegenüber auch als solcher behandeln lassen. Der Scheinkaufmann ist also kein Kaufmann, auf ihn werden jedoch die für den Kaufmann geltenden Bestimmungen entsprechend angewendet. Allerdings findet das HGB nur zu Gunsten des gutgläubigen Geschäftspartners, nicht aber zu Gunsten des Scheinkaufmanns Anwendung.

> Wer vorgibt, Kaufmann zu sein, muss sich auch als solcher behandeln lassen.

Eine Besonderheit gilt für den Fall, dass ein Minderjähriger als Kaufmann auftritt. Da der Rechtsschein sich hier nur auf die Kaufmannseigenschaft, nicht aber auf die Geschäftsfähigkeit bezieht, ist die Willenserklärung unwirksam, wenn der Handelnde das siebte Lebensjahr noch nicht vollendet hat (§§ 104 Nr. 1, 105 I BGB), beziehungsweise schwebend unwirksam, wenn der Handelnde zwischen sieben und achtzehn Jahre alt ist (§§ 106, 107 108 BGB). Aber selbst dann, wenn im letztgenannten Fall die Erziehungsberechtigten den Vertrag genehmigen, finden hier die Grundsätze über den Scheinkaufmann keine Anwendung, da der Schutz des nur beschränkt Geschäftsfähigen dem Verkehrsschutz vorgeht.

> Besonderheit bei Minderjährigen

Arten des Kaufmanns nach dem HGB

§ 1, Istkaufmann:
- Voraussetzung: Handelsgewerbe, nicht jedoch Betriebe der Land- und Forstwirtschaft
- „Istkaufmann", da er kraft Gesetzes Kaufmann ist
- Verpflichtung zur Eintragung ins Handelsregister nach § 29 HGB
- Eintragung hat nur deklaratorische (= rechtsbekundende) Wirkung.

§ 2, Kannkaufmann (Allgemein):
- Unternehmen erfordert nach Art und Umfang nicht einen in kaufmännischer Weise eingerichteten Geschäftsbetrieb. Mit Eintragung der Firma des Unternehmers in das Handelsregister gilt der Gewerbebetrieb als Handelsgewerbe

2

- Berechtigung, aber keine Verpflichtung zur Eintragung ins Handelsregister gemäß § 2 S. 2 HGB
- Eintragung hat konstitutive (= rechtsbegründende) Wirkung.

§ 3, Kannkaufmann (Land- und Fortwirtschaft):
- Betriebe der Land- und Forstwirtschaft sind niemals Istkaufleute.
- Berechtigung, aber keine Verpflichtung zur Eintragung ins Handelsregister
- Eintragung ist konstitutiv für Kaufmannseigenschaft.

§ 6, Formkaufmann:
- Handelsgesellschaften sind Kaufleute kraft Gesetzes aufgrund der Rechtsform.
- GmbH, AG, KGaA, gleichgestellt eG, teilweise OHG, KG, EWIV (sofern nicht schon Istkaufmann)

§ 5, Fiktivkaufmann:
- Unternehmen, dessen Firma ins Handelsregister eingetragen ist, gilt als Kaufmann im Sinne des HGB, auch wenn Eintragung zu Unrecht erfolgt ist

Scheinkaufmann (nicht ausdrücklich im HGB geregelt):
- Tritt jemand als Kaufmann auf, ohne Kaufmann zu sein, findet das HGB zu seinen Ungunsten entsprechende Anwendung.

2.2 Das Handelsregister

Mit dem Handelsregister befassen sich die §§ 8 bis 16 HGB. Das Handelsregister, das von einem Amtsgericht (Registergericht) geführt wird (§ 8 I HGB in Verbindung mit § 1 Verordnung über die Einrichtung und Führung des Handelsregisters – HRV), ist ein öffentliches Verzeichnis.

§ 9 HGB – Einsicht in das Handelsregister und das Unternehmensregister
(1) Die Einsichtnahme in das Handelsregister sowie in die zum Handelsregister eingereichten Dokumente ist jedem zu Informationszwecken gestattet. …

Jeder kann gebührenfrei ins Handelsregister Einsicht nehmen.

Die Handelsregister aller Bundesländer sind sogar im Internet unter ▶ www.handelsregister.de abrufbar. Die Einsichtnahme vor Ort in der Geschäftsstelle des Registergerichts (§ 10 I HRV) ist gebührenfrei; bei Einsichtnahme per Internet fallen Kosten an (Kostenverzeichnis, Anlage zu § 4 Gesetz über Kosten in Angelegenheiten der Justizverwaltung – JVKostG).

Seit dem 01.01.2007 gibt es neben dem Handelsregister noch das vom Bundesministerium der Justiz und für Verbraucherschutz geführte elektronische Unternehmensregister (§§ 8 b, 9b HGB). Auch das Unternehmensregister ist ein öffentliches Register (§ 9 VI 1 HGB verweist für die Einsichtnahme auf § 9 I 1 HGB); unter der Internet-Adresse ▶ www. unternehmensregister.de hat man unter anderem Zugang zum Originaldatenbestand der Handelsregister. So findet man z. B. die Jahresabschlüsse und Bilanzen nur unter ▶ www.unternehmensregister.de, nicht aber unter ▶ www.handelsregister.de.

---

§ 8b HGB – Unternehmensregister
(1) Das Unternehmensregister wird … vom Bundesministerium der Justiz und für Verbraucherschutz elektronisch geführt.

(2) Über die Internetseite des Unternehmensregisters sind zugänglich:
1. Eintragungen im Handelsregister und deren Bekanntmachung und zum Handelsregister eingereichte Dokumente;
2. Eintragungen im Genossenschaftsregister und deren Bekanntmachung und zum Genossenschaftsregister eingereichte Dokumente;
3. Eintragungen im Partnerschaftsregister und deren Bekanntmachung und zum Partnerschaftsregister eingereichte Dokumente;
4. …

Unternehmensregister

Das Handelsregister gibt über die wichtigsten Rechtsverhältnisse der Kaufleute im Zuständigkeitsbereich des jeweiligen Registergerichts Auskunft. In das Handelsregister werden zum einen Tatsachen eingetragen, die nach dem Gesetz eintragungspflichtig sind, und zum anderen auf Wunsch des Kaufmanns auch eintragungsfähige Tatsachen.

Eintragungspflichtig sind insbesondere: *eintragungspflichtig*
- Firma und Ort der Handelsniederlassung (§ 29 HGB).
- Änderung der Firma und Verlegung der Niederlassung (§ 31 I HGB).
- Bei der OHG sind die Gesellschafter, die Firma, der Zeitpunkt, mit welchem die Gesellschaft begonnen hat und die Vertretungsmacht der Gesellschafter einzutragen (§ 106 II HGB). Gleiches gilt für die KG (§ 162 HGB);

2

dort sind bei der Bekanntmachung der Eintragung der Gesellschaft aber keine Angaben zu den Kommanditisten zu machen (§ 162 II HGB).

- Bei juristischen Personen sind die Firma, der Sitz der juristischen Person, der Gegenstand des Unternehmens und die Mitglieder des Vorstands anzugeben (§ 33 II HGB); vgl. dazu auch für die GmbH: § 10 I GmbHG (Höhe des Stammkapitals und die Geschäftsführer) sowie für die AG: § 39 I AktG (Höhe des Grundkapitals und die Vorstandsmitglieder).
- Erteilung und Löschung der Prokura (§ 53 HGB).
- Auflösung der Gesellschaft (§ 143 I HGB) und das Ausscheiden als Gesellschafter aus einer OHG oder einer KG (§ 143 II HGB).
- Erhöhung und Herabsetzung der Einlagen von Kommanditisten (§ 175 HGB).
- Abweichung von der gesetzlichen Vertretungsmacht der Gesellschafter (§ 125 IV HGB).

eintragungspflichtig

Eintragungsfähig:
- Eintragung eines land- oder forstwirtschaftlichen Betriebs gemäß § 3 II HGB.
- Haftungsausschluss gemäß § 25 II HGB.
- Haftungsausschluss gemäß § 28 II HGB.

konstitutive und deklaratorische Eintragung

Von der Frage der Eintragungsfähigkeit ist die Frage nach den Rechtsfolgen der Eintragung zu unterscheiden. Man unterscheidet zwischen Eintragungen mit rechtsbegründendem (konstitutiven) Charakter, bei denen die Rechtsfolge erst mit der Eintragung eintritt, und Eintragungen mit rechtsbekundendem (deklaratorischen) Charakter, bei denen die eingetragene Rechtstatsache unabhängig von der Eintragung entsteht. So besteht z. B. die Eigenschaft eines Handelsgewerbes nach § 1 II HGB auch ohne eine Eintragung in das Handelsregister. Die Eintragung hat also nur deklaratorischen Charakter. Beim Kannkaufmann (§ 2 HGB) hat die Eintragung dagegen konstitutiven Charakter.

> **§ 10 HGB – Bekanntmachung der Eintragungen**
> (1) Das Gericht macht die Eintragungen in das Handelsregister in dem von der Landesjustizverwaltung bestimmten elektronischen Informations- und Kommunikationssystem ... bekannt; ...

Das Handelsregister dient der Sicherheit des Rechtsverkehrs und hat die Vermutung der Richtigkeit für sich.

> **§ 15 HGB – Publizität des Handelsregisters**
> (1) Solange eine in das Handelsregister einzutragende Tatsache nicht eingetragen und bekanntgemacht ist, kann sie von demjenigen, in dessen Angelegenheiten sie einzutragen war, einem Dritten nicht entgegengesetzt werden, es sei denn, daß sie diesem bekannt war.

„Negative Publizität"

§ 15 I HGB regelt den Fall der sogenannten negativen Publizität. Sind eintragungspflichtige Tatsachen nicht eingetragen, wird das Vertrauen des Dritten auf diesen Rechtsschein geschützt. § 15 I HGB findet im Übrigen auch dann Anwendung, wenn eine Voreintragung fehlt, mit der die einzutragende Tatsache im Zusammenhang steht.

„Schweigen des Handelsregisters" begründet Vertrauensschutz.

◘ Abb. 2.1   Publizität des Handelsregisters (Stefan Dinter)

2

Beispiel

Eine Prokura wird erteilt, diese Erteilung aber nicht ins Handelsregister eingetragen. Später widerruft der Kaufmann die Prokura. Solange das Erlöschen der Prokura nicht ins Handelsregister eingetragen worden ist, gilt sie nach § 15 I HGB als fortbestehend.

Dabei kann sich ein Dritter auf § 15 I HGB auch dann berufen, wenn er das Handelsregister nicht eingesehen hat. Es reicht aus, wenn er – aus welchen Gründen auch immer – vom Nichtbestehen der einzutragenden Tatsache ausgeht und diese Annahme Grundlage seiner Entscheidung ist.

Der gutgläubige Dritte hat ein Wahlrecht.

Nach § 15 I HGB hat der Dritte ein Wahlrecht: Er kann entscheiden, ob er sich auf die eingetragene oder auf die wahre Rechtslage berufen will.

Bei der negativen Publizität nach § 15 I HGB ist also wie folgt zu prüfen:

- Es muss eine eintragungspflichtige Tatsache vorliegen. Nicht ausreichend ist eine nur eintragungsfähige Tatsache.
- Diese Tatsache wurde nicht eingetragen und bekannt gemacht. Dies ist dann der Fall, wenn nur die Eintragung erfolgt ist, nicht aber die Bekanntmachung, oder wenn nur die Bekanntmachung erfolgt ist, nicht aber die Eintragung, oder wenn weder die Eintragung noch die Bekanntmachung erfolgt ist.
- Der Dritte darf keine positive Kenntnis von der Tatsache gehabt haben. Unerheblich ist, ob ihm im Falle von Unkenntnis Fahrlässigkeit vorzuwerfen ist oder nicht.

✤ Sind diese Tatbestandsmerkmale erfüllt, kann einem Dritten die nicht eingetragene Tatsache nicht entgegengehalten werden. Der Dritte kann also wählen, ob für ihn der durch die fehlende Eintragung beziehungsweise Bekanntmachung entstandene Rechtsschein oder ob die wahre Rechtslage gelten soll.

Beispiel

Paul ist als Prokurist der Müller & Maier GmbH im Handelsregister eingetragen. Geschäftsführer Gustav widerruft die Prokura von Paul. Das Erlöschen der Prokura wird jedoch nicht in das Handelsregister eingetragen. Nach dem Widerruf schließt Paul einen Vertrag mit dem Unternehmer Udo, dem der Widerruf der Prokura nicht bekannt ist. Udo kann gegen die Müller & Maier GmbH oder gegen Paul klagen. Letzterer haftet als Vertreter ohne Vertretungsmacht nach § 179 I BGB.

§ 15 HGB – Publizität des Handelsregisters

...

(2) Ist die Tatsache eingetragen und bekanntgemacht worden, so muß ein Dritter sie gegen sich gelten lassen. Dies gilt nicht bei Rechtshandlungen, die innerhalb von fünfzehn Tagen nach der Bekanntmachung vorgenommen werden, sofern der Dritte beweist, daß er die Tatsache weder kannte noch kennen mußte.

(3) Ist eine einzutragende Tatsache unrichtig bekanntgemacht, so kann sich ein Dritter demjenigen gegenüber, in dessen Angelegenheiten die Tatsache einzutragen war, auf die bekanntgemachte Tatsache berufen, es sei denn, daß er die Unrichtigkeit kannte.

...

„Positive Publizität"

Die so genannte positive Publizität wird in § 15 II und III HGB geregelt. „Dritter" im Sinne des § 15 II HGB kann sowohl ein Kaufmann als auch ein Nicht-Kaufmann sein. Die Ausnahmeregelung des § 15 II 2 HGB kommt allerdings in der Praxis einem Kaufmann so gut wie nie zugute. Von diesem verlangt die Rechtsprechung nämlich, dass er sich über Handelsregisterbekanntmachungen regelmäßig informiert. Ein „Kennenmüssen" im Sinne des § 15 II 2 HGB, also die in Folge von Fahrlässigkeit bestehende Unkenntnis (vgl. die Definition in § 122 II BGB), wird daher immer schon dann bejaht, wenn der Kaufmann sich die notwendigen Kenntnisse hätte verschaffen können.

Bei Privatleuten ist man dagegen etwas großzügiger: Ob diesen eine Informationspflicht oblag, hängt von der Art des Geschäfts ab. Bei Alltagsgeschäften wird man sie verneinen können, sofern keine besonderen Umstände vorlagen, die einen Blick in das Handelsregister nahe legten. In der Literatur ist dieser Punkt allerdings umstritten. Eine Gegenmeinung vertritt die Auffassung, dass auch Privatleute die Pflicht hätten, sich Informationen zu beschaffen. Die Autoren argumentieren: Wer mit einem Kaufmann Geschäfte macht, muss sich im Handelsregister informieren. Dies trifft zu. Das Problem ist jedoch nicht die Informationspflicht als solche, sondern die kurze Frist. Kurze Fristen muss nach den sonstigen Regelungen des HGB aber immer nur der Kaufmann einhalten, nicht aber sein (nicht-kaufmännischer) Geschäftspartner.

§ 15 III HGB erfasst sowohl die Fälle, in denen eine richtige Eintragung im Handelsregister anschließend unrichtig bekannt gemacht wurde, als auch die Konstellation, dass sowohl die Eintragung als auch die Bekanntmachung unrichtig ist.

Gutgläubige Dritte dürfen sich auf die Eintragung im Handelsregister verlassen.

2

Beispiel

Der Geschäftsführer der Husch-Husch GmbH beantragt, dass Maria Müller als Prokuristin in das Handelsregister eingetragen wird. Durch ein Versehen des Registergerichts wird aber Michael Meyer als Prokurist eingetragen und diese Eintragung bekanntgemacht. In dem Unternehmen arbeitet tatsächlich ein Michael Meyer, der in der Folgezeit Verträge im Namen der Husch-Husch GmbH abschließt. Diese Verträge binden nach § 15 III HGB die Husch-Husch GmbH. Entsteht ihr dadurch ein Schaden, kann die Falscheintragung durch das Gericht einen Amtshaftungsanspruch der Husch-Husch GmbH gegen das betreffende Bundesland nach § 839 I BGB i. V. m. Art. 34 GG begründen.

Der gutgläubige Dritte hat eine Wahlrecht.

§ 15 III HGB greift nur zugunsten des Dritten, nicht aber zu seinem Nachteil ein. Dementsprechend kann sich ein Außenstehender immer – wie im Fall des § 15 I HGB – auf die für ihn günstigere Rechtslage berufen.

Beispiel

Gustav wurde als Geschäftsführer der Gernegross GmbH im Handelsregister eingetragen und die Eintragung wurde auch bekanntgemacht. Einen Beschluss, ihn zum Geschäftsführer zu bestellen, haben die Gesellschafter der Gernegross GmbH jedoch nicht gefasst. Somit ist Gustav nicht Geschäftsführer (§ 46 Nr. 5 GmbHG) und die Eintragung im Handelsregister damit zu Unrecht erfolgt. Schließt Gustav im Namen der Gernegross GmbH mit gutgläubigen Dritten Verträge ab, hilft § 15 III HGB diesen Dritten: Sie können sich auf die Eintragung berufen, wenn sie ein Interesse an der Durchführung der Verträge mit der Gernegross GmbH haben. Sie können sich aber auch auf die wahre Rechtslage berufen, indem sie vortragen, dass Gustav als Vertreter ohne Vertretungsmacht gehandelt habe und damit kein Vertrag mit der Gernegross GmbH zustande gekommen sei.

2.3 Die Firma

---

§ 17 HGB – Begriff der Firma

(1) Die Firma eines Kaufmanns ist der Name, unter dem er seine Geschäfte betreibt und die Unterschrift abgibt.

(2) Ein Kaufmann kann unter seiner Firma klagen und verklagt werden.

Die Firma ist der Handelsname des Kaufmanns.

Die Firma ist also nur der Handelsname des Kaufmanns und nicht das Unternehmen selbst.

Abb. 2.2 Firma ist der Name des Unternehmens (Stefan Dinter)

Der Kaufmann kann eine Personenfirma (z. B. Michael Müller GmbH), Sachfirma (z. B. Deutsch-Französische Unternehmensberatung GmbH), Mischfirma (z. B. Udo Ungeduldig Expresszustellungen GmbH) oder auch eine Fantasiebezeichnung (z. B. Blaugeist GmbH) wählen, solange Kennzeichnungswirkung und Unterscheidungskraft der Firma gewährleistet sind.

> **§ 18 HGB – Voraussetzungen einer Firma**
> (1) Die Firma muß zur Kennzeichnung des Kaufmanns geeignet sein und Unterscheidungskraft besitzen.

Die vom Gesetz in § 18 I HGB geforderte Unterscheidungskraft ist dann nicht gegeben, wenn die Firma nur aus einem die Tätigkeit des Unternehmens beschreibenden Begriff bestehen soll, der vom Geschäftsverkehr mangels individueller Eigenart nicht als Hinweis auf ein bestimmtes Unternehmen verstanden wird.

Eine Firma muss Unterscheidungskraft besitzen.

Beispiel

Eine Bäckerei kann als Firma nicht „Bäckerei" ohne individualisierenden Zusatz wählen, da ein solcher Gattungsbegriff nicht mit einem konkreten Unternehmen in Verbindung gebracht wird.

2

Da die Firma Unterscheidungskraft haben muss, müssen Firmenkern und Firmenzusätze eine wörtliche und aussprechbare Bezeichnung darstellen. Dies ist bei Bildzeichen nicht der Fall.

@ als Firmenbestandteil

Ein Unternehmen möchte die Firma „D@BO GmbH" führen. Den Antrag auf Eintragung in das Handelsregister hat das Registergericht in München abgelehnt. Das Zeichen @ in der angemeldeten Firma könne als Bildzeichen verstanden werden. Dann sei es deswegen nicht eintragungsfähig, weil ein Bildzeichen nicht im Rahmen einer kaufmännischen Namensbildung verwendet werden kann. Das Zeichen @ könne aber auch dafür gedacht sein, dass es die Funktion des Buchstabens a erfüllt. Dann sei es deswegen nicht eintragungsfähig, weil ein Anspruch auf Übernahme eines unter Werbegesichtspunkten gestalteten Schriftbildes nicht bestehe. Die vom Firmeninhaber gewählte Schreibweise werde nicht Firmenbestandteil (so BayObLG, Beschluss v. 04.04.2001 – 3 Z BR 84/01, NJW 2001, 2337; anders mittlerweile LG München I, Beschluss v. 15.02.2009 – 17 HKT 920/09, MittBayNot 2009, 315).

Eintragungsfähig ist eine solche Firma dagegen nach Ansicht des LG Berlin (LG Berlin, Beschluss v. 13.01.2004 – 102 T 122/03, NZG 2004, 532). Die zunehmende Verbreitung des Internets als Informations- und Kommunikationsmittel führe dazu, dass das @-Zeichen bei einem beachtlichen Teil der Verkehrskreise nicht mehr als Bildzeichen, sondern als Wortzeichen mit einer spezifischen Bedeutung aufgenommen wird.

Wer ein @ als Firmenbestandteil haben möchte, sollte daher als satzungsmäßigen Sitz seiner Gesellschaft (der mit der Geschäftsanschrift nicht übereinstimmen muss, vgl. § 106 II Nr. 2 HGB) Berlin wählen; dann ist das Berliner Registergericht zuständig, das sich nach der Rechtsprechung des LG Berlin richten wird.

---

§ 30 HGB – Unterscheidbarkeit der Firma
(1) Jede neue Firma muß sich von allen an demselben Ort oder in derselben Gemeinde bereits bestehenden und in das Handelsregister oder in das Genossenschaftsregister eingetragenen Firmen deutlich unterscheiden.

Eine neue Firma muss sich von den am Ort bereits bestehenden Firmen unterscheiden.

Das Prinzip der Firmenunterscheidbarkeit hat auch in § 30 I HGB seinen Niederschlag gefunden. Hier gilt der Grundsatz der Priorität: Wer zuerst eingetragen ist, darf die Firma benutzen, selbst wenn die Firma z. B. aus dem Eigennamen desjenigen besteht, der als Zweiter die Firma eintragen lassen will. Der Zweite hat nur die Möglichkeit, seinem Namen, unter dem er firmieren möchte, einen Zusatz beizufügen, durch den er sich von der bereits eingetragenen Firma deutlich unterscheidet. In diesem Fall ist dann eine Eintragung möglich (§ 30 II HGB).

> **§ 18 HGB – Voraussetzungen einer Firma**
> (2) Die Firma darf keine Angaben enthalten, die geeignet sind, über geschäftliche Verhältnisse, die für die angesprochenen Verkehrskreise wesentlich sind, irrezuführen. …

Ein Grundsatz des Handelsrechts ist die Firmenwahrheit, die in § 18 II HGB ihren Ausdruck findet. Eine Firmenbezeichnung darf nicht irreführend sein.

Grundsatz der Firmenwahrheit

Beispiel

„Internationale Kreditvermittlung" für einen Darlehensvermittler, der nur mit einer Bank in Bremen, nicht jedoch mit Banken in anderen europäischen Städten zusammenarbeitet. Der Zusatz „international" wird von den angesprochenen Geschäftspartnern zwar nicht dahingehend verstanden, dass das Unternehmen über ausgedehnte Geschäftsbeziehungen ins Ausland verfügt, wohl aber wird davon ausgegangen, dass das Unternehmen überhaupt in anderen Staaten aktiv ist. Da diese Voraussetzung hier nicht gegeben ist, ist die Firma irreführend.

Dieser Grundsatz findet auch in einigen Spezialgesetzen seinen Ausdruck. So müssen bestimmte Gesellschaften von reglementierten Berufen zwingend in der Firma eine Bezeichnung aufführen, die auf ihre Befugnisse schließen lässt:

Angabe der Firma bei reglementierten Berufen

- Steuerberatungsgesellschaft (§ 53 Steuerberatungsgesetz – StBerG);
- Wirtschaftsprüfungsgesellschaft (§ 31 Gesetz über eine Berufsordnung der Wirtschaftsprüfer – WiPrO);
- Rechtsanwaltsgesellschaft (§ 59 k Bundesrechtsanwaltsordnung – BRAO).

Im Interesse des Verbrauchers sind dagegen andere Bezeichnungen für bestimmte, besonderen Zulassungsbestimmungen unterworfene Unternehmen reserviert. Dabei handelt es sich um folgende Bezeichnungen:

Besonderheiten bei Kapitalanlagegesellschaften, Banken und Versicherungen

- „Kapitalverwaltungsgesellschaft", „Investmentvermögen", „Investmentfonds" oder „Investmentgesellschaft" (§ 3 Kapitalanlagegesetzbuch – KAGB);

2

- „Bank", „Bankier", „Volksbank" oder „Sparkasse" (§§ 39 bis 41 Gesetz über das Kreditwesen – KWG);
- „Versicherung", „Versicherer", „Assekuranz", „Rückversicherung" oder „Rückversicherer" (§ 6 Gesetz über die Beaufsichtigung der Versicherungsunternehmen – VAG);
- „Bausparkasse" (§ 17 Gesetz über Bausparkassen – BauSparG);
- „Unabhängiger Honorar-Anlageberater", „Unabhängige Honorar-Anlageberatung" (§ 94 Gesetz über den Wertpapierhandel – WpHG).

Beispiel

Versicherungskaufmann Willy Müller möchte seiner OHG die Firma „Prof. Dr. Dr. Willy Baron von und zu Müller Investmentfonds OHG" geben. Diese Firma ist aus mehreren Gründen unzulässig. So setzen die Bezeichnungen „Prof." und „Dr." voraus, dass der Inhaber der Firma oder zumindest der Geschäftsführer des Unternehmens diese akademischen Grade führen darf. Die Führung von Adelstiteln, die mit dem Inhaber der Firma in keinem Bezug stehen, ist nur dann zulässig, wenn der Schein einer besonderen Tradition und der früheren Inhaberschaft des Unternehmens durch den Träger dieses Namens vermieden wird. Hier wird man sie als zulässig erachten können, da eine bekannte Adelsfamilie mit diesem Namen nicht existiert. Die Bezeichnung ist jedoch aus grundsätzlichen Erwägungen unzulässig: Wenn unter einem Personennamen firmiert wird, muss dies zur Vermeidung von Irreführungen grundsätzlich der Name des Firmeninhabers sein. Der Begriff „Investmentfonds" darf nach § 3 KAGB nur von bestimmten Unternehmen geführt werden.

Zum Grundsatz der Firmenwahrheit gehört auch die Verpflichtung, die Rechtsform anzugeben.

> **§ 19 HGB – Firmenbestandteile**
> (1) Die Firma muß … enthalten:
> 1. bei Einzelkaufleuten die Bezeichnung „eingetragener Kaufmann", „eingetragene Kauffrau" oder eine allgemein verständliche Abkürzung dieser Bezeichnung, insbesondere „e.K.", „e.Kfm." oder „e.Kfr.";
> 2. bei einer offenen Handelsgesellschaft die Bezeichnung „offene Handelsgesellschaft" oder eine allgemein verständliche Abkürzung dieser Bezeichnung;
> 3. bei einer Kommanditgesellschaft die Bezeichnung „Kommanditgesellschaft" oder eine allgemein verständliche Abkürzung dieser Bezeichnung.
>
> …

§ 19 HGB regelt den Mindestinhalt für die Firma eines Einzelkaufmanns, einer OHG und einer KG. Eine entsprechende Verpflichtung besteht bei der GmbH (§ 4 GmbHG), der AG (§ 4
AktG), der KGaA (§ 279 AktG) und der eG (§ 3 GenG), bei
denen jeweils ein Hinweis auf die Rechtsform erfolgen muss.

Hinweis auf Rechtsform
in der Firma

Ein weiterer Grundsatz ist die Firmenbeständigkeit,
welcher in §§ 21 ff. HGB seinen Niederschlag gefunden hat.
Dieser Grundsatz besagt, dass die Firma in bestimmten Fällen
unverändert bestehen bleiben darf, obwohl der Name des Inhabers sich geändert hat.

> **§ 22 HGB – Fortführung der Firma**
> (1) Wer ein bestehendes Handelsgeschäft unter Lebenden oder
> von Todes wegen erwirbt, darf für das Geschäft die bisherige
> Firma, auch wenn sie den Namen des bisherigen Geschäftsinha-
> bers enthält, mit oder ohne Beifügung eines das Nachfolgever-
> hältnis andeutenden Zusatzes fortführen, wenn der bisherige
> Geschäftsinhaber oder dessen Erben in die Fortführung der
> Firma ausdrücklich willigen.
>
> (2) ...

§ 22 I HGB durchbricht den Grundsatz der Firmenwahrheit
zugunsten des Grundsatzes der Firmenbeständigkeit. Die ursprüngliche Firma kann also unter bestimmten Voraussetzungen trotz Personenwechsels weitergeführt werden. Die
Firmenfortführung hat jedoch haftungsrechtliche Konsequenzen. Die Frage der Haftung der Firmenfortführung bei
einer Unternehmensübernahme ist in den §§ 25 bis 28 HGB
geregelt.

> **§ 25 HGB – Haftung des Erwerbers bei
> Firmenfortführung**
> (1) Wer ein unter Lebenden erworbenes Handelsgeschäft unter
> der bisherigen Firma mit oder ohne Beifügung eines das
> Nachfolgeverhältnis andeutenden Zusatzes fortführt, haftet für
> alle im Betriebe des Geschäfts begründeten Verbindlichkeiten
> des früheren Inhabers. Die in dem Betriebe begründeten
> Forderungen gelten den Schuldnern gegenüber als auf den
> Erwerber übergegangen, falls der bisherige Inhaber oder seine
> Erben in die Fortführung der Firma gewilligt haben.
>
> (2) Eine abweichende Vereinbarung ist einem Dritten gegenüber
> nur wirksam, wenn sie in das Handelsregister eingetragen und
> bekanntgemacht oder von dem Erwerber oder dem Veräußerer
> dem Dritten mitgeteilt worden ist.
>
> ...

Haftung bei
Firmenfortführung

2

Die Vorschrift greift beim Erwerb eines Handelsgeschäfts, wobei nach der Rechtsprechung allerdings die Fälle ausgeschlossen sind, in denen jemand ein Unternehmen, über dessen Vermögen ein Insolvenzverfahren eröffnet wurde, vom Insolvenzverwalter erwirbt. § 25 HGB setzt voraus, dass ein Handelsgeschäft fortgeführt wird. Es muss daher im Zeitpunkt der Veräußerung noch bestehen und die Übernahme muss auf Dauer angelegt sein.

Eine Firmenfortführung im Sinne des § 25 I 1 HGB liegt schon dann vor, wenn der Geschäftsverkehr die neue Firma trotz vorgenommener Änderungen noch mit der alten identifiziert.

Beispiel

Firmenfortführung auch bei geringfügigen Änderungen der Firma.

Ludwig Leichtsinn kauft die Defizit GmbH. Er führt die Produktpalette der Defizit GmbH mit geringen Änderungen unter der Firma Defizit Leichtsinn GmbH weiter. Hier haftet die Defizit Leichtsinn GmbH für Verbindlichkeiten der Defizit GmbH, denn die Haftung tritt auch dann ein, wenn einzelne Vermögensbestandteile oder Betätigungsfelder von der Übernahme ausgenommen werden, solange nur der wesentliche Kern des bisherigen Unternehmens übernommen wird. Kriterium dafür ist, ob für Außenstehende der Eindruck entsteht, das Unternehmen werde in seinem wesentlichen Bestand weitergeführt. Eine geringe Änderung der Produktpalette vermag daher die Haftung nicht auszuschließen. Auch der Umstand, dass das ursprüngliche Unternehmen die Firma Defizit GmbH führt und das neue Unternehmen die Firma Defizit Leichtsinn GmbH, schließt eine Haftung nicht aus. § 25 I 1 HGB setzt nicht eine buchstabengetreue Übereinstimmung zwischen der alten und der neuen Firma voraus. Es kommt nur darauf an, ob nach der Sicht des Geschäftsverkehrs trotz der vorgenommenen Änderungen noch eine Fortführung der Firma vorliegt. Dies ist bei der Beibehaltung des Kerns oder prägender Zusätze der Firma zu bejahen. Da hier der Firmenkern weitergeführt wird, haftet der Erwerber.

§ 25 I 2 HGB bewirkt, dass der Erwerber im Verhältnis zum Schuldner als alleiniger Gläubiger gilt. Dies hat zum einen zur Folge, dass der Schuldner dann, wenn er an den Erwerber zahlt, die gegen ihn gerichtete Forderung erfüllt. Zum anderen kann nur noch der Erwerber und nicht mehr der Veräußerer diese Forderung geltend machen.

> **§ 26 HGB – Fristen bei der Haftung**
> (1) Ist der Erwerber des Handelsgeschäfts auf Grund der
> Fortführung der Firma ... für die früheren Geschäftsverbindlichkei-
> ten haftbar, so haftet der frühere Geschäftsinhaber für diese
> Verbindlichkeiten nur, wenn sie vor Ablauf von fünf Jahren fällig
> und daraus Ansprüche gegen ihn [rechtskräftig festgestellt sind,
> sich aus vollstreckbaren Vergleichen oder vollstreckbaren
> Urkunden ergeben oder durch die im Insolvenzverfahren erfolgte
> Feststellung vollstreckbar geworden sind] oder eine gerichtliche
> oder behördliche Vollstreckungshandlung vorgenommen oder
> beantragt wird; ... Die Frist beginnt ... mit dem Ende des Tages, an
> dem der neue Inhaber der Firma in das Handelsregister des
> Gerichts der Hauptniederlassung eingetragen ... wird, ...

Während § 25 HGB die Haftung beim Erwerb eines Handelsgeschäfts unter Lebenden regelt, finden sich in § 27 HGB entsprechende Vorschriften für den Fall, dass ein Handelsgeschäft
nach dem Tod des bisherigen Inhabers auf den Erben übergeht.

> **§ 27 HGB – Haftung des Erben bei Geschäftsfortführung**
> (1) Wird ein zu einem Nachlasse gehörendes Handelsgeschäft
> von dem Erben fortgeführt, so finden auf die Haftung des Erben
> für die früheren Geschäftsverbindlichkeiten die Vorschriften des
> § 25 HGB entsprechende Anwendung.
>
> (2) Die unbeschränkte Haftung nach § 25 I HGB tritt nicht ein,
> wenn die Fortführung des Geschäfts vor dem Ablaufe von drei
> Monaten nach dem Zeitpunkt, in welchem der Erbe von dem
> Anfalle der Erbschaft Kenntnis erlangt hat, eingestellt wird. ...

Wer Erbe wird, haftet für die Verbindlichkeiten des Erblassers
bereits nach den allgemeinen Vorschriften §§ 1922, 1967 BGB.

> **§ 1967 BGB – Erbenhaftung; Nachlassverbindlichkeiten**
> (1) Der Erbe haftet für die Nachlassverbindlichkeiten.

Haftung für Nachlass-
verbindlichkeiten

Diese allgemeinen Vorschriften sehen allerdings die Möglichkeit
vor, dass unter bestimmten Voraussetzungen die Haftung des
Erben für Nachlassverbindlichkeiten auf den Nachlass beschränkt wird. So kann der Erbe nach § 1975 BGB eine Nachlassverwaltung oder ein Nachlassinsolvenzverfahren beantragen.

2

> **§ 1975 BGB – Nachlassverwaltung; Nachlassinsolvenz**
> Die Haftung des Erben für die Nachlassverbindlichkeiten beschränkt sich auf den Nachlass, wenn eine Nachlasspflegschaft zum Zwecke der Befriedigung der Nachlassgläubiger (Nachlassverwaltung) angeordnet oder das Nachlassinsolvenzverfahren eröffnet ist.

In den Fällen, in denen eine Nachlassverwaltung oder ein Nachlassinsolvenzverfahren mangels einer den Kosten entsprechenden Masse nicht tunlich ist, kann der Erbe nach § 1990 BGB die Befriedigung der Nachlassgläubiger insoweit verweigern, als der Nachlass nicht ausreicht.

keine Haftungsbe-
schränkung möglich

Diese Möglichkeiten, die Haftung des Erben auf den Nachlass zu beschränken, gibt es bei Fortführung eines ererbten Handelsgeschäfts unter der bisherigen Firma nicht. Der Erbe eines Handelsgeschäfts haftet daher in diesem Fall auch mit seinem sonstigen Vermögen für die Nachlassverbindlichkeiten. Nur wenn er die zunächst begonnene Geschäftsfortführung innerhalb von drei Monaten nach Kenntnis des Anfalls der Erbschaft wieder einstellt, kann auch er nach § 27 II HGB die Haftung auf den Nachlass beschränken.

Haftung bei der
Gründung von
Personengesellschaften

> **§ 28 HGB – Eintritt in das Geschäft eines Einzelkaufmanns**
> (1) Tritt jemand als persönlich haftender Gesellschafter oder als Kommanditist in das Geschäft eines Einzelkaufmanns ein, so haftet die Gesellschaft, auch wenn sie die frühere Firma nicht fortführt, für alle im Betriebe des Geschäfts entstandenen Verbindlichkeiten des früheren Geschäftsinhabers. Die in dem Betriebe begründeten Forderungen gelten den Schuldnern gegenüber als auf die Gesellschaft übergegangen.
>
> (2) Eine abweichende Vereinbarung ist einem Dritten gegenüber nur wirksam, wenn sie in das Handelsregister eingetragen und bekanntgemacht oder von einem Gesellschafter dem Dritten mitgeteilt worden ist.
>
> (3) …

Wie sich aus § 28 I 1 HGB ergibt, setzt diese Vorschrift voraus, dass jemand in das Geschäft eines Einzelkaufmanns eintritt. Die Rechtsprechung legt diese Bestimmung dahingehend aus, dass der dort genannte „Einzelkaufmann" die Kaufmannseigenschaft im Sinne des HGB besitzen müsse. Diese Vorschrift gilt ferner nur für Personengesellschaften, die durch den Zusammenschluss entstehen. Wird ein Einzelunternehmen dagegen in eine neu gegründete GmbH oder Aktiengesellschaft eingebracht, so findet § 28 HGB keine Anwendung.

> **§ 23 HGB – Verbot der selbstständigen Übertragung der Firma**
> Die Firma kann nicht ohne das Handelsgeschäft, für welches sie geführt wird, veräußert werden.

Die Firma kann nur mit dem Handelsgeschäft veräußert werden. Ein Vertrag, mit welchem nur die Firma veräußert werden soll, ist daher nach § 134 BGB nichtig. Umgekehrt kann das Handelsgeschäft jedoch ohne die Firma veräußert werden.

> **§ 37 HGB – Unzulässiger Firmengebrauch**
> (1) Wer eine nach den Vorschriften dieses Abschnitts ihm nicht zustehende Firma gebraucht, ist von dem Registergerichte zur Unterlassung des Gebrauchs der Firma durch Festsetzung von Ordnungsgeld anzuhalten.
>
> (2) Wer in seinen Rechten dadurch verletzt wird, daß ein anderer eine Firma unbefugt gebraucht, kann von diesem die Unterlassung des Gebrauchs der Firma verlangen. Ein nach sonstigen Vorschriften begründeter Anspruch auf Schadensersatz bleibt unberührt.

§ 37 HGB gewährt in Abs. 1 einen öffentlichrechtlichen, in Abs. 2 einen privatrechtlichen Schutz. Der Unterlassungsanspruch nach § 37 II HGB setzt nicht voraus, dass der unbefugte Firmengebrauch schuldhaft geschieht. Will der Firmeninhaber allerdings zusätzlich Schadensersatz haben, kann er sich auf das MarkenG – Gesetz über den Schutz von Marken und sonstigen Kennzeichen – stützen. Dieser Anspruch setzt aber voraus, dass die Rechtsverletzung vorsätzlich oder fahrlässig begangen wurde.

Nach § 5 I MarkenG werden als geschäftliche Bezeichnungen Unternehmenskennzeichen geschützt. Was ein Unternehmenskennzeichen ist, wird in § 5 II MarkenG definiert.

Unterlassungsanspruch und Schadensersatz bei unzulässigem Firmengebrauch

> **§ 5 MarkenG – Geschäftliche Bezeichnungen**
> (2) Unternehmenskennzeichen sind Zeichen, die im geschäftlichen Verkehr als Name, als Firma oder als besondere Bezeichnung eines Geschäftsbetriebs oder eines Unternehmens benutzt werden. Der besonderen Bezeichnung eines Geschäftsbetriebs stehen solche Geschäftsabzeichen und sonstige zur Unterscheidung des Geschäftsbetriebs von anderen Geschäftsbetrieben bestimmte Zeichen gleich, die innerhalb beteiligter Verkehrskreise als Kennzeichen des Geschäftsbetriebs gelten.

Schutz von Unternehmenskennzeichen

2

Unternehmenskennzeichen im Sinne des Markenrechts ist also nicht nur die Firma selbst, sondern auch bloße Firmenbestandteile sind Unternehmenskennzeichen, sofern sie vom Verkehr als Name des Unternehmens angesehen werden. Auch durch die Benutzung eines Domainnamens kann ein entsprechendes Unternehmenskennzeichen entstehen, wenn durch die Art der Benutzung deutlich wird, dass der Domainname nicht lediglich als Adressbezeichnung verwendet wird, und der Verkehr daher in der als Domainname gewählten Bezeichnung einen Herkunftshinweis erkennt.

---

§ 15 MarkenG – Ausschließliches Recht des Inhabers einer geschäftlichen Bezeichnung, Unterlassungsanspruch

(2) Dritten ist es untersagt, die geschäftliche Bezeichnung oder ein ähnliches Zeichen im geschäftlichen Verkehr unbefugt in einer Weise zu benutzen, die geeignet ist, Verwechslungen mit der geschützten Bezeichnung hervorzurufen.

(3) Handelt es sich bei der geschäftlichen Bezeichnung um eine im Inland bekannte geschäftliche Bezeichnung, so ist es Dritten ferner untersagt, die geschäftliche Bezeichnung oder ein ähnliches Zeichen im geschäftlichen Verkehr zu benutzen, wenn keine Gefahr von Verwechslungen im Sinne des Absatzes 2 besteht, soweit die Benutzung des Zeichens die Unterscheidungskraft oder die Wertschätzung der geschäftlichen Bezeichnung ohne rechtfertigenden Grund in unlauterer Weise ausnutzt oder beeinträchtigt.

Der Schutzbereich des MarkenG ist räumlich beschränkt.

Der räumliche Geltungsbereich des Schutzes umfasst bei einer Firma den räumlichen Bereich, in dem der Name benutzt wird, ferner den Bereich, auf den der Name ausstrahlt sowie bei einem auf Ausdehnung angelegten Unternehmen das Gebiet, auf das eine Ausdehnung möglich erscheint.

Beispiel 1

Der Weltkonzern Siemens AG mit Sitz in München hat bislang keine eingetragene Niederlassung in Südwestsachsen. Vier Studenten in Chemnitz gründen eine „Siemens AG", deren Geschäftstätigkeit der des gleichnamigen Unternehmens in München ähnelt. Da eine gleichnamige Firma im Handelsregister Chemnitz bislang noch nicht eingetragen wurde, sieht das Registergericht kein Eintragungshindernis nach dem HGB und trägt die Neugründung ins Handelsregister ein.

Die Siemens AG (München) könnte einen Anspruch nach § 15 II MarkenG geltend machen. Da die Siemens AG (München) deutschlandweit tätig ist, umfasst der räumliche Geltungsbereich des Schutzes ihres Unternehmenskennzeichens ganz Deutschland. Die Chemnitzer Studenten nutzen eine identische geschäftliche Bezeichnung im geschäftlichen Verkehr. Diese Nutzung erfolgt unbefugt. Aufgrund der ähnlichen Geschäftstätigkeit besteht Verwechslungsgefahr. Daher steht der Siemens AG (München) ein Unterlassungsanspruch zu.

Beispiel 2

Ein Unternehmen ist unter der Firma „Pic Nic Imbissbetriebe GmbH" im Jahr 1981 in das Handelsregister Heidenheim (Baden-Württemberg) eingetragen worden und betrieb 1983 zwei Imbissstände in Baden-Württemberg. In der Folgezeit kamen noch weitere Imbissstände in Baden-Württemberg und in Nordbayern hinzu. Es will einem anderen Kaufmann, der in München seit 1983 einen Verkaufskiosk unter dem Namen Pic-nic betreibt, die Nutzung dieses Namens verbieten.

Der BGH (Urteil v. 06.05.1993 – I ZR 123/91, GRUR 1993, 923) wies die Klage des Karlsruher Unternehmens ab. Der Schutz sei räumlich begrenzt durch die Benutzung. Bei einem Unternehmen, das von vornherein auf Ausdehnung angelegt ist, könne auch ein überörtlicher Schutz entstehen. Dies ist bei Imbissbetrieben nur der Fall, wenn diese Absicht durch die Eröffnung von Betrieben an verschiedenen Orten bereits verwirklicht ist. Maßgeblicher Zeitpunkt dafür sei der Zeitpunkt der Inbenutzungsnahme der Bezeichnung durch das Unternehmen, dem die Nutzung der Bezeichnung untersagt werden soll. Da das Karlsruher Unternehmen im Jahr 1983 nur in Baden-Württemberg tätig war und in Bayern noch keine Filiale eröffnet hat, reiche sein Namensschutz nicht bis nach München.

Ob eine Verwechslungsgefahr vorliegt, ist nach allgemeinen Erfahrungssätzen zu beurteilen.

Beispiel

Der Inhaber des bereits seit Jahren in einer Stadt bestehenden „City-Hotel" geht gegen die Bezeichnung „City-Hilton" für ein neues Hotel vor. Der Bundesgerichtshof sah hier keine Verwechslungsgefahr, da dem geschützten Unternehmenskennzeichen (= City) ein Zusatz anhänge, der nach Ansicht des beteiligten Verkehrs der prägende Teil dieses Unternehmenskennzeichens sei. Bei der Wortkombination schließe hier der weltweit bekannte Name „Hilton" eine Verwechslungsgefahr aus (BGH, Urteil v. 30.03.1995 – I ZR 60/93, GRUR 1995, 507).

2

Prüfungsschema § 15
MarkenG

> **Prüfungsschema § 15 MarkenG: Schutz von Unternehmenskennzeichen**
> 1) Unternehmenskennzeichen?
>
> 2) Räumlicher Schutzbereich des Unternehmenskennzeichens
>
> a) Wo wird der Name genutzt?
>
> b) Wo strahlt der Name aus?
>
> c) Wo ist eine Expansion (nachweisbar) geplant?
>
> 3) Nutzung des Unternehmenskennzeichens oder eines ähnlichen Zeichens durch Dritte im geschäftlichen Verkehr und im räumlichen Schutzbereich.
>
> 4) Verwechslungsgefahr?
>
> 5) Falls keine Verwechslungsgefahr besteht: Liegt der Sonderfall der bekannten geschäftlichen Bezeichnung nach § 15 III MarkenG vor?

Schadensersatz nur bei
vorsätzlicher oder
fahrlässiger
Rechtsverletzung

Wer eine geschäftliche Bezeichnung oder ein ähnliches Zeichen entgegen dieser Vorschrift benutzt, kann von dem Inhaber der geschäftlichen Bezeichnung auf Unterlassung in Anspruch genommen werden (§ 15 IV MarkenG). Wer die Verletzungshandlung vorsätzlich oder fahrlässig begeht, ist dem Inhaber der geschäftlichen Bezeichnung zum Ersatz des daraus entstandenen Schadens verpflichtet (§ 15 V MarkenG).

Eine weitere Anspruchsgrundlage ist § 12 BGB. Da die §§ 5, 15 MarkenG als Spezialgesetz dem § 12 BGB vorgehen, kommt § 12 BGB nur zur Anwendung, wenn das Markengesetz einen bestimmten Sachverhalt nicht regelt.

> **§ 12 BGB – Namensrecht**
> Wird das Recht zum Gebrauch eines Namens dem Berechtigten von einem anderen bestritten oder wird das Interesse des Berechtigten dadurch verletzt, dass ein anderer unbefugt den gleichen Namen gebraucht, so kann der Berechtigte von dem anderen Beseitigung der Beeinträchtigung verlangen. …

Firma fällt unter den
Schutz des § 12 BGB.

§ 12 BGB schützt das Namensrecht. Die Rechtsprechung hat diesen Schutz auch auf die Firma ausgedehnt. Im Gegensatz zu § 15 MarkenG setzt § 12 BGB nicht voraus, dass die Firma im geschäftlichen Verkehr benutzt wird. § 12 BGB gibt dem Firmeninhaber somit in den Fällen einen Unterlassungsanspruch, in denen ein Dritter die Firma für private Zwecke gebraucht.

Beispiel

Andreas Shell ist Inhaber der Internet-Domain „shell.de", welche er für private Zwecke nutzt. Die Deutsche Shell GmbH, Tochter des Mineralölunternehmens Shell, möchte, dass er diese Domain freigibt.

    Auf das Markenrecht kann sie den Anspruch nicht stützen, da der Domain-Name durch Andreas Shell nicht im geschäftlichen Verkehr genutzt wird. Somit kommt für die Shell GmbH nur ein Unterlassungsanspruch nach § 12 BGB in Betracht. Da § 12 BGB auch für Firmen gilt, ist dieser Anspruch grundsätzlich gegeben. Im vorliegenden Fall besteht jedoch die Besonderheit, dass beide Parteien denselben Namen tragen. In einer solchen Situation gilt bei Domain-Namen das Prinzip der Priorität, das heißt, es ist darauf abzustellen, welcher der beiden Namensträger die Domain als Erster angemeldet hat. Diesem Prinzip der Priorität muss sich bei einem Streit von zwei Gleichnamigen auch der bekanntere Namensträger unterwerfen, außer es handelt sich um einen Namen von überragender Bekanntheit. Dann stehen demjenigen Namensträger, dem der Name die überragende Bekanntheit verdankt, die Rechte aus § 12 BGB zu. Um einen solchen Namen von überragender Bekanntheit handelt es sich bei der Firma „Shell", weshalb der Privatmann Shell auf die Domain verzichten muss (BGH, Urteil v. 22.11.2001 – I ZR 138/99, GRUR 2002, 622 – shell.de).

§ 12 BGB schützt den Namensträger allerdings nur dann gegen den unbefugten Gebrauch seines Namens, wenn sein Interesse verletzt ist. Bei Firmen ist der Schutz daher örtlich begrenzt auf den Wirkungskreis des Unternehmens.

> **§ 37a HGB – Angaben auf allen Geschäftsbriefen**
> (1) Auf allen Geschäftsbriefen des Kaufmanns gleichviel welcher Form, die an einen bestimmten Empfänger gerichtet werden, müssen seine Firma, die Bezeichnung nach § 19 Abs. 1 Nr. 1, der Ort seiner Handelsniederlassung, das Registergericht und die Nummer, unter der die Firma in das Handelsregister eingetragen ist, angegeben werden.

Diese Regelung ist im Zusammenhang mit dem Recht zu sehen, einen Fantasienamen als Firma zu nehmen. Dadurch ist aus der Firma nicht ersichtlich, wer für die Verbindlichkeiten des Unternehmens haftet. Deswegen sind die in § 37a I HGB geforderten Angaben notwendig, die es einem Geschäftspartner erlauben, sich im Handelsregister Informationen über die Haftungsverhältnisse zu verschaffen.

BGH-Grundsatzurteil shell.de

2

§ 37a HGB wird ergänzt durch § 35a GmbHG und § 80 AktG. Danach müssen bei einer GmbH zusätzlich alle Geschäftsführer und bei eine AG alle Vorstandsmitglieder auf den Geschäftsbriefen angegeben werden.

Allerdings ist zu beachten, dass nicht nur Kaufleute Informationspflichten haben. Insbesondere Studierende, die neben ihrem Studium ein kleines Geschäft betreiben und dafür im Internet Werbung machen, ignorieren oft ihre Informationspflichten nach § 5 Telemediengesetz (TMG).

---

§ 5 TMG – Allgemeine Informationspflichten

(1) Diensteanbieter haben für geschäftsmäßige, in der Regel gegen Entgelt angebotene Telemedien folgende Informationen leicht erkennbar, unmittelbar erreichbar und ständig verfügbar zu halten:

1. den Namen und die Anschrift, unter der sie niedergelassen sind, bei juristischen Personen zusätzlich die Rechtsform, den Vertretungsberechtigten und, sofern Angaben über das Kapital der Gesellschaft gemacht werden, das Stamm- oder Grundkapital sowie, wenn nicht alle in Geld zu leistenden Einlagen eingezahlt sind, der Gesamtbetrag der ausstehenden Einlagen,
2. Angaben, die eine schnelle elektronische Kontaktaufnahme und unmittelbare Kommunikation mit ihnen ermöglichen, einschließlich der Adresse der elektronischen Post,
3. soweit der Dienst im Rahmen einer Tätigkeit angeboten oder erbracht wird, die der behördlichen Zulassung bedarf, Angaben zur zuständigen Aufsichtsbehörde,
4. das Handelsregister, Vereinsregister, Partnerschaftsregister oder Genossenschaftsregister, in das sie eingetragen sind, und die entsprechende Registernummer,
5. …
6. in Fällen, in denen sie eine Umsatzsteueridentifikationsnummer nach § 27a des Umsatzsteuergesetzes oder eine Wirtschafts-Identifikationsnummer nach § 139c der Abgabenordnung besitzen, die Angabe dieser Nummer,
7. bei Aktiengesellschaften, Kommanditgesellschaften auf Aktien und Gesellschaften mit beschränkter Haftung, die sich in Abwicklung oder Liquidation befinden, die Angabe hierüber.

(2) Weitergehende Informationspflichten nach anderen Rechtsvorschriften bleiben unberührt.

---

§ 5 TMG gilt auch für Kleingewerbetreibende.

Dieses Gesetz gilt für alle elektronischen Informations- und Kommunikationsdienste (§ 1 I TMG). Wer also Waren oder Dienstleistungen auf seiner Homepage anbietet, muss die in § 5 TMG aufgelisteten Angaben machen, auch wenn er nur ein Kleingewerbetreibender ist, der sich nicht in das Handelsregister eintragen ließ.

2.4 Wiederholungsfragen

❓ 1. Welche Voraussetzungen müssen gegeben sein, damit man das Vorliegen eines Gewerbebetriebs bejahen kann? ► Abschn. 2.1.1

❓ 2. Welche der folgenden Berufsgruppen betreibt ein Gewerbe im Sinne des HGB: Rechtsanwälte, Heilpraktiker, Börsenspekulanten und Apotheker? ► Abschn. 2.1.1

❓ 3. Kann ein Kleingewerbetreibender ins Handelsregister eingetragen werden und wenn ja, kann er diese Eintragung jederzeit wieder löschen lassen? ► Abschn. 2.1.2

❓ 4. Was versteht man unter einem Fiktiv- und was unter einem Scheinkaufmann? ► Abschn. 2.1.4

❓ 5. Muss man ein berechtigtes Interesse nachweisen, wenn man in das Handelsregister Einsicht nehmen will? ► Abschn. 2.2

❓ 6. Nennen Sie mindestens vier Tatsachen, die im Handelsregister eingetragen werden müssen. ► Abschn. 2.2

❓ 7. Was versteht man unter Eintragungen mit konstitutivem Charakter und was unter Eintragungen mit deklaratorischem Charakter? ► Abschn. 2.2

❓ 8. Was sind die Rechtsfolgen für einen Kaufmann, wenn eintragungspflichtige Tatsachen bezüglich seines Handelsgewerbes nicht im Handelsregister eingetragen sind? ► Abschn. 2.2

❓ 9. Was ist eine Firma im Sinne des Handelsrechts? ► Abschn. 2.3

❓ 10. Welche Rechtsgrundsätze sind bei der Bildung einer Firma zu beachten? ► Abschn. 2.3

❓ 11. Darf Versicherungskaufmann Willy Müller seiner OHG die Firma „Prof. Dr. Dr. Willy Baron von und zu Müller Investmentfonds OHG" geben? ► Abschn. 2.3

❓ 12. Darf der Käufer eines Unternehmens die bisherige Firma unverändert weiterführen? ► Abschn. 2.3

? 13. Wie kann der Käufer eines Handelsgeschäfts die Haftung für im Betrieb des Geschäfts begründete Verbindlichkeiten des früheren Inhabers ausschließen?
► Abschn. 2.3

? 14. Was kann ein Kaufmann unternehmen, wenn ein Dritter die Firma des Kaufmanns unbefugt benutzt?
► Abschn. 2.3

? 15. Welche Angaben müssen die Geschäftsbriefe eines Kaufmanns nach dem HGB enthalten? ► Abschn. 2.3

Der Kaufmann und seine Hilfspersonen

© Springer-Verlag GmbH Deutschland, ein Teil von Springer Nature 2019
J. Gruber, *Handelsrecht – Schnell erfasst*, Recht – schnell erfasst,
https://doi.org/10.1007/978-3-662-58348-7_3

3

3.1 Vertretung des Kaufmanns

Allgemeine Bestimmungen über die Vertretung finden sich im BGB in den §§ 164 ff. BGB.

Die Willenserklärung des bevollmächtigten Vertreters wirkt für und gegen den Vertretenen.

§ 164 BGB – Wirkung der Erklärung des Vertreters

(1) Eine Willenserklärung, die jemand innerhalb der ihm zustehenden Vertretungsmacht im Namen des Vertretenen abgibt, wirkt unmittelbar für und gegen den Vertretenen. Es macht keinen Unterschied, ob die Erklärung ausdrücklich im Namen des Vertretenen erfolgt oder ob die Umstände ergeben, dass sie in dessen Namen erfolgen soll.

(2) Tritt der Wille, in fremdem Namen zu handeln, nicht erkennbar hervor, so kommt der Mangel des Willens, im eigenen Namen zu handeln, nicht in Betracht. …

§ 167 BGB – Erteilung der Vollmacht

(1) Die Erteilung der Vollmacht erfolgt durch Erklärung gegenüber dem zu Bevollmächtigenden oder dem Dritten, dem gegenüber die Vertretung stattfinden soll.

(2) Die Erklärung bedarf nicht der Form, welche für das Rechtsgeschäft bestimmt ist, auf das sich die Vollmacht bezieht.

von der Rechtsprechung entwickelte Vollmachtsformen

Rechtsprechung und Lehre haben darüber hinaus zwei weitere Vollmachtsformen entwickelt, die im Gesetz nicht erwähnt werden, auf die § 164 BGB aber entsprechend Anwendung findet. Bei diesen Vollmachtsformen handelt es sich um die Duldungsvollmacht und die Anscheinsvollmacht.

Duldungsvollmacht

Eine Duldungsvollmacht liegt vor, wenn jemand einer Person zwar keine Vollmacht erteilt hat, er von dieser Person aber weiß, dass sie als sein Vertreter auftritt, und er dennoch nicht einschreitet. Der angebliche Vollmachtgeber muss sich so behandeln lassen, als hätte er tatsächlich eine Vollmacht erteilt.

Anscheinsvollmacht

Eine Anscheinsvollmacht liegt vor, wenn jemand einer Person zwar weder eine Vollmacht erteilt hat noch weiß, dass diese Person als sein Vertreter auftritt, der Vertretene aber das Verhalten seines selbst ernannten Vertreters bei pflichtgemäßer Sorgfalt hätte erkennen können. Der angebliche Vollmachtgeber muss sich so behandeln lassen, als hätte er tatsächlich eine Vollmacht erteilt.

Eine wirksame Vertretung setzt also voraus, dass die Erklärung für den Dritten erkennbar im Namen des Vertretenen abgegeben wird.

> **§ 177 BGB – Vertragsschluss durch Vertreter ohne Vertretungsmacht**
>
> (1) Schließt jemand ohne Vertretungsmacht im Namen eines anderen einen Vertrag, so hängt die Wirksamkeit des Vertrags für und gegen den Vertretenen von dessen Genehmigung ab.
>
> (2) Fordert der andere Teil den Vertretenen zur Erklärung über die Genehmigung auf, so kann die Erklärung nur ihm gegenüber erfolgen; eine vor der Aufforderung dem Vertreter gegenüber erklärte Genehmigung oder Verweigerung der Genehmigung wird unwirksam. Die Genehmigung kann nur bis zum Ablauf von zwei Wochen nach dem Empfang der Aufforderung erklärt werden; wird sie nicht erklärt, so gilt sie als verweigert.

Verweigert der Vertretene die Zustimmung, ist der Vertreter ohne Vertretungsmacht zur Erfüllung oder zum Schadensersatz verpflichtet.

> **§ 179 BGB – Haftung des Vertreters ohne Vertretungsmacht**   Haftung
>
> (1) Wer als Vertreter einen Vertrag geschlossen hat, ist, sofern er nicht seine Vertretungsmacht nachweist, dem anderen Teil nach dessen Wahl zur Erfüllung oder zum Schadensersatz verpflichtet, wenn der Vertretene die Genehmigung des Vertrags verweigert.
>
> (2) …
>
> (3) Der Vertreter haftet nicht, wenn der andere Teil den Mangel der Vertretungsmacht kannte oder kennen musste. Der Vertreter haftet auch dann nicht, wenn er in der Geschäftsfähigkeit beschränkt war, es sei denn, dass er mit Zustimmung seines gesetzlichen Vertreters gehandelt hat.

Diese Regelungen werden dem Bedürfnis des käufmännischen Rechtsverkehrs nach einer raschen Abwicklung der Geschäfte nicht ausreichend gerecht. Daher enthält das HGB zusätzliche Vertretungsregelungen.

3.1.1 Prokurist

Die Prokura ist eine besondere Art der Vollmacht mit gesetzlich festgelegtem Inhalt. Prokurist kann nur eine natürliche Person sein; eine juristische Person kann keine Prokura erhalten. Der Prokurist muss nicht zwingend in einem Angestelltenverhältnis zum Kaufmann stehen; ein Kaufmann kann z. B. auch einem Familienangehörigen die Prokura erteilen.

Der Prokurist ist die rechte Hand des Kaufmanns.

3

> **§ 48 HGB – Erteilung der Prokura**
> (1) Die Prokura kann nur von dem Inhaber des Handelsgeschäfts oder seinem gesetzlichen Vertreter und nur mittels ausdrücklicher Erklärung erteilt werden.

Die Prokura kann formfrei erteilt werden.

Eine Prokura kann formfrei erteilt werden. Sie ist jedoch nur wirksam, wenn sie ausdrücklich erteilt wird. Eine konkludente Erteilung, das heißt eine Erteilung durch schlüssiges Verhalten, ist nicht möglich. Die Erteilung der Prokura muss gemäß § 53 I HGB in das Handelsregister eingetragen werden, wobei die Eintragung aber nur deklaratorische Wirkung hat.

> **§ 49 HGB – Umfang der Prokura**
> (1) Die Prokura ermächtigt zu allen Arten von gerichtlichen und außergerichtlichen Geschäften und Rechtshandlungen, die der Betrieb eines Handelsgewerbes mit sich bringt.

Die Prokura ist eine weitreichende gesetzlich geregelte Vertretungsmacht.

§ 49 I HGB ist hinsichtlich der Art der Geschäfte, zu denen die Prokura ermächtigt, allgemein gefasst. Die Prokura ist daher nicht auf branchenübliche Geschäfte begrenzt.

Der Prokurist ist allerdings nicht ermächtigt:

- zur Veräußerung und Belastung von Grundstücken, es sei denn, ihm ist diese Befugnis besonders erteilt worden (§ 49 II HGB);
- zur Vornahme reiner Inhabergeschäfte, z. B. Betriebseinstellung, Erteilung der Prokura an andere Personen (§ 48 I HGB), Bilanzunterzeichnung (§ 245 HGB);
- zu Privatgeschäften des Kaufmanns (familien- und erbrechtliche Geschäfte), da diese nicht zum Betrieb eines Handelsgewerbes gehören.

Es gibt drei Arten einer Prokura:

1. Einzelprokura: Eine Person erhält die Befugnisse des § 49 HGB.
2. Gesamtprokura: Die Erteilung der Prokura erfolgt an mehrere Personen gemeinschaftlich (§ 48 II HGB). Die Prokuristen müssen dann bei jedem Rechtsgeschäft gemeinschaftlich handeln. Die Gesamtprokura ist als solche in das Handelsregister einzutragen (§ 53 I 2 HGB).
3. Niederlassungsprokura: Die Prokura wird auf den Betrieb einer Zweigniederlassung beschränkt (§ 50 III HGB). Voraussetzung ist, dass der Geschäftsinhaber ein Handelsgewerbe mit mehreren Niederlassungen betreibt und diese unter verschiedenen Firmen geführt werden.

Eine Firmenverschiedenheit ist bereits dann anzunehmen, wenn die Firma der Zweigniederlassung einen entsprechenden Zusatz enthält (§ 50 III 2 HGB), z. B. Metzger Maier e.K., Zweigniederlassung München.

Darüber hinausgehende Beschränkungen können nur für das Innenverhältnis, also zwischen dem Kaufmann und dem Prokuristen, vereinbart werden. Sie entfalten keine Wirkung gegenüber Dritten.

> **§ 50 HGB – Beschränkung der Prokura**
> (1) Eine Beschränkung des Umfanges der Prokura ist Dritten gegenüber unwirksam.

Sind die Befugnisse des Prokuristen im Innenverhältnis zwischen dem Kaufmann und dem Prokuristen beschränkt, kann dies einem Dritten, z. B. einem Kunden, nicht entgegengehalten werden. Vom Prokuristen getätigte Geschäfte sind also trotz Vollmachtsüberschreitung wirksam. Der Prokurist kann lediglich im Innenverhältnis von dem Kaufmann zur Rechenschaft gezogen werden. In diesem Fall hat er nämlich seine Pflichten aus dem Arbeitsvertrag verletzt.

> **§ 280 BGB – Schadensersatz wegen Pflichtverletzung**
> (1) Verletzt der Schuldner eine Pflicht aus dem Schuldverhältnis, so kann der Gläubiger Ersatz des hierdurch entstehenden Schadens verlangen. …

Haftung

Die Regel von der im Außenverhältnis unbeschränkten Vertretungsmacht des Prokuristen kennt jedoch eine Ausnahme: Hat der Prokurist seine Vertretungsbefugnis bewusst überschritten und war dies seinem Vertragspartner bekannt, bindet der Vertrag den Kaufmann nach § 242 BGB (Grundsatz von Treu und Glauben) nicht.

> **§ 52 HGB – Aufhebung der Prokura**
> (1) Die Prokura ist ohne Rücksicht auf das der Erteilung zugrunde liegende Rechtsverhältnis jederzeit widerruflich, unbeschadet des Anspruchs auf die vertragsmäßige Vergütung.
>
> (2) Die Prokura ist nicht übertragbar.
>
> (3) Die Prokura erlischt nicht durch den Tod des Inhabers des Handelsgeschäfts.

Erlöschen der Prokura

Die Prokura erlischt automatisch durch das Ende des ihr zugrunde liegenden Rechtsverhältnisses. Dies ergibt sich aus der allgemeinen Vorschrift des § 168 I 1 BGB.

> **§ 168 BGB – Erlöschen der Vollmacht**
> (1) [S. 1] Das Erlöschen der Vollmacht bestimmt sich nach dem ihrer Erteilung zugrunde liegenden Rechtsverhältnis.

Wenn also der Kaufmann den Arbeitsvertrag mit seinem Prokuristen kündigt, erlischt die Prokura mit Ablauf der Kündigungsfrist.

Prokurist zeichnet „ppa.".

Der Prokurist zeichnet mit einem Zusatz, der auf die Prokura hinweist (§ 51 HGB). Dies erfolgt meist durch das dem Namen vorangestellte Kürzel „ppa." (= per procura, lateinisch für „in Vollmacht").

3.1.2 Handlungsbevollmächtigter

Im Gegensatz zum Prokuristen ist die Vertretungsbefugnis des Handlungsbevollmächtigten auf branchenübliche, gewöhnlich anfallende Geschäfte beschränkt.

> **§ 54 HGB – Handlungsvollmacht**
> (1) Ist jemand ohne Erteilung der Prokura zum Betrieb eines Handelsgewerbes oder zur Vornahme einer bestimmten zu einem Handelsgewerbe gehörigen Art von Geschäften oder zur Vornahme einzelner zu einem Handelsgewerbe gehöriger Geschäfte ermächtigt, so erstreckt sich die Vollmacht (Handlungsvollmacht) auf alle Geschäfte und Rechtshandlungen, die der Betrieb eines derartigen Handelsgewerbes oder die Vornahme derartiger Geschäfte gewöhnlich mit sich bringt.
>
> (2) Zur Veräußerung oder Belastung von Grundstücken, zur Eingehung von Wechselverbindlichkeiten, zur Aufnahme von Darlehen und zur Prozeßführung ist der Handlungsbevollmächtigte nur ermächtigt, wenn ihm eine solche Befugnis besonders erteilt ist.
>
> (3) Sonstige Beschränkungen der Handlungsvollmacht braucht ein Dritter nur dann gegen sich gelten zu lassen, wenn er sie kannte oder kennen mußte.

Die in § 54 I HGB genannten Arten der Handlungsvollmacht lassen sich wie folgt einteilen:

1. Generalhandlungsvollmacht. Im Unterschied zum Prokuristen kann der Generalhandlungsbevollmächtigte keine branchenfremden oder außergewöhnlichen Geschäfte tätigen, da auch die Generalhandlungsvollmacht sich nur auf Geschäfte erstreckt, die der Betrieb eines derartigen Handelsgewerbes gewöhnlich mit sich bringt.
2. Arthandlungsvollmacht (z. B. Vollmacht nur für Einkauf oder nur für Verkauf).
3. Spezialhandlungsvollmacht (Vollmacht für bestimmte Geschäfte).

Die Erteilung der Handlungsvollmacht erfolgt durch eine formfreie Willenserklärung des Kaufmanns oder seines Bevollmächtigten. Im Unterschied zur Erteilung der Prokura kann die Erteilung der Handlungsvollmacht nicht in das Handelsregister eingetragen werden. Sie kann – ein weiterer Unterschied zur Prokura – nach § 54 III HGB durch Rechtsgeschäft gegenüber Dritten beschränkt werden, wenn diese Beschränkung dem Dritten mitgeteilt worden ist.

> Handlungsvollmacht kann nicht in das Handelsregister eingetragen werden

Besonderheiten gelten für Hilfspersonen des Kaufmanns, die im Außendienst tätig sind.

> Vollmacht für im Außendienst tätige Person

---

§ 55 HGB – Abschlussvertreter

(1) Die Vorschriften des § 54 HGB finden auch Anwendung auf Handlungsbevollmächtigte, die Handelsvertreter sind oder die als Handlungsgehilfen damit betraut sind, außerhalb des Betriebes des Prinzipals [veralteter Begriff für Geschäftsherr] Geschäfte in dessen Namen abzuschließen.

(2) Die ihnen erteilte Vollmacht zum Abschluß von Geschäften bevollmächtigt sie nicht, abgeschlossene Verträge zu ändern, insbesondere Zahlungsfristen zu gewähren.

(3) Zur Annahme von Zahlungen sind sie nur berechtigt, wenn sie dazu bevollmächtigt sind.

Der Handlungsbevollmächtigte hat mit einem das Vollmachtsverhältnis ausdrückenden Zusatze zu zeichnen (§ 57 HGB). Dies geschieht durch den Zusatz „i.V." (in Vertretung) oder „i.A." (im Auftrag).

3

	Prokura	Handlungsvollmacht
Erteilung	ausdrücklich	auch konkludent
Handelsregister	Eintragung	keine Eintragung
Umfang: positiv	alle gerichtlichen und außergerichtlichen Geschäfte und Rechtshandlungen, die der Betrieb eines Handelsgewerbes mit sich bringt	alle Geschäfte und Rechtshandlungen, die der Betrieb eines derartigen Handelsgewerbes oder die Vornahme eines derartigen Geschäftes gewöhnlich mit sich bringt
Umfang: negativ	- Veräußerung oder Belastung von Grundstücken - Betriebseinstellung - Prokuraerteilung - Bilanzunterzeichnung	Siehe bei Prokura. Außerdem: - Eingehung von Wechselverbindlichkeiten - Aufnahme von Darlehen - Prozessführung
Beschränkbarkeit Innenverhältnis	ja	ja
Beschränkbarkeit Außenverhältnis	nein	ja, wenn der Vertragspartner die Beschränkung kannte oder kennen musste nein, wenn der Vertragspartner die Beschränkung weder kannte noch kennen musste
Zeichnung	ppa.	i.V. oder i.A.

◘ Abb. 3.1   Abgrenzung Prokura/Handlungsvollmacht

3.1.3   Angestellte in Läden oder Warenlagern

> **§ 56 HGB – Vollmacht von Angestellten in Läden oder Warenlagern**
> Wer in einem Laden oder in einem offenen Warenlager angestellt ist, gilt als ermächtigt zu Verkäufen und Empfangnahmen, die in einem derartigen Laden oder Warenlager gewöhnlich geschehen.

Angestellte im Sinne des § 56 HGB sind unabhängig von ihrer arbeitsrechtlichen Stellung alle Personen, die mit Wissen und Wollen des Kaufmanns im Laden oder Warenlager tätig sind, also z. B. auch Familienangehörige ohne Arbeitsvertrag. Ein Laden ist jeder zum Abschluss von Geschäften bestimmte Verkaufsraum, der dem Publikum zugänglich ist, unabhängig von der Dauer der Benutzung (also z. B. auch nur kurze Zeit stehende Verkaufszelte auf einer Messe). Offene Warenlager sind Vorratsräume, die dem Publikumsverkehr zugänglich sind und zum Abschluss von Geschäften bestimmt sind.

Die Ladenvollmacht berechtigt nur zu Empfangnahmen und Verkäufen, nicht aber zu Ankäufen. Sie bedarf keiner ausdrücklichen Erteilung. Das Gesetz stellt insoweit eine gesetzliche Vermutung auf. Weiß der Dritte jedoch – aus welcher Quelle auch immer –, dass der Kaufmann dem Angestellten die Befugnis, für ihn zu handeln, abgesprochen hat, ist damit die gesetzliche Vermutung widerlegt und der Dritte kann sich nicht auf die Rechtsfigur der Ladenvollmacht berufen.

3.2 Rechtsbeziehungen zwischen dem Kaufmann und seinen unselbstständigen Hilfspersonen

In den §§ 48 bis 83 HGB finden sich arbeitsrechtliche Vorschriften, welche das Verhältnis zwischen dem Kaufmann und seinen Angestellten regeln. Diese Vorschriften ergänzen die arbeitsrechtlichen Normen im BGB (dort im Untertitel „Dienstverträge" in den §§ 611 bis 630 BGB geregelt) und in den zahlreichen arbeitsrechtlichen Spezialgesetzen.

Den Arbeitnehmer bezeichnet das Gesetz dabei als Handlungsgehilfen, während im allgemeinen Sprachgebrauch meist vom kaufmännischen Angestellten gesprochen wird.

> **§ 59 HGB – Handlungsgehilfe**
> Wer in einem Handelsgewerbe zur Leistung kaufmännischer Dienste gegen Entgelt angestellt ist (Handlungsgehilfe), hat, soweit nicht besondere Vereinbarungen über die Art und den Umfang seiner Dienstleistungen oder über die ihm zukommende Vergütung getroffen sind, die dem Ortsgebrauch entsprechenden Dienste zu leisten sowie die dem Ortsgebrauch entsprechende Vergütung zu beanspruchen. …

Wichtig sind hier insbesondere die Vorschriften, welche dem Arbeitnehmer untersagen, ohne Einwilligung des Arbeitgebers mit diesem auf eigene Rechnung oder auf Rechnung Dritter in Wettbewerb zu treten. Ein gesetzliches Wettbewerbsverbot besteht für die Dauer des Arbeitsverhältnisses.

Näheres zum Arbeitsrecht im Band „Arbeitsrecht – schnell erfasst"

3

Prinzipal: veralteter
Begriff für
Geschäftsherr

> **§ 60 HGB – Wettbewerbsverbot**
> (1) Der Handlungsgehilfe darf ohne Einwilligung des Prinzipals weder ein Handelsgewerbe betreiben noch in dem Handelszweige des Prinzipals für eigene oder fremde Rechnung Geschäfte machen.

Ein Wettbewerbsverbot kann sogar noch für die Zeit nach Beendigung des Arbeitsverhältnisses bestehen, allerdings nur, wenn dies vertraglich vereinbart wurde und wenn diese Vertragsklausel gewisse Bedingungen erfüllt. Zum einen ist nämlich für die Dauer des Wettbewerbsverbots eine Entschädigung zu zahlen, zum anderen ist ein Wettbewerbsverbot nur zeitlich begrenzt zulässig.

Arbeitgeber muss
Entschädigung zahlen

> **§ 74 HGB – Vertragliches Wettbewerbsverbot**
> (1) Eine Vereinbarung zwischen dem Prinzipal und dem Handlungsgehilfen, die den Gehilfen für die Zeit nach Beendigung des Dienstverhältnisses in seiner gewerblichen Tätigkeit beschränkt (Wettbewerbsverbot), bedarf der Schriftform und der Aushändigung einer vom Prinzipal unterzeichneten, die vereinbarten Bestimmungen enthaltenden Urkunde an den Gehilfen.
>
> (2) Das Wettbewerbsverbot ist nur verbindlich, wenn sich der Prinzipal verpflichtet, für die Dauer des Verbots eine Entschädigung zu zahlen, die für jedes Jahr des Verbots mindestens die Hälfte der von dem Handlungsgehilfen zuletzt bezogenen vertragsmäßigen Leistungen erreicht.

Maximaldauer zwei
Jahre

> **§ 74a HGB – Dauer des Wettbewerbsverbots**
> (1) [S. 3] Das Verbot kann nicht auf einen Zeitraum von mehr als zwei Jahren von der Beendigung des Dienstverhältnisses an erstreckt werden.

> **§ 74c HGB – Anrechnung anderweitigen Erwerbs**
> (1) [S. 1, 2] Der Handlungsgehilfe muß sich auf die fällige Entschädigung anrechnen lassen, was er während des Zeitraums, für den die Entschädigung gezahlt wird, durch anderweitige Verwertung seiner Arbeitskraft erwirbt oder zu erwerben böswillig unterläßt, soweit die Entschädigung unter Hinzurechnung dieses Betrags den Betrag der zuletzt von ihm bezogenen vertragsmäßigen Leistungen um mehr als ein Zehntel übersteigen würde. Ist der Gehilfe durch das Wettbewerbsverbot gezwungen worden, seinen Wohnsitz zu verlegen, so tritt an die Stelle des Betrags von einem Zehntel der Betrag von einem Viertel. …

Beispiel

Volker Fasel ist Verkaufsleiter der Error-PC eG in Dresden, welche mit PCs handelt, und bekommt ein Bruttogehalt von 3200 € monatlich. Aus persönlichen Gründen möchte er unbedingt den Arbeitgeber wechseln. In seinem mit ihm ausgehandelten Arbeitsvertrag steht jedoch:

„§ 5 Wettbewerbsverbot

(1) In einem Zeitraum von fünf Jahren nach Beendigung des Arbeitsverhältnisses bei der Error-PC eG darf Herr Fasel keine Tätigkeit mit Kundenkontakt in einem Unternehmen in Sachsen aufnehmen, das mit PCs handelt.

(2) Für die Dauer dieses Wettbewerbsverbots erhält Herr Fasel im Rahmen der gesetzlichen Vorgaben eine Entschädigung von maximal 2000 €/monatlich.

(3) Bei einem Verstoß gegen das Wettbewerbsverbot muss Herr Fasel eine Vertragsstrafe von 15.000 € zahlen."

Volker Fasel steht vor der Alternative,

a) zu einem anderen sächsischen PC-Vertriebsunternehmen in Dresden als Verkaufsleiter mit Kundenkontakt zu wechseln, welches ihm 4000 € brutto/monatlich bezahlen würde oder

b) zu einem Unternehmen der Uhrenindustrie im Schwarzwald zu gehen, bei welchem er allerdings nur ein Gehalt von 1900 € brutto/monatlich bekäme und aus Dresden wegziehen müsste.

Er möchte daher von Ihnen wissen, ob die obige Klausel wirksam ist und welche Auswirkungen es jeweils in den ersten fünf Jahren hat, wenn er von der Möglichkeit a) bzw. der Möglichkeit b) Gebrauch macht. Fasel weist darauf hin, dass er sich bereits vergeblich um einen Arbeitsplatz im Großraum Dresden bemüht hat, der nicht unter das Wettbewerbsverbot fällt und der mit seiner bisherigen Position vergleichbar wäre.

Lösung:

Das Wettbewerbsverbot könnte nach § 74a I 3 HGB oder nach § 74 II HGB unwirksam sein. Nach § 74a I 3 HGB kann ein Wettbewerbsverbot nicht auf einen Zeitraum von mehr als zwei Jahren von der Beendigung des Arbeitsverhältnisses an erstreckt werden. Hier wurde ein Zeitraum von fünf Jahren vereinbart. Dieser Umstand macht die Abrede jedoch nicht insgesamt unwirksam, sondern das Wettbewerbsverbot ist nur insoweit unwirksam, als es den Zeitraum von zwei Jahren übersteigt. Nach § 74 II HGB ist das Wettbewerbsverbot nur verbindlich, wenn sich der Arbeitgeber verpflichtet, für die Dauer

3

des Verbots eine Entschädigung zu zahlen, die für jedes Jahr des Verbots mindestens die Hälfte der von dem Arbeitnehmer zuletzt bezogenen vertragsmäßigen Leistungen erreicht. Der Arbeitnehmer verdiente bislang 3200 €; die Hälfte davon sind 1600 €. Da die vereinbarte Entschädigung 2000 € beträgt, steht die Höhe der Entschädigung der Wirksamkeit des Wettbewerbsverbots nicht entgegen. Das Schriftformerfordernis nach § 74 I HGB wurde eingehalten. Somit ist das Wettbewerbsverbot wirksam, allerdings nur für den Zeitraum von zwei Jahren.

1) Alternative a:
Verstößt Fasel gegen dieses Wettbewerbsverbot, muss er die Vertragsstrafe zahlen. Dass eine solche Klausel zulässig ist, ergibt sich aus § 110 GewO in Verbindung mit § 75c HGB. Die Vertragsstrafe kann hier auch nicht nach § 75c I 2 HGB i.V.m. § 343 I 1 BGB herabgesetzt werden. Zwar kann eine unverhältnismäßig hohe Strafe auf Antrag vom Gericht nach § 343 I 1 BGB herabgesetzt werden. Bei der Frage, ob die Vertragsstrafe der Höhe nach angemessen ist oder nicht, ist zu berücksichtigen, dass eine Vertragsstrafe sowohl dem Aspekt der Wiedergutmachung als auch der Prävention dient. Bei einem Wettbewerbsverbot kann nur eine hohe Vertragsstrafe den Präventivzweck erfüllen. Da die Vertragsstrafe hier weniger als sechs Bruttomonatsgehälter beträgt, ist sie nicht unverhältnismäßig hoch.

Berechnung der Kappungsgrenze für die Entschädigung

2) Alternative b:
Da Fasel vertragstreu ist, muss er keine Vertragsstrafe zahlen. Ein Arbeitnehmer muss sich jedoch nach § 74c I 1 HGB auf die fällige Entschädigung anrechnen lassen, was er während des Zeitraums, für den die Entschädigung gezahlt wird, durch anderweitige Verwertung seiner Arbeitskraft erwirbt, soweit die Entschädigung unter Hinzurechnung dieses Betrags den Betrag der zuletzt von ihm bezogenen vertragsmäßigen Leistungen um mehr als ein Zehntel übersteigen würde. Die Kappungsgrenze für die Entschädigung liegt also bei 110 % des bisherigen Gehalts, hier somit bei 3520 € (110 % von 3200 €). Wenn die Entschädigung plus das neue Gehalt diese Kappungsgrenze übersteigen würde, wird die Entschädigung entsprechend reduziert. Die Entschädigung würde hier somit (3520 € – 1900 € =) 1620 € betragen.

Ist der Arbeitnehmer durch das Wettbewerbsverbot gezwungen worden, seinen Wohnsitz zu verlegen, so tritt nach § 74c I 2 HGB an die Stelle des Betrags von einem Zehntel der Betrag von einem Viertel, die Kappungsgrenze liegt also bei 125 % des bisherigen Einkommens. Vorliegend wäre dies eine Kappungsgrenze von 4000 €. Danach bekäme Fasel die volle Entschädigung von 2000 €, da die Kappungsgrenze nicht erreicht wird (1900 € + 2000 € = 3900 €). Dazu muss der Arbeitnehmer nachweisen, dass zum einen am bisherigen Wohnort eine entsprechende Arbeitsstelle frei ist, die er aber aufgrund des Wettbewerbsverbots nicht annehmen darf. Diese Anspruchsvoraussetzung folgt unmittelbar aus dem Wortlaut des § 74c I 2 HGB, der darauf abstellt, ob der Arbeitnehmer „durch das Wettbewerbsverbot" gezwungen ist, seinen Wohnsitz zu verlegen. Gibt es in der Region, in welcher der Arbeitnehmer bislang tätig ist, keine entsprechenden freien Stellen, lässt sich der Wohnsitzwechsel nicht auf das Wettbewerbsverbot zurückführen. Im vorliegenden Fall kann Fasel nachweisen, dass es am bisherigen Wohnort eine freie Stelle gibt (vgl. Alternative a), die er aber aufgrund des Wettbewerbsverbots nicht annehmen darf.

Zum anderen muss der Arbeitnehmer darlegen, dass er am bisherigen Wohnsitz und in dessen Einzugsgebiet aufgrund des Wettbewerbsverbots keine sonstige Tätigkeit findet, die nach Art, Vergütung und Aufstiegschancen der bisherigen nahe kommt. Auch dies kann Fasel nachweisen. Somit sind beide Anspruchsvoraussetzungen bei Fasel erfüllt. Daher hat er Anspruch auf die volle Entschädigung.

3.3 Selbstständige Hilfspersonen des Kaufmanns

◘ **Abb. 3.2**   Handelsvertreter (Stefan Dinter)

3

3.3.1 Handelsvertreter

> **§ 84 HGB – Handelsvertreter**
> (1) Handelsvertreter ist, wer als selbstständiger Gewerbetreibender ständig damit betraut ist, für einen anderen Unternehmer [im Folgenden: Unternehmer] Geschäfte zu vermitteln oder in dessen Namen abzuschließen. Selbständig ist, wer im wesentlichen frei seine Tätigkeit gestalten und seine Arbeitszeit bestimmen kann.

Der in § 84 I HGB zuerst genannte Handelsvertretertyp wird als Vermittlungsvertreter, der zweitgenannte als Abschlussvertreter bezeichnet. Schließt der Vermittlungsvertreter mit einem gutgläubigen Dritten einen Vertrag ab, so gilt dieser Vertrag in Abweichung von der allgemeinen Regel des § 177 BGB nach § 91a I HGB als vom Unternehmer genehmigt, wenn dieser ihn nicht unverzüglich nach Erhalt einer entsprechenden Information über das Geschäft dem Dritten gegenüber ablehnt.

Dem Handelsvertreter können gegen den Unternehmer, für den er tätig ist, folgende Ansprüche zustehen:

Dem Handelsvertreter steht gegen den Unternehmer, für den er tätig ist, ein Provisionsanspruch zu.

- Provisionsanspruch:
    - Abschlussprovision (§ 87 I 1 HGB). Ein Provisionsanspruch besteht für alle Geschäfte, die unmittelbar auf die Tätigkeit des Handelsvertreters zurückzuführen sind, wie auch für im Laufe des Vertragsverhältnisses eingehende Nachbestellungen und Folgeaufträge von Kunden, welche der Handelsvertreter geworben hat. Der Provisionsanspruch wird nach § 87a I 1 HGB fällig mit der Ausführung des Geschäfts durch den Unternehmer. Steht fest, dass der Dritte nicht leistet, so entfällt der Anspruch auf Provision; bereits empfangene Beträge sind zurückzugewähren (§ 87a II HGB).
    - Delkredereprovision (§ 86b HGB), wenn der Handelsvertreter sich verpflichtet hat, für die Erfüllung der Verbindlichkeiten Dritter aus den von ihm vermittelten oder abgeschlossenen Verträgen einzustehen.
    - Inkassoprovision (§ 87 IV HGB), wenn der Handelsvertreter zusätzlich die Aufgabe übernommen hat, im Auftrag des Unternehmers Forderungen aus den vermittelten oder abgeschlossenen Geschäften einzuziehen.
- Anspruch auf Unterstützung durch den Unternehmer (§ 86a HGB).

- Anspruch auf Aufwendungsersatz, sofern dies handels-
  üblich ist (§ 87d HGB) oder vereinbart wurde.
- Entschädigung bei einer Wettbewerbsabrede, die den
  Handelsvertreter nach Beendigung des Vertragsverhältnisses in seiner gewerblichen Tätigkeit beschränkt (§ 90a
  I 3 HGB).
- Ausgleichsanspruch für Vorteile, die nach Beendigung
  des Vertragsverhältnisses dem Unternehmer verbleiben
  (§ 89b HGB). Dieser Anspruch ist in der Praxis der
  problematischste.

> Ausgleichsanspruch für Vorteile, die nach Vertragsbeendigung dem Unternehmer verbleiben

§ 89b HGB – Ausgleichsanspruch

(1) Der Handelsvertreter kann von dem Unternehmer nach Beendigung des Vertragsverhältnisses einen angemessenen Ausgleich verlangen, wenn und soweit
1. der Unternehmer aus der Geschäftsverbindung mit neuen Kunden, die der Handelsvertreter geworben hat, auch nach Beendigung des Vertragsverhältnisses erhebliche Vorteile hat und
2. die Zahlung eines Ausgleichs unter Berücksichtigung aller Umstände, insbesondere der dem Handelsvertreter aus Geschäften mit diesen Kunden entgehenden Provisionen, der Billigkeit entspricht.
   Der Werbung eines neuen Kunden steht es gleich, wenn der Handelsvertreter die Geschäftsverbindung mit einem Kunden so wesentlich erweitert hat, daß dies wirtschaftlich der Werbung eines neuen Kunden entspricht.

(2) Der Ausgleich beträgt höchstens eine nach dem Durchschnitt der letzten fünf Jahre der Tätigkeit des Handelsvertreters berechnete Jahresprovision oder sonstige Jahresvergütung; bei kürzerer Dauer des Vertragsverhältnisses ist der Durchschnitt während der Dauer der Tätigkeit maßgebend.

(3) Der Anspruch besteht nicht, wenn
1. der Handelsvertreter das Vertragsverhältnis gekündigt hat, es sei denn, daß ein Verhalten des Unternehmers hierzu begründeten Anlaß gegeben hat oder dem Handelsvertreter eine Fortsetzung seiner Tätigkeit wegen seines Alters oder wegen Krankheit nicht zugemutet werden kann, oder
2. der Unternehmer das Vertragsverhältnis gekündigt hat und für die Kündigung ein wichtiger Grund wegen schuldhaften Verhaltens des Handelsvertreters vorlag oder
3. auf Grund einer Vereinbarung zwischen dem Unternehmer und dem Handelsvertreter ein Dritter anstelle des Handelsvertreters in das Vertragsverhältnis eintritt; die Vereinbarung kann nicht vor Beendigung des Vertragsverhältnisses getroffen werden.

(4) [S. 1] Der Anspruch kann nicht im voraus ausgeschlossen werden. …

Bei der Kündigung des Handelsvertretervertrags sind Fristen einzuhalten (§ 89 HGB); bei Vorliegen eines wichtigen Grundes ist allerdings auch eine fristlose Kündigung möglich (§ 89a HGB).

3.3.2 Handelsmakler

Der Handelsmakler vermittelt gewerbsmäßig Verträge, wobei er die Interessen beider Parteien zu wahren hat.

> **§ 93 HGB – Handelsmakler**
> (1) Wer gewerbsmäßig für andere Personen, ohne von ihnen auf Grund eines Vertragsverhältnisses ständig damit betraut zu sein, die Vermittlung von Verträgen über Anschaffung oder Veräußerung von Waren oder Wertpapieren, über Versicherungen, Güterbeförderungen, Schiffsmiete oder sonstige Gegenstände des Handelsverkehrs übernimmt, hat die Rechte und Pflichten eines Handelsmaklers.
>
> (2) Auf die Vermittlung anderer als der bezeichneten Geschäfte, insbesondere auf die Vermittlung von Geschäften über unbewegliche Sachen, finden, auch wenn die Vermittlung durch einen Handelsmakler erfolgt, die Vorschriften dieses Absatzes keine Anwendung.

Ein Handelsmakler ist daher z. B. der Börsenmakler, nicht aber der Immobilienmakler, da auf diesen der Abs. 2 des § 93 HGB zutrifft.

Haftung

> **§ 98 HGB – Haftung gegenüber beiden Parteien**
> Der Handelsmakler haftet jeder der beiden Parteien für den durch sein Verschulden entstehenden Schaden.

Bei Pflichtverletzungen haftet der Handelsmakler einer Partei auch dann, wenn ihn nur die andere Partei beauftragt hat.

> **§ 99 HGB – Lohnanspruch gegen beide Parteien**
> Ist unter den Parteien nichts darüber vereinbart, wer den Maklerlohn bezahlen soll, so ist er in Ermangelung eines abweichenden Ortsgebrauchs von jeder Partei zur Hälfte zu entrichten.

3.3.3 **Kommissionär**

> **§ 383 HGB – Kommissionär**
> (1) Kommissionär ist, wer es gewerbsmäßig übernimmt, Waren oder Wertpapiere für Rechnung eines anderen (des Kommittenten) in eigenem Namen zu kaufen oder zu verkaufen.

Ein Kommissionär ist zum Beispiel ein Kunsthändler, der im Auftrag eines Kunden, der unbekannt bleiben will, im eigenen Namen auf einer Kunstauktion ein Gemälde ersteigert.

> **§ 396 HGB – Provision**
> (1) Der Kommissionär kann die Provision fordern, wenn das Geschäft zur Ausführung gekommen ist. Ist das Geschäft nicht zur Ausführung gekommen, so hat er gleichwohl den Anspruch auf die Auslieferungsprovision, sofern eine solche ortsgebräuchlich ist; auch kann er die Provision verlangen, wenn die Ausführung des von ihm abgeschlossenen Geschäfts nur aus einem in der Person des Kommittenten liegenden Grunde unterblieben ist.

Dem Kommissionär steht nach §§ 400 bis 405 HGB ein Selbsteintrittsrecht zu. Danach kann er die Waren oder Wertpapiere selbst als Verkäufer liefern oder selbst als Käufer übernehmen.

3.3.4 **Vertragshändler und Franchisenehmer**

Zwei im Gesetz nicht ausdrücklich geregelte Arten von Hilfspersonen des Kaufmanns sind der Vertragshändler und der Franchisenehmer. Sie unterscheiden sich von den oben dargestellten Hilfspersonen dadurch, dass sie für ihre Tätigkeit keine Provision erhalten.

Vertragshändler ist ein Kaufmann, der im eigenen Namen und auf eigene Rechnung den Vertrieb von Waren eines bestimmten Herstellers übernimmt. Dabei hat er mit dem Hersteller einen auf eine bestimmte Dauer angelegten Rahmenvertrag abgeschlossen und ist in dessen Vertriebsorganisation eingegliedert.

Vertragshändler sind in die Vertriebsorganisation eines Herstellers eingegliedert.

Beispiel
VW-Autohändler sind Vertragshändler. Es handelt sich dabei um eigenständige Unternehmer, welche die Produkte des VW-Konzerns auf eigenes Risiko und auf eigene Rechnung vertreiben.

3

Die Vorschriften über Handelsvertreter im HGB, insbesondere die Schutzvorschriften der §§ 89 ff. HGB, sind auf den Vertragshändler entsprechend anwendbar.

Vom Vertragshändler zu unterscheiden ist der Franchisenehmer. Das Franchise (auch Franchising genannt) ähnelt zwar dem Vertragshändlervertrag. Hinzu kommt aber noch, dass dem Franchisenehmer gegen Entgelt vom Franchisegeber gestattet wird, dessen Name und Marken zu nutzen. Meist erhält er gegen Entgelt zugleich auch die Ausstattung der Betriebsstätte. In den meisten Franchiseverträgen wird der Franchisenehmer zudem verpflichtet, bestimmte Waren oder Dienstleistungen nur von seinem Franchisegeber zu beziehen. Nach außen treten die verschiedenen Franchisenehmer als einheitliches Unternehmen auf. Ein bekanntes Beispiel für Franchise ist z. B. die Hamburger-Kette McDonald's. Der Betreiber eines Ladenlokals (= Franchisenehmer) ist dabei ein rechtlich selbstständiger Kaufmann. Er zahlt an den McDonald's-Konzern (Franchisegeber) eine Lizenzgebühr und erhält von diesem die für McDonald's typischen Waren geliefert.

> Franchisenehmer nutzen auch den Namen und die Marke des Franchisegebers.

Auch hier gelten die Regelungen über den Handelsvertreter entsprechend.

3.4 Wiederholungsfragen

❓ 1. Welche rechtliche Wirkung hat eine Willenserklärung, die jemand innerhalb der ihm zustehenden Vertretungsmacht im Namen des Vertretenen abgibt?
▶ Abschn. 3.1

❓ 2. Wie weit reichen die Vertretungsbefugnisse des Prokuristen? ▶ Abschn. 3.1.1

❓ 3. Kann der Umfang einer Prokura beschränkt werden?
▶ Abschn. 3.1.1

❓ 4. Was versteht man unter einer Handlungsvollmacht?
▶ Abschn. 3.1.2

❓ 5. Worin liegen die Unterschiede zwischen einer Prokura und einer Generalhandlungsvollmacht?
▶ Abschn. 3.1.2

❓ 6. Wie zeichnet ein Prokurist und wie ein Handlungsbevollmächtigter? ▶ Abschn. 3.1.1, 3.1.2

? 7. Bedarf ein Angestellter in einem Laden einer besonderen Vollmacht, um Verträge schließen zu können?
► Abschn. 3.1.3

? 8. Enthält das HGB auch arbeitsrechtliche Vorschriften?
► Abschn. 3.2

? 9. Unter welchen Voraussetzungen ist ein Wettbewerbsverbot mit einem Angestellten für die Zeit nach Beendigung des Arbeitsverhältnisses in einem Arbeitsvertrag wirksam? ► Abschn. 3.2

? 10. Unter welchen Voraussetzungen steht dem Handelsvertreter ein Provisionsanspruch zu? ► Abschn. 3.3.1

? 11. Kann ein Handelsvertreter auch nach Beendigung des Vertragsverhältnisses mit dem Unternehmer noch Ansprüche gegen diesen geltend machen?
► Abschn. 3.3.1

? 12. Wodurch unterscheidet sich ein Handelsvertreter von einem Handelsmakler? ► Abschn. 3.3.2

? 13. Wer muss dem Handelsmakler den Maklerlohn bezahlen, wenn keine Vereinbarung getroffen wurde?
► Abschn. 3.3.2

? 14. Wann spricht man von einem Vertragshändler und welche rechtlichen Bestimmungen werden auf ihn angewandt? ► Abschn. 3.3.4

? 15. Was zeichnet einen Franchisevertrag aus?
► Abschn. 3.3.4

Gesellschaftsrecht

© Springer-Verlag GmbH Deutschland, ein Teil von Springer Nature 2019
J. Gruber, *Handelsrecht – Schnell erfasst*, Recht – schnell erfasst,
https://doi.org/10.1007/978-3-662-58348-7_4

4.1 Unterschiede zwischen Personengesellschaften und Körperschaften

Im Gesellschaftsrecht unterscheidet man zwischen Personengesellschaften und Körperschaften. In einer Personengesellschaft sind die Gesellschafter Träger aller Rechte und Pflichten, während die Körperschaft eine juristische Person ist, die Rechtsfähigkeit erlangt und unabhängig von ihren Mitgliedern durch ihre Organe im Rechtsverkehr tätig wird. Nachfolgend ein Überblick über die Personengesellschaften und Körperschaften, welche das Gesetz vorsieht. Dabei muss man sich vergegenwärtigen, dass im Gesellschaftsrecht ein Numerus clausus der Gesellschaftstypen besteht. Andere als die gesetzlich vorgesehenen Gesellschaftstypen sind rechtlich nicht zulässig, wobei aber auch Mischformen (z. B. die im Gesetz nicht ausdrücklich vorgesehene GmbH & Co. KG) möglich sind.

Personengesellschaften
- Gesellschaft bürgerlichen Rechts (GbR, oft auch BGB-Gesellschaft genannt)
- Partnerschaftsgesellschaft
- Offene Handelsgesellschaft (OHG)
- Kommanditgesellschaft (KG)
- GmbH & Co. KG
- Europäische wirtschaftliche Interessenvereinigung (EWIV)
- Stille Gesellschaft

Körperschaften
- Rechtsfähiger Verein
- Gesellschaft mit beschränkter Haftung (GmbH) und Unternehmergesellschaft (UG)
- Aktiengesellschaft (AG)
- Kommanditgesellschaft auf Aktien (KGaA)
- Eingetragene Genossenschaft (eG)
- Versicherungsverein auf Gegenseitigkeit (VVaG)
- Europäische Aktiengesellschaft (SE)
- Europäische Genossenschaft (SCE)

Beide Gesellschaftstypen haben eine Grundform: Bei der Personengesellschaft ist dies die GbR, bei der Körperschaft der Verein. Innerhalb der Personengesellschaften gibt es als weiteren Obergriff die Personenhandelsgesellschaften, bei den Körperschaften den Oberbegriff der Kapitalgesellschaften. Personenhandelsgesellschaften sind die OHG und die KG, Kapitalgesellschaften die GmbH, die AG und die KGaA.

Ein praktisch wichtiger Unterschied zwischen den Personengesellschaften und den Körperschaften liegt darin, dass bei den Personengesellschaften nur die Einkünfte der Gesellschafter nach dem Einkommensteuergesetz (EStG) besteuert werden, während die Körperschaft als juristische Person und damit als Steuersubjekt der Körperschaftsteuer unterliegt (§ 1 I Körperschaftsteuergesetz – KStG).

steuerrechtliche Auswirkungen der Gesellschaftsform

---

§ 1 KStG – Unbeschränkte Steuerpflicht
(1) Unbeschränkt körperschaftsteuerpflichtig sind die folgenden Körperschaften, Personenvereinigungen und Vermögensmassen, die ihre Geschäftsleitung oder ihren Sitz im Inland haben:
1. Kapitalgesellschaften (insbesondere Europäische Gesellschaften, Aktiengesellschaften, Kommanditgesellschaften auf Aktien, Gesellschaften mit beschränkter Haftung);
2. Genossenschaften einschließlich der Europäischen Genossenschaften;
3. Versicherungs- und Pensionsvereine auf Gegenseitigkeit;
4. sonstige juristische Personen des privaten Rechts;
5. nichtrechtsfähige Vereine, Anstalten, Stiftungen und andere Zweckvermögen des privaten Rechts; …

Das früher oft genannte Kriterium, dass Personengesellschaften im Gegensatz zu den Körperschaften keine eigene Rechtspersönlichkeit hätten, traf für die OHG und die KG wegen § 124 HGB, der ihnen eigene Rechte verleiht, noch nie zu und trifft nach der Rechtsprechung des Bundesgerichtshofs (BGH) auch auf die GbR nicht zu, welcher der BGH erstmals in einer Entscheidung aus dem Jahre 2001 Rechts- und Parteifähigkeit zuerkannte (BGH, Urteil v. 29.01.2001 – II ZR 331/00, NJW 2001, 1056 – Weißes Ross).

Keine Gesellschaftsform ist die in den §§ 80 bis 88 BGB geregelte Stiftung. Diese hat im Gegensatz zu einer Gesellschaft keine Mitglieder. Eine Stiftung ist lediglich ein mit eigener Rechtsfähigkeit ausgestattetes Vermögen. Eine Stiftung setzt ein Stiftungsgeschäft, also die Bereitstellung des Stiftungsvermögens durch den Stifter, und die staatliche Genehmigung der Stiftung voraus. Der Stifter bestimmt dabei den Stiftungszweck, der nicht unbedingt gemeinnützig sein muss.

Stiftung

Das Gesellschaftsrecht ist im HGB nur sehr unvollständig geregelt. Für die meisten Gesellschaftsformen gibt es Spezialgesetze. Im HGB finden sich zum einen in den §§ 105 bis 177a HGB die Rechtsgrundlagen der KG und der OHG. Ferner regelt das HGB die Stille Gesellschaft (§§ 230 bis 236 HGB). Den stillen Gesellschafter verbindet nur ein schuldrechtliches Verhältnis mit dem Inhaber eines Handelsgewerbes. Im Außenverhältnis ist diese Zusammenarbeit nicht ersichtlich.

4

4.2 Personengesellschaften

4.2.1 Die Gesellschaft bürgerlichen Rechts (GbR)

Die GbR ist die Grundform der Personengesellschaft. Sie ist in den §§ 705 bis 740 BGB näher geregelt. Daher wird sie oft auch BGB-Gesellschaft genannt. Die GbR entsteht durch den vertraglichen Zusammenschluss mehrerer Gesellschafter, die sich zur Förderung eines gemeinsamen Zwecks verpflichten.

> **§ 705 BGB – Inhalt des Gesellschaftsvertrags**
> Durch den Gesellschaftsvertrag verpflichten sich die Gesellschafter gegenseitig, die Erreichung eines gemeinsamen Zweckes in der durch den Vertrag bestimmten Weise zu fördern, insbesondere die vereinbarten Beiträge zu leisten.

Gesellschaftsvertrag

Der zur Gesellschaftsgründung notwendige Vertrag kann formlos geschlossen werden.

Beispiel
Die Studenten Richard und Siegfried vereinbaren mündlich, ein Gesangsduett zu formieren, welches gelegentlich bei Veranstaltungen auftreten soll. Mit dieser mündlichen Vereinbarung wurde ein wirksamer Gesellschaftsvertrag abgeschlossen.

❑ Abb. 4.1   Typische GbR (Stefan Dinter)

Die GbR kann zur Verfolgung jedes beliebigen Zwecks gegründet werden. Besteht allerdings der gemeinsame Zweck der Gesellschafter darin, ein Handelsgewerbe im Sinne des § 1 II HGB zu betreiben, so kann die Gesellschaft keine GbR, sondern nur eine OHG sein. Dies ergibt sich aus § 105 HGB, der diese Gesellschaftsform als OHG definiert.

§ 705 BGB verpflichtet die Gesellschafter, die vereinbarten Beiträge zu leisten. Worin ein solcher „Beitrag" bestehen kann, ergibt sich aus § 706 BGB.

---

§ 706 BGB – Beiträge der Gesellschafter
(1) Die Gesellschafter haben in Ermangelung einer anderen Vereinbarung gleiche Beiträge zu leisten.

(2) ...

(3) Der Beitrag eines Gesellschafters kann auch in der Leistung von Diensten bestehen.

Der Beitrag eines Gesellschafters muss also nicht durch Zahlung eines Geldbetrages erfolgen; es ist auch möglich, dass der Gesellschafter Dienste leistet.

Leisten die Gesellschafter Sachbeiträge, entsteht ein Gesellschaftsvermögen.

---

§ 718 BGB – Gesellschaftsvermögen
(1) Die Beiträge der Gesellschafter und die durch die Geschäftsführung für die Gesellschaft erworbenen Gegenstände werden gemeinschaftliches Vermögen der Gesellschafter (Gesellschaftsvermögen).

Eine Verfügung über das Gesellschaftsvermögen kann nur von allen Gesellschaftern gemeinsam vorgenommen werden (§ 719 BGB).

---

§ 719 BGB – Gesamthänderische Bindung
(1) Ein Gesellschafter kann nicht über seinen Anteil an dem Gesellschaftsvermögen und an den einzelnen dazu gehörenden Gegenständen verfügen; er ist nicht berechtigt, Teilung zu verlangen.

Beispiel
Anton, Berthold und Claus bilden eine GbR. Das Gesellschaftsvermögen beträgt 90 €. Anton kann nicht über seinen ihm rechnerisch zustehenden Anteil von 30 € verfügen. Solange die Gesellschaft besteht, können Verfügungen nur von allen

4

drei Gesellschaftern gemeinschaftlich vorgenommen werden. Erst nach der Auflösung der Gesellschaft findet eine Verteilung des Gesellschaftsvermögens unter den Gesellschaftern statt (§ 730 I BGB).

Geschäftsführungsbefugnis

Die Geschäftsführungsbefugnis ist in den §§ 709, 710 BGB, die Vertretungsmacht hinsichtlich der GbR ist in § 714 BGB geregelt. Die Geschäftsführungsbefugnis betrifft das Innenverhältnis, die Vertretungsbefugnis das Außenverhältnis.

> **§ 709 BGB – Gemeinschaftliche Geschäftsführung**
> (1) Die Führung der Geschäfte der Gesellschaft steht den Gesellschaftern gemeinschaftlich zu; für jedes Geschäft ist die Zustimmung aller Gesellschafter erforderlich.

> **§ 710 BGB – Übertragung der Geschäftsführung**
> [S. 1] Ist in dem Gesellschaftsvertrage die Führung der Geschäfte einem Gesellschafter oder mehreren Gesellschaftern übertragen, so sind die übrigen Gesellschafter von der Geschäftsführung ausgeschlossen. …

> **§ 714 BGB – Vertretungsmacht**
> Soweit einem Gesellschafter nach dem Gesellschaftsvertrag die Befugnis zur Geschäftsführung zusteht, ist er im Zweifel auch ermächtigt, die anderen Gesellschafter Dritten gegenüber zu vertreten.

Für die Haftung der Gesellschafter gilt im Innenverhältnis § 708 BGB.

Haftung

> **§ 708 BGB – Haftung der Gesellschafter**
> Ein Gesellschafter hat bei der Erfüllung der ihm obliegenden Verpflichtungen nur für diejenige Sorgfalt einzustehen, welche er in eigenen Angelegenheiten anzuwenden pflegt.

Die Haftung der GbR im Außenverhältnis ist im BGB nicht geregelt. Aufgrund der Natur der GbR, die keine juristische Person ist, haftet nach der Rechtsprechung nicht nur das Gesellschaftsvermögen, sondern auch jeder der Gesellschafter. Die Gesellschafter haften gesamtschuldnerisch unbeschränkt für die Gesellschaftsverbindlichkeiten. Gläubiger können daher wegen Forderungen gegen die GbR auch auf das gesamte Privatvermögen der Gesellschafter Zugriff nehmen.

In der Regel enthält der Gesellschaftsvertrag bereits eine Bestimmung zur Gewinnverteilung. Insbesondere in den Fällen, in denen der Gesellschaftsvertrag nur mündlich geschlossen wurde, kann es aber vorkommen, dass eine solche Regelung fehlt. Im diesem Fall wird die Vertragslücke durch § 722 BGB gefüllt.

> **§ 722 BGB – Anteile am Gewinn und Verlust**
> (1) Sind die Anteile der Gesellschafter am Gewinn und Verlust nicht bestimmt, so hat jeder Gesellschafter ohne Rücksicht auf die Art und die Größe seines Beitrags einen gleichen Anteil am Gewinn und Verlust.

Die GbR ist in keinem Register eingetragen; für Dritte ist daher nicht ersichtlich, wer Gesellschafter der GbR ist. Probleme bereitete die fehlende Registereintragung bei der Frage der Grundbuchfähigkeit der GbR, wenn also eine GbR ein Grundstück erworben hatte und ins Grundbuch eingetragen werden sollte. Durch die Neufassung des § 47 Grundbuchordnung (GBO) im Jahr 2009 wurde das Problem gelöst: Einzutragen sind nach § 47 II GBO sowohl die GbR als auch deren Gesellschafter.

4.2.2 Die Offene Handelsgesellschaft (OHG)

> **§ 105 HGB – Offene Handelsgesellschaft**
> (1) Eine Gesellschaft, deren Zweck auf den Betrieb eines Handelsgewerbes unter gemeinschaftlicher Firma gerichtet ist, ist eine offene Handelsgesellschaft, wenn bei keinem der Gesellschafter die Haftung gegenüber den Gesellschaftsgläubigern beschränkt ist.
>
> (2) …
>
> (3) Auf die offene Handelsgesellschaft finden, soweit nicht in diesem Abschnitt ein anderes vorgeschrieben ist, die Vorschriften des BGB über die Gesellschaft Anwendung.

Diese Verweisung in § 105 III HGB bezieht sich auf die Regelungen zur GbR in §§ 705 bis 740 BGB.

Jedem Gesellschafter obliegt eine Treuepflicht gegenüber der Gesellschaft. Diese allgemein in § 705 BGB definierte Pflicht findet insbesondere im Wettbewerbsverbot ihren Ausdruck.

4

> **§ 112 HGB – Wettbewerbsverbot**
> (1) Ein Gesellschafter darf ohne Einwilligung der anderen Gesellschafter weder in dem Handelszweig der Gesellschaft Geschäfte machen noch an einer anderen gleichartigen Handelsgesellschaft als persönlich haftender Gesellschafter teilnehmen.

Die Geschäftsführung ist bei der OHG in den §§ 114 bis 117 HGB geregelt.

Geschäftsführungsbefugnis

> **§ 114 HGB – Geschäftsführung**
> (1) Zur Führung der Geschäfte der Gesellschaft sind alle Gesellschafter berechtigt und verpflichtet.
>
> (2) Ist im Gesellschaftsvertrage die Geschäftsführung einem Gesellschafter oder mehreren Gesellschaftern übertragen, so sind die übrigen Gesellschafter von der Geschäftsführung ausgeschlossen.

> **§ 116 HGB – Umfang der Geschäftsführungsbefugnis**
> (1) Die Befugnis zur Geschäftsführung erstreckt sich auf alle Handlungen, die der gewöhnliche Betrieb des Handelsgewerbes der Gesellschaft mit sich bringt.
>
> (2) Zur Vornahme von Handlungen, die darüber hinausgehen, ist ein Beschluß sämtlicher Gesellschafter erforderlich.
>
> (3) …

> **§ 118 HGB – Kontrollrecht der Gesellschafter**
> (1) Ein Gesellschafter kann, auch wenn er von der Geschäftsführung ausgeschlossen ist, sich von den Angelegenheiten der Gesellschaft persönlich unterrichten, die Handelsbücher und die Papiere der Gesellschaft einsehen und sich aus ihnen eine Bilanz und einen Jahresabschluß anfertigen.

Vertretungsmacht

Von der Geschäftsführungsbefugnis zu unterscheiden ist die Vertretungsmacht. Die Geschäftsführungsbefugnis betrifft das Innenverhältnis, die Vertretungsmacht das Außenverhältnis. Die Bestimmungen über die Vertretungsmacht stehen im Gesetz daher auch unter der Überschrift „Rechtsverhältnis der Gesellschafter zu Dritten".

> **§ 125 HGB – Vertretung der OHG**
> (1) Zur Vertretung der Gesellschaft ist jeder Gesellschafter
> ermächtigt, wenn er nicht durch den Gesellschaftsvertrag von
> der Vertretung ausgeschlossen ist.

Im Gegensatz zur GbR, bei der für jedes Geschäft die Zustimmung aller Gesellschafter notwendig ist (§ 709 BGB), ist bei der OHG jeder Gesellschafter berechtigt, allein zu handeln.

> **§ 126 HGB – Vertretungsmacht der Gesellschafter**
> (1) Die Vertretungsmacht der Gesellschafter erstreckt sich auf alle
> gerichtlichen und außergerichtlichen Geschäfte und Rechts-
> handlungen einschließlich der Veräußerung und Belastung von
> Grundstücken sowie der Erteilung und des Widerrufs einer
> Prokura.
>
> (2) Eine Beschränkung des Umfanges der Vertretungsmacht ist
> Dritten gegenüber unwirksam; dies gilt insbesondere von der
> Beschränkung, daß sich die Vertretung nur auf gewisse
> Geschäfte oder Arten von Geschäften erstrecken oder daß sie
> nur unter gewissen Umständen oder für eine gewisse Zeit oder
> an einzelnen Orten stattfinden soll.
>
> (3) …

Damit eine OHG entsteht, müssen die Gesellschafter einen Gesellschaftsvertrag (§ 705 BGB) abschließen (§ 109 HGB). Mit dem Abschluss des Gesellschaftsvertrages entsteht die OHG im Innenverhältnis. Im Außenverhältnis entsteht sie dagegen erst durch Eintragung in das Handelsregister oder, wenn sie schon vorher ihren Geschäftsbetrieb aufgenommen hat, mit dem Zeitpunkt des Geschäftsbeginns.

> **§ 123 HGB – Beginn der Wirksamkeit der OHG**
> (1) Die Wirksamkeit der offenen Handelsgesellschaft tritt im
> Verhältnisse zu Dritten mit dem Zeitpunkt ein, in welchem die
> Gesellschaft in das Handelsregister eingetragen wird.
>
> (2) Beginnt die Gesellschaft ihre Geschäfte schon vor der
> Eintragung, so tritt die Wirksamkeit mit dem Zeitpunkte des
> Geschäftsbeginns ein, soweit nicht aus § 2 oder § 105 Abs. 2 sich
> ein anderes ergibt.
>
> (3) …

4

Im Gegensatz zur GbR erhält die OHG Teilrechtsfähigkeit kraft Gesetzes. Die Rechtsprechung wendet diese Vorschriften auf die BGB-Gesellschaft allerdings entsprechend an.

> **§ 124 HGB – Rechtsstellung der OHG**
> (1) Die offene Handelsgesellschaft kann unter ihrer Firma Rechte erwerben und Verbindlichkeiten eingehen, Eigentum und andere dingliche Rechte an Grundstücken erwerben, vor Gericht klagen und verklagt werden.

Bei der OHG haften alle Gesellschafter persönlich, gesamtschuldnerisch und unbeschränkt für die Gesellschaftsschulden.

Haftung

> **§ 128 HGB – Persönliche Haftung der Gesellschafter**
> Die Gesellschafter haften für die Verbindlichkeiten der Gesellschaft den Gläubigern als Gesamtschuldner persönlich. Eine entgegenstehende Vereinbarung ist Dritten gegenüber unwirksam.

Eine Definition der gesamtschuldnerischen Haftung findet sich in § 421 BGB.

❏ **Abb. 4.2**   Haftung (Stefan Dinter)

> **§ 421 BGB – Gesamtschuldner**
> [S. 1] Schulden mehrere eine Leistung in der Weise, dass jeder die ganze Leistung zu bewirken verpflichtet, der Gläubiger aber die Leistung nur einmal zu fordern berechtigt ist (Gesamtschuldner), so kann der Gläubiger die Leistung nach seinem Belieben von jedem der Schuldner ganz oder zu einem Teil zu fordern.

> **§ 130 HGB – Haftung des eintretenden Gesellschafters**
> (1) Wer in eine bestehende Gesellschaft eintritt, haftet gleich den anderen Gesellschaftern ... für die vor seinem Eintritte begründeten Verbindlichkeiten der Gesellschaft, ohne Unterschied, ob die Firma eine Änderung erleidet oder nicht.
>
> (2) Eine entgegenstehende Vereinbarung ist Dritten gegenüber unwirksam.

Haftung

4.2.3 Die Kommanditgesellschaft (KG)

Die KG ist wie die OHG eine Personenhandelsgesellschaft. Sie unterscheidet sich von der OHG dadurch, dass bei einem Teil der Gesellschafter, den Kommanditisten, die Haftung gegenüber den Gesellschaftsgläubigern auf einen bestimmten Betrag beschränkt ist. Der andere Teil der Gesellschafter, die persönlich haftenden Gesellschafter, haftet dagegen unbeschränkt. Der persönlich haftende Gesellschafter wird oft auch – aber nicht vom Gesetzgeber – „Komplementär" genannt.

Kommanditisten und Komplementäre

> **§ 161 HGB – Kommanditgesellschaft**
> (1) Eine Gesellschaft, deren Zweck auf den Betrieb eines Handelsgewerbes unter gemeinschaftlicher Firma gerichtet ist, ist eine Kommanditgesellschaft, wenn bei einem oder bei einigen von den Gesellschaftern die Haftung gegenüber den Gesellschaftsgläubigern auf den Betrag einer bestimmten Vermögenseinlage beschränkt ist (Kommanditisten), während bei dem anderen Teil der Gesellschafter eine Beschränkung der Haftung nicht stattfindet (persönlich haftende Gesellschafter).
>
> (2) Soweit nicht in diesem Abschnitt ein anderes vorgeschrieben ist, finden auf die Kommanditgesellschaft die für die offene Handelsgesellschaft geltenden Vorschriften Anwendung.

4

◩ **Abb. 4.3**   Kommanditgesellschaft (Stefan Dinter)

Die Geschäftsführungsbefugnis der Kommanditisten ist in § 164 HGB geregelt. Danach sind die Kommanditisten grundsätzlich von der Geschäftsführung ausgeschlossen. Diese Vorschrift ist allerdings dispositiv, das heißt, im Gesellschaftsvertrag können davon abweichende Regelungen getroffen werden.

dispositive Vorschrift

> **§ 164 HGB – Mangelnde Geschäftsführungsbefugnis des Kommanditisten**
> [S. 1] Die Kommanditisten sind von der Führung der Geschäfte der Gesellschaft ausgeschlossen; sie können einer Handlung der persönlich haftenden Gesellschafter nicht widersprechen, es sei denn, dass die Handlung über den gewöhnlichen Betrieb des Handelsgewerbes der Gesellschaft hinausgeht.

Bei den Personengesellschaften gilt der Grundsatz, dass die Gesellschafter mit ihrem gesamten persönlichen Vermögen unmittelbar und gesamtschuldnerisch haften. Eine Ausnahme von dieser Regel bilden die Kommanditisten.

> **§ 171 HGB – Haftung der Kommanditisten**
> (1) Der Kommanditist haftet den Gläubigern der Gesellschaft bis zur Höhe seiner Einlage unmittelbar; die Haftung ist ausgeschlossen, soweit die Einlage geleistet ist.

> **§ 176 HGB – Haftung vor Eintragung**
> (1) [S. 1] Hat die Gesellschaft ihre Geschäfte begonnen, bevor sie in das Handelsregister des Gerichts, in dessen Bezirke sie ihren Sitz hat, eingetragen ist, so haftet jeder Kommanditist, der dem Geschäftsbeginne zugestimmt hat, für die bis zur Eintragung begründeten Verbindlichkeiten der Gesellschaft gleich einem persönlich haftenden Gesellschafter, es sei denn, dass seine Beteiligung als Kommanditist dem Gläubiger bekannt war. ...

Haftung

Da die Kommanditisten die Geschäfte der OHG nicht führen können (§ 164 HGB), hat ihr Tod auch nicht die Auflösung der KG zur Folge.

> **§ 177 HGB – Tod des Kommanditisten**
> Beim Tod eines Kommanditisten wird die Gesellschaft mangels abweichender vertraglicher Bestimmung mit den Erben fortgesetzt.

Eine verbreitete Sonderform der KG ist die GmbH & Co. KG. Es handelt sich dabei um eine KG, an der die GmbH als persönlich haftende Gesellschafterin beteiligt ist. Dadurch entsteht die haftungsrechtliche Besonderheit, dass trotz der Rechtsform einer Personengesellschaft keine natürliche Person, sondern die GmbH als juristische Person die unbeschränkte Haftung übernimmt. Da eine GmbH nur mit ihrem Gesellschaftsvermögen haftet (§ 13 II GmbHG), entfällt somit im Ergebnis die unbeschränkte Haftung des persönlich haftenden Gesellschafters.

Sonderform der KG: GmbH & Co. KG

Beispiel

Kaufmann Karl hat Forderungen gegen die Paul Pleite GmbH & Co. KG. Kommanditist dieser Gesellschaft ist mit einer Einlage von 5000 € Herr Paul Pleite, persönlich haftender Gesellschafter ist die Paul Pleite GmbH, welche über ein Vermögen von 35.000 € verfügt.

Der Kommanditist haftet nur mit seiner Einlage (§ 171 HGB), der persönlich haftende Gesellschafter dagegen unbeschränkt (§ 161 HGB). Da hier der persönlich haftende Gesellschafter eine GmbH ist und eine GmbH nur mit ihrem Gesellschaftsvermögen haftet (§ 13 GmbHG), ist bei der Paul Pleite GmbH & Co. KG somit die Haftung im Ergebnis auf 40.000 € (5000 € Kommanditist Paul Pleite + 35.000 € GmbH) begrenzt.

4

Wenn der Kommanditist, der zugleich Alleineigentümer der GmbH ist, als Kommanditeinlage allerdings nicht Geld, sondern die Geschäftsanteile an der GmbH in die KG eingebracht hat, gilt nach § 172 VI HGB die Einlage des Kommanditisten als nicht geleistet. Wenn er also z. B. eine Einlage in Höhe von 5000 € übernommen hat, haftet er nach § 171 I HGB persönlich den Gläubigern der KG in Höhe dieser Summe.

4.2.4 Die Partnerschaftsgesellschaft

Gesellschaft für Angehörige Freier Berufe

In einer Partnerschaftsgesellschaft können sich Angehörige Freier Berufe zusammenschließen. Die Notwendigkeit einer speziellen Regelung für Freiberufler bestand deswegen, weil diese kein Handelsgewerbe betreiben und sich daher weder in einer OHG noch einer KG zusammenschließen können. Rechtsgrundlage ist das Gesetz über Partnerschaftsgesellschaften Angehöriger Freier Berufe (Partnerschaftsgesellschaftsgesetz – PartGG).

> **§ 1 PartGG – Voraussetzungen der Partnerschaft**
> (1) Die Partnerschaft ist eine Gesellschaft, in der sich Angehörige Freier Berufe zur Ausübung ihrer Berufe zusammenschließen. Sie übt kein Handelsgewerbe aus. Angehörige einer Partnerschaft können nur natürliche Personen sein.
>
> ...
>
> (4) Auf die Partnerschaft finden, soweit in diesem Gesetz nichts anderes bestimmt ist, die Vorschriften des BGB über die Gesellschaft Anwendung.

Die Partnerschaft ist beim Partnerschaftsregister anzumelden (§ 4 PartGG). Im Verhältnis zu Dritten wird die Partnerschaft erst mit ihrer Eintragung in das Partnerschaftsregister wirksam (§ 7 I PartGG).

Haftung

Hinsichtlich der Haftung der Partnerschaft sind die Vorschriften der Haftung der Gesellschafter der OHG entsprechend anzuwenden. Dabei besteht allerdings die Besonderheit, dass in den Fällen, in denen nur einzelne Partner mit der Bearbeitung eines Auftrags befasst waren, nur diese Partner neben dem Vermögen der Partnerschaft haften (§ 8 II PartGG). Ferner sieht das PartGG ausdrücklich vor, dass Gesetze für einzelne Freie Berufe eine Haftungsbeschränkung vorsehen können (§ 8 III PartGG). Dies ist z. B. für die Rechtsanwälte in § 51a Bundesrechtsanwaltsordnung (BRAO) geschehen, wonach Rechtsanwälte vertraglich ihre Haftung beschränken dürfen.

---

§ 8 PartGG – Haftung für Verbindlichkeiten der Partnerschaft

(1) Für Verbindlichkeiten der Partnerschaft haften den Gläubigern neben dem Vermögen der Partnerschaft die Partner als Gesamtschuldner. Die §§ 129 und 130 HGB sind entsprechend anzuwenden.

(2) Waren nur einzelne Partner mit der Bearbeitung eines Auftrags befaßt, so haften nur sie gemäß Absatz 1 für berufliche Fehler neben der Partnerschaft; ausgenommen sind Bearbeitungsbeiträge von untergeordneter Bedeutung.

(3) Durch Gesetz kann für einzelne Berufe eine Beschränkung der Haftung für Ansprüche aus Schäden wegen fehlerhafter Berufsausübung auf einen bestimmten Höchstbetrag zugelassen werden, wenn zugleich eine Pflicht zum Abschluß einer Berufshaftpflichtversicherung der Partner oder der Partnerschaft begründet wird.

(4) [S. 1] Für Verbindlichkeiten der Partnerschaft aus Schäden wegen fehlerhafter Berufsausübung haftet den Gläubigern nur das Gesellschaftsvermögen, wenn die Partnerschaft eine zu diesem Zweck durch Gesetz vorgegebene Berufshaftpflichtversicherung unterhält.

4.2.5 Die Stille Gesellschaft

Die Stille Gesellschaft unterscheidet sich von der KG und der OHG dadurch, dass kein gemeinsames Gesellschaftsvermögen gebildet wird, sondern die Einlage in das Eigentum des tätigen Teilhabers übergeht. Die Stille Gesellschaft ist daher keine Handelsgesellschaft. Sie ist eine reine Innengesellschaft, die nach außen nicht als Gesellschaft in Erscheinung tritt.

Die Stille Gesellschaft tritt nach außen nicht als Gesellschaft in Erscheinung.

4

◨ **Abb. 4.4**   Stiller Gesellschafter (Stefan Dinter)

§ 230 HGB – Stille Gesellschaft

(1) Wer sich als stiller Gesellschafter an dem Handelsgewerbe, das ein anderer betreibt, mit einer Vermögenseinlage beteiligt, hat die Einlage so zu leisten, daß sie in das Vermögen des Inhabers des Handelsgeschäfts übergeht.

(2) Der Inhaber wird aus den in dem Betrieb geschlossenen Geschäften allein berechtigt und verpflichtet.

§ 231 HGB – Gewinn- und Verlustverteilung

(1) Ist der Anteil des stillen Gesellschafters am Gewinn und Verlust nicht bestimmt, so gilt ein den Umständen nach angemessener Anteil als bedungen.

(2) Im Gesellschaftsvertrag kann bestimmt werden, daß der stille Gesellschafter nicht am Verlust beteiligt sein soll; seine Beteiligung am Gewinn kann nicht ausgeschlossen werden.

Der stille Gesellschafter hat Kontrollrechte. Durch diese Kontrollrechte lässt sich die Stille Gesellschaft vom Darlehen abgrenzen.

Kontrollrechte im Unterschied zum Darlehen

> **§ 233 HGB – Kontrollrechte des stillen Gesellschafters**
> (1) Der stille Gesellschafter ist berechtigt, die abschriftliche Mitteilung des Jahresabschlusses zu verlangen und dessen Richtigkeit unter Einsicht der Bücher und Papiere zu prüfen.

4.3 Körperschaften

4.3.1 Verein

Der Verein ist die Grundform der Körperschaft. Gesetzlich geregelt ist der Verein in den §§ 21 bis 79 BGB. Das Gesetz unterscheidet zwischen nichtwirtschaftlichen (§ 21 BGB) und wirtschaftlichen (§ 22 BGB) Vereinen. Regelfall in der Praxis ist der nicht wirtschaftliche Verein.

Nicht wirtschaftliche Vereine

▫ Abb. 4.5 Das Vereinsleben (Stefan Dinter)

4

> **§ 21 BGB – Nicht wirtschaftlicher Verein**
> Ein Verein, dessen Zweck nicht auf einen wirtschaftlichen Geschäftsbetrieb gerichtet ist, erlangt Rechtsfähigkeit durch Eintragung in das Vereinsregister des zuständigen Amtsgerichts.

Wirtschaftliche Vereine

Wirtschaftliche Vereine, deren Zweck auf einen wirtschaftlichen Geschäftsbetrieb gerichtet ist, erlangen Rechtsfähigkeit durch staatliche Verleihung (§ 22 BGB). Wirtschaftliche Vereine sind selten; die bekanntesten sind die Verwertungsgesellschaften nach dem Verwertungsgesellschaftengesetz (VGG). Dazu zählen die GEMA (Gesellschaft für musikalische Aufführungs- und mechanische Vervielfältigungsrechte), welche die Nutzungsrechte der Musikschaffenden verwaltet, und die VG Wort (Verwertungsgesellschaft Wort), welche die Rechte der Autoren und Verleger wahrnimmt.

Die Eintragung eines Vereins in das Vereinsregister und deren Rechtsfolgen sind in den §§ 55 bis 79 BGB geregelt. Hinsichtlich der Eintragungserfordernisse hervorzuheben ist die Bestimmung über die Mindestmitgliederzahl und über die Mindesterfordernisse der Vereinssatzung.

> **§ 56 BGB – Mindestmitgliederzahl des Vereins**
> Die Eintragung soll nur erfolgen, wenn die Zahl der Mitglieder mindestens sieben beträgt.

> **§ 57 BGB – Mindesterfordernisse an die Vereinssatzung**
> (1) Die Satzung muss den Zweck, den Namen und den Sitz des Vereins enthalten und ergeben, dass der Verein eingetragen werden soll.
>
> (2) Der Name soll sich von den Namen der an demselben Orte oder in derselben Gemeinde bestehenden eingetragenen Vereine deutlich unterscheiden.

Sowohl für den eingetragenen nichtwirtschaftlichen als auch für den wirtschaftlichen, durch staatliche Verleihung rechtsfähigen Verein gelten die allgemeinen Vorschriften §§ 24 bis 53 BGB.

Organe des Vereins sind danach der Vorstand und die Mitgliederversammlung. Die Bestellung des Vorstands erfolgt durch Beschluss der Mitgliederversammlung (§ 27 I BGB). Der Vorstand ist das vertretungsberechtigte Organ des Vereins, das im Rechtsverkehr für den Verein auftritt.

> **§ 26 BGB – Vorstand; Vertretung**
> (1) Der Verein muss einen Vorstand haben. Der Vorstand vertritt den Verein gerichtlich und außergerichtlich; er hat die Stellung eines gesetzlichen Vertreters. Der Umfang der Vertretungsmacht kann durch die Satzung mit Wirkung gegen Dritte beschränkt werden.

Der Verein haftet den Gläubigern mit seinem Vermögen, während die Mitglieder nicht haften. Dabei besteht die Besonderheit, dass der Verein nach § 31 BGB auch für Handlungen seiner Organe haftet.

Haftung

> **§ 31 BGB – Haftung des Vereins für Organe**
> Der Verein ist für den Schaden verantwortlich, den der Vorstand, ein Mitglied des Vorstands oder ein anderer verfassungsmäßig berufener Vertreter durch eine in Ausführung der ihm zustehenden Verrichtungen begangene, zum Schadensersatz verpflichtende Handlung einem Dritten zufügt.

Für den Verein ist die Veränderlichkeit des Mitgliederbestandes ein wesentliches Strukturmerkmal. Aufgrund des persönlichen Charakters der Mitgliedschaft kann diese aber nicht von dem Mitglied selbst auf Dritte übertragen werden, außer die Satzung sieht diese Möglichkeit vor (§§ 38, 40 BGB).

> **§ 38 BGB – Mitgliedschaft**
> Die Mitgliedschaft ist nicht übertragbar und nicht vererblich. Die Ausübung der Mitgliedschaftsrechte kann nicht einem anderen überlassen werden.

Ferner gibt es den nichtrechtsfähigen Verein. Nichtrechtsfähige Vereine sind z. B. die meisten Gewerkschaften, Parteien und Studentenverbindungen. Mit dem nichtrechtsfähigen Verein befasst sich § 54 BGB.

4

> **§ 54 BGB – Nicht rechtsfähige Vereine**
> Auf Vereine, die nicht rechtsfähig sind, finden die Vorschriften über die Gesellschaft Anwendung. Aus einem Rechtsgeschäft, das im Namen eines solchen Vereins einem Dritten gegenüber vorgenommen wird, haftet der Handelnde persönlich; handeln mehrere, so haften sie als Gesamtschuldner.

Die Rechtsprechung wendet entgegen § 54 BGB auf den nichtrechtsfähigen Verein die Regelungen über den rechtsfähigen Verein entsprechend an. Lediglich die Organhaftung nach § 31 BGB ist beim nichtrechtsfähigen Verein ausgeschlossen; hier haftet nur der Handelnde selbst.

4.3.2 Die Kapitalgesellschaftsformen GmbH und AG

Die Kapitalgesellschaften tragen ihren Namen, weil die Gesellschafter der Gesellschaft bei der Gründung zwingend Kapital zur Verfügung stellen müssen. Eine Besonderheit der Kapitalgesellschaften besteht darin, dass die Haftung der Gesellschafter auf das Gesellschaftsvermögen beschränkt ist. Als juristische Personen sind die Kapitalgesellschaften Träger eigener Rechte. Sowohl die GmbH als auch die AG kann nicht nur durch mehrere Personen, sondern bereits durch eine einzige Person gegründet werden.

> **§ 1 GmbHG – Zweck**
> Gesellschaften mit beschränkter Haftung können nach Maßgabe der Bestimmungen dieses Gesetzes zu jedem gesetzlich zulässigen Zweck durch eine oder mehrere Personen errichtet werden.

> **§ 13 GmbHG – Rechtsstellung der GmbH**
> (1) Die Gesellschaft mit beschränkter Haftung als solche hat selbstständig ihre Rechte und Pflichten; sie kann Eigentum und andere dingliche Rechte an Grundstücken erwerben, vor Gericht klagen und verklagt werden.
>
> (2) Für die Verbindlichkeiten der Gesellschaft haftet den Gläubigern derselben nur das Gesellschaftsvermögen.

▪ Abb. 4.6 Aktie (Stefan Dinter)

> **§ 1 AktG – Wesen der Aktiengesellschaft**
> (1) Die Aktiengesellschaft ist eine Gesellschaft mit eigener
> Rechtspersönlichkeit. Für die Verbindlichkeiten der Gesellschaft
> haftet den Gläubigern nur das Gesellschaftsvermögen.
>
> (2) Die Aktiengesellschaft hat ein in Aktien zerlegtes Grundka-
> pital.

> **§ 2 AktG – Gründerzahl**
> An der Feststellung des Gesellschaftsvertrags (der Satzung)
> müssen sich eine oder mehrere Personen beteiligen, welche die
> Aktien gegen Einlagen übernehmen.

Die Besonderheit der AG gegenüber der GmbH besteht
also darin, dass die AG ein in Aktien zerlegtes Grundkapital hat.

Unterschiede bestehen auch bezüglich des Mindestkapi-
tals zur Gründung: Während dies bei der GmbH 25.000 € betragen muss, sind bei der AG 50.000 € notwendig.

4

> **§ 5 GmbHG – Stammkapital**
> (1) Das Stammkapital der Gesellschaft muss mindestens fünfundzwanzigtausend Euro betragen.
>
> ...
>
> (4) Sollen Sacheinlagen geleistet werden, so müssen der Gegenstand der Sacheinlage und der Nennbetrag des Geschäftsanteils, auf den sich die Sacheinlage bezieht, im Gesellschaftsvertrag festgesetzt werden. Die Gesellschafter haben in einem Sachgründungsbericht die für die Angemessenheit der Leistungen für Sacheinlagen wesentlichen Umstände darzulegen ...

Mindestkapital bei Gründung

> **§ 7 AktG – Mindestnennbetrag des Grundkapitals**
> Der Mindestnennbetrag des Grundkapitals ist fünfzigtausend Euro.

Bei der GmbH ist aber zu beachten, dass trotz des gesetzlich vorgeschriebenen Stammkapitals von 25.000 € bei der Gründung nur die Hälfte dieses Kapitals eingezahlt werden muss (§ 7 II GmbHG), also 12.500 €. Der ausstehende Betrag der Mindesteinlage kann durch einen Gesellschafterbeschluss eingefordert werden (§ 46 Nr. 2 GmbHG); mit Eröffnung eines Insolvenzverfahrens über das Vermögen der GmbH geht die Zuständigkeit für die Einforderung der noch ausstehenden Einlage von der Gesellschafterversammlung auf den Insolvenzverwalter über.

Das Stammkapital muss nur zur Gründung vorliegen.

Das Stamm- und das Grundkapital sind zwar wichtig für die Gründung der Gesellschaft, sie haben aber, wenn das Kapital voll aufgebracht wurde, für die Haftung keine Bedeutung. So haftet die GmbH mit ihrem ganzen Vermögen, nicht nur mit dem Stammkapital. Der Name „GmbH" ist daher in zweifacher Hinsicht irreführend: Zum einen ist sie nicht immer eine „Gesellschaft", da sie von einer einzigen Person gegründet werden kann, zum anderen haftet die GmbH unbeschränkt mit ihrem ganzen Vermögen, das meist über dem Stammkapital liegt. Es kommt aber auch vor, dass das Gesellschaftsvermögen nach verlustreichen Geschäften unter dem Stammkapital liegt. In diesem Fall besteht keine Nachschusspflicht der Gesellschafter; es ist der GmbH nach § 30 I 1 GmbHG lediglich verboten, das zur Erhaltung des Stammkapitals erforderliche Vermögen der GmbH an die Gesellschafter auszuzahlen.

Die Ltd. in Deutschland

Der relativ hohe Kapitalbedarf für die Gründung einer GmbH hat übrigens dazu geführt, dass ab dem Jahr 2000 in Deutschland zunehmend Gesellschaften in der Rechtsform

einer „Private Company Limited by Shares", abgekürzt „Ltd.",
anzutreffen waren (bis die „Brexit"-Entscheidung des Verei-
nigten Königreichs dazu geführt hat, dass die Zahl der von
EU-Ausländern gegründeten Limiteds deutlich zurückging).
Die „Limited" ist eine britische Gesellschaftsform, die haf-
tungsrechtlich mit der deutschen GmbH vergleichbar ist, die
aber nur ein geringes Gründungskapital erfordert.

Auslöser dieser Entwicklung war ein Urteil des Europäischen Gerichtshofs (EuGH) in Luxemburg vom 09.03.1999
(Rs. C-212/97, NJW 1999, 2027), dem die Klägerin, die „Centros Ltd.", den Namen gab. In dieser „Centros"-Entscheidung
hat der EuGH festgestellt, dass ein Mitgliedstaat der EU die
Sitzverlegung einer in einem anderen Mitgliedstaat wirksam
gegründeten Gesellschaft in sein Hoheitsgebiet im Grundsatz
nicht verhindern könne. In mehreren späteren Entscheidungen des EuGH (Urteil vom 05.11.2002, Rs. C-208/00, Über-
seering, NJW 2002, 3614; Urteil vom 30.09.2003, Rs. C-167/01,
Inspire Art, NJW 2003, 3331) wurde diese Rechtsprechung
bekräftigt. Auch wenn eine Gesellschaft in London einzig mit
dem Zweck gegründet wird, in Deutschland tätig zu werden,
kann der deutsche Gesetzgeber die Eintragung einer Zweigniederlassung in ein deutsches Handelsregister nicht mit dem
Hinweis darauf abwehren, dass für deutsche Kapitalgesellschaften ein höheres Gründungskapital notwendig sei.

> **Centros-Entscheidung des EuGH**

Diese EuGH-Rechtsprechung beendete auch die Vorherr-
schaft der so genannten Sitztheorie im internationalen Gesellschaftsrecht. Nach dieser Theorie fand auf eine Gesellschaft
das an ihrem effektiven Verwaltungssitz geltende Recht Anwendung. Der deutsche Gesetzgeber trug der EuGH-Rechtsprechung dadurch Rechnung, dass nun der Sitz einer Kaital-
gesellschaft der Ort im Inland ist, den der Gesellschaftsvertrag
beziehungsweise die Satzung bestimmt (§ 4a GmbHG, § 5
AktG).

> **Internationales Gesellschaftsrecht**

Eine weitere Folge der EuGH-Rechtsprechung war, dass
sich der deutsche Gesetzgeber im Jahr 2008 entschloss, entsprechend dem englischen Vorbild eine „kapitallose Kapitalgesellschaft", nämlich die Unternehmergesellschaft (§ 5a
GmbHG), zu schaffen.

> **Unternehmergesellschaft**

---

§ 5a GmbHG – Unternehmergesellschaft

(1) Eine Gesellschaft, die mit einem Stammkapital gegründet
wird, das den Betrag des Mindeststammkapitals nach § 5 I
unterschreitet, muss in der Firma abweichend von § 4 die
Bezeichnung „Unternehmergesellschaft (haftungsbeschränkt)"
oder „UG (haftungsbeschränkt)" führen.

4

Sowohl die GmbH als auch die AG können nur durch einen notariellen Vertrag gegründet werden. Bei der GmbH nennt man diesen Gesellschaftsvertrag, bei der AG Satzung. Für die „UG (haftungsbeschränkt)" gibt es im Gesetz (Anlage zu § 2 I a GmbHG) ein Musterprotokoll für die Gründung einer Gesellschaft. Verwendet ein Gesellschaftsgründer dieses Musterprotokoll, fallen geringere Notar- und Handelsregisterkosten an als im Normalfall (§§ 105 VI, 107 I 2 Gesetz über Kosten der freiwilligen Gerichtsbarkeit für Gerichte und Notare – GNotKG).

> **§ 2 GmbHG – Form des Gesellschaftsvertrags**
> (1) [S. 1] Der Gesellschaftsvertrag bedarf notarieller Form.

> **§ 23 AktG – Feststellung der Satzung**
> (1) [S. 1] Die Satzung muß durch notarielle Beurkundung festgestellt werden.

Mit Abschluss des notariellen Vertrags entsteht noch nicht die Gesellschaft, sondern nur eine Vor-Gesellschaft. Sowohl die GmbH als auch die AG entstehen als juristische Person erst mit der Eintragung in das Handelsregister. Bei beiden Gesellschaftsformen wird daher in den Fällen, in denen vor Eintragung in das Handelsregister im Namen der Gesellschaft gehandelt wird, nicht die Gesellschaft, sondern der Handelnde verpflichtet.

> **§ 11 GmbHG – Rechtszustand vor der Eintragung**
> (1) Vor der Eintragung in das Handelsregister des Sitzes der Gesellschaft besteht die Gesellschaft mit beschränkter Haftung als solche nicht.
>
> (2) Ist vor der Eintragung im Namen der Gesellschaft gehandelt worden, so haften die Handelnden persönlich und solidarisch.

> **§ 41 AktG – Handeln im Namen der Gesellschaft vor der Eintragung**
> (1) Vor der Eintragung in das Handelsregister besteht die Aktiengesellschaft als solche nicht. Wer vor der Eintragung der Gesellschaft in ihrem Namen handelt, haftet persönlich.

Bezüglich der Voraussetzungen, die erfüllt sein müssen, damit die Gesellschaft in das Handelsregister eingetragen wird, unterscheiden sich die GmbH und die AG in mehreren Punkten. Im Interesse des Gläubigerschutzes enthalten sowohl das GmbHG als auch das AktG besondere Bestimmungen über die Kapitalaufbringung. Diese kann in Geld oder durch Gegenstände (Sacheinlage) erfolgen.

§ 7 GmbHG – Anmeldung zum Handelsregister

(1) Die Gesellschaft ist bei dem Gericht, in dessen Bezirk sie ihren Sitz hat, zur Eintragung in das Handelsregister anzumelden.

(2) [S. 1] Die Anmeldung darf erst erfolgen, wenn auf jeden Geschäftsanteil, soweit nicht Sacheinlagen vereinbart sind, ein Viertel des Nennbetrags eingezahlt ist.

Handelsregisteranmeldung

§ 9 GmbHG – Sacheinlagen

(1) Erreicht der Wert einer Sacheinlage im Zeitpunkt der Anmeldung der Gesellschaft zur Eintragung in das Handelsregister nicht den Nennbetrag des dafür übernommenen Geschäftsanteils, hat der Gesellschafter in Höhe des Fehlbetrags eine Einlage in Geld zu leisten.

§ 9a GmbHG – Ersatzansprüche der Gesellschaft

(1) Werden zum Zweck der Errichtung der Gesellschaft falsche Angaben gemacht, so haben die Gesellschafter und Geschäftsführer der Gesellschaft als Gesamtschuldner fehlende Einzahlungen zu leisten … und für den sonst entstehenden Schaden Ersatz zu leisten.

§ 9 AktG – Ausgabebetrag der Aktien

(1) Für einen geringeren Betrag als den Nennbetrag oder den auf die einzelne Stückaktie entfallenden anteiligen Betrag des Grundkapitals dürfen Aktien nicht ausgegeben werden (geringster Ausgabebetrag).

§ 29 AktG – Errichtung der Gesellschaft

Mit der Übernahme aller Aktien durch die Gründer ist die Gesellschaft errichtet.

4

> **§ 36 AktG – Anmeldung der Gesellschaft**
> (1) Die Gesellschaft ist bei dem Gericht von allen Gründern und Mitgliedern des Vorstands und des Aufsichtsrats zur Eintragung in das Handelsregister anzumelden.
>
> (2) Die Anmeldung darf erst erfolgen, wenn auf jede Aktie, soweit nicht Sacheinlagen vereinbart sind, der eingeforderte Betrag ordnungsgemäß eingezahlt worden ist …

Handelsregistereintragung

Welche Angaben die Handelsregistereintragung enthalten muss, ist in § 10 I GmbHG und in § 39 I AktG geregelt.

> **§ 10 GmbHG – Inhalt der Eintragung**
> (1) Bei der Eintragung in das Handelsregister sind die Firma und der Sitz der Gesellschaft, eine inländische Geschäftsanschrift, der Gegenstand des Unternehmens, die Höhe des Stammkapitals, der Tag des Abschlusses des Gesellschaftsvertrages und die Personen der Geschäftsführer anzugeben. Ferner ist einzutragen, welche Vertretungsbefugnis die Geschäftsführer haben.

> **§ 39 AktG – Inhalt der Eintragung**
> (1) [S. 1] Bei der Eintragung der Gesellschaft sind die Firma und der Sitz der Gesellschaft, eine inländische Geschäftsanschrift, der Gegenstand des Unternehmens, die Höhe des Grundkapitals, der Tag der Feststellung der Satzung und die Vorstandsmitglieder anzugeben. … [S. 3] Ferner ist einzutragen, welche Vertretungsbefugnis die Vorstandsmitglieder haben.

Nach § 4a GmbHG, § 5 AktG müssen Satzungssitz, Geschäftsanschrift und Verwaltungssitz bei inländischen Gesellschaften nicht übereinstimmen.

Im Interesse der Rechtssicherheit muss sowohl die Firma der GmbH als auch die Firma der AG einen Hinweis auf die Rechtsform enthalten (§ 4 GmbHG, § 4 AktG). Diese aus dem Grundsatz der Firmenwahrheit folgende Verpflichtung ist bei den Kapitalgesellschaften deswegen von besonderer Bedeutung, weil dadurch die Geschäftspartner einer Kapitalgesellschaft darauf hingewiesen werden, dass keine persönliche Haftung der Gesellschafter gegeben ist, sondern dass nur das Gesellschaftsvermögen haftet.

> **§ 4 GmbHG – Firma**
> Die Firma der Gesellschaft muss, auch wenn sie nach § 22 HGB oder nach anderen gesetzlichen Vorschriften fortgeführt wird, die Bezeichnung „Gesellschaft mit beschränkter Haftung" oder eine allgemein verständliche Abkürzung dieser Bezeichnung enthalten. Verfolgt die Gesellschaft ausschließlich und unmittelbar steuerbegünstigte Zwecke nach den §§ 51 bis 68 der Abgabenordnung kann die Abkürzung „gGmbH" lauten.

Firma

> **§ 4 AktG – Firma**
> Die Firma der Aktiengesellschaft muß, auch wenn sie nach § 22 HGB oder nach anderen gesetzlichen Vorschriften fortgeführt wird, die Bezeichnung „Aktiengesellschaft" oder eine allgemein verständliche Abkürzung dieser Bezeichnung enthalten.

Leitungsorgan einer GmbH ist der Geschäftsführer (beziehungsweise wenn mehrere Geschäftsführer bestellt wurden die Geschäftsführer), Leitungsorgan einer AG ist der Vorstand. Beide Organe sind im Innenverhältnis, also im Verhältnis zu den Anteilseignern, zur Geschäftsführung befugt.

Leitungsorgan

> **§ 6 GmbHG – Geschäftsführer**
> (1) Die Gesellschaft muß einen oder mehrere Geschäftsführer haben.

Die Geschäftsführer der GmbH werden von den Gesellschaftern bestellt (§ 46 Nr. 5 GmbHG).

> **§ 76 AktG – Leitung der Aktiengesellschaft**
> (1) Der Vorstand hat unter eigener Verantwortung die Gesellschaft zu leiten.

Bei der AG wird in § 76 AktG ausdrücklich die Geschäftsführungsbefugnis des Vorstands genannt; eine entsprechende Vorschrift gibt es bei der GmbH nicht, da sich dort diese Befugnis bereits aus dem Namen (Geschäftsführer) ergibt.

§ 77 AktG – Geschäftsführung
(1) Besteht der Vorstand aus mehreren Personen, so sind sämtliche Vorstandsmitglieder nur gemeinschaftlich zur Geschäftsführung befugt. Die Satzung oder die Geschäftsordnung des Vorstands kann Abweichendes bestimmen; …

§ 84 AktG – Bestellung des Vorstands
(1) [S. 1] Vorstandsmitglieder bestellt der Aufsichtsrat auf höchstens fünf Jahre.

Vertretungsbefugnis

Von der Geschäftsführungsbefugnis zu unterscheiden ist die Vertretungsbefugnis. Diese betrifft das Verhältnis gegenüber Dritten. Im Rechtsverkehr vertreten wird die GmbH durch den oder die Geschäftsführer (§ 35 I GmbHG), die AG durch den Vorstand (§ 78 I AktG).

§ 35 GmbHG – Vertretung durch Geschäftsführer
(1) Die Gesellschaft wird durch die Geschäftsführer gerichtlich und außergerichtlich vertreten. …

§ 78 AktG – Vertretung
(1) Der Vorstand vertritt die Gesellschaft gerichtlich und außergerichtlich. …

Im Außenverhältnis gegenüber Dritten kann weder die Befugnis der Geschäftsführer einer GmbH (§ 37 II GmbHG) noch die Befugnis des Vorstands einer AG beschränkt werden (§ 82 I AktG). Zugleich stellt das Gesetz aber klar, dass eine Beschränkung im Innenverhältnis, also zwischen der Gesellschaft und der Geschäftsführung beziehungsweise dem Vorstand, möglich ist (§ 37 I GmbHG, § 82 II AktG).

§ 37 GmbHG – Befugnisse des Geschäftsführers
(1) Die Geschäftsführer sind der Gesellschaft gegenüber verpflichtet, die Beschränkungen einzuhalten, welche für den Umfang ihrer Befugnis, die Gesellschaft zu vertreten, durch den Gesellschaftsvertrag oder, soweit dieser nicht ein anderes bestimmt, durch die Beschlüsse der Gesellschafter festgesetzt sind.

(2) Gegen dritte Personen hat eine Beschränkung der Befugnis der Geschäftsführer, die Gesellschaft zu vertreten, keine rechtliche Wirkung. …

§ 82 AktG – Beschränkungen der Vertretungs- und Geschäftsführungsbefugnis

(1) Die Vertretungsbefugnis des Vorstands kann nicht beschränkt werden.

(2) Im Verhältnis der Vorstandsmitglieder zur Gesellschaft sind diese verpflichtet, die Beschränkungen einzuhalten, die im Rahmen der Vorschriften über die Aktiengesellschaft die Satzung, der Aufsichtsrat, die Hauptversammlung und die Geschäftsordnung des Vorstands und des Aufsichtsrats für die Geschäftsführungsbefugnis getroffen haben.

Ein Geschäft, das unter Verstoß gegen eine der Geschäftsführung beziehungsweise dem Vorstand auferlegte Beschränkung zustande kam, ist daher wirksam, kann jedoch im Innenverhältnis haftungsrechtliche Konsequenzen haben, sofern es zu einem Verlust geführt hat. Schadensersatzansprüche gegen ihre eigenen Vertretungsorgane gewähren der Gesellschaft für diese Fälle § 43 II GmbHG beziehungsweise § 93 II AktG.

§ 43 GmbHG – Haftung der Geschäftsführer

(1) Die Geschäftsführer haben in den Angelegenheiten der Gesellschaft die Sorgfalt eines ordentlichen Geschäftsmannes anzuwenden.

Haftung

(2) Geschäftsführer, welche ihre Obliegenheiten verletzen, haften der Gesellschaft solidarisch für den entstandenen Schaden.

§ 93 AktG – Sorgfaltspflicht und Verantwortlichkeit der Vorstandsmitglieder

(1) Die Vorstandsmitglieder haben bei ihrer Geschäftsführung die Sorgfalt eines ordentlichen und gewissenhaften Geschäftsleiters anzuwenden. …

(2) [S. 1, 2] Vorstandsmitglieder, die ihre Pflichten verletzen, sind der Gesellschaft zum Ersatz des daraus entstehenden Schadens als Gesamtschuldner verpflichtet. Ist streitig, ob sie die Sorgfalt eines ordentlichen und gewissenhaften Geschäftsleiter angewandt haben, so trifft sie die Beweislast. …

4

Nicht nur Verstöße gegen interne Vertretungsregelungen, sondern alle Geschäftsvorfälle, in denen die Geschäftsführer oder Vorstände nicht die Sorgfalt eines gewissenhaften Geschäftsmannes angewandt haben, führen zu einer Haftung. Trotz einiger Abweichungen in den Formulierungen entsprechen sich insoweit § 43 GmbHG und § 93 AktG.

Was im Einzelnen alles zur Sorgfaltspflicht gehört, hat der Gesetzgeber nicht vorgegeben. Diesen Begriff hat jedoch die Rechtsprechung durch zahlreiche Gerichtsentscheidungen konkretisiert. Danach führen sowohl bei der GmbH als auch bei der AG bloße Fehlschläge und Irrtümer der Unternehmensleitung nicht zu einer Haftung. Hat die Geschäftsleitung aber Verluste durch die Übernahme eines nicht zu verantwortenden Risikos herbeigeführt, muss sie haften.

Hinsichtlich der Beweislast für das Vorliegen der Voraussetzungen des in § 93 II 1 AktG genannten Haftungsanspruchs enthält § 92 II 2 AktG eine besondere Regelung. Im Prozessrecht gilt der Grundsatz, dass jede Partei die Voraussetzungen der für sie günstigen Normen zu beweisen hat. Diesen Grundsatz durchbricht § 93 II 2 AktG: Nicht die AG muss beweisen, dass die Voraussetzungen für einen Schadensersatzanspruch der AG gegen ihre Vorstandsmitglieder erfüllt sind, sondern die Vorstandsmitglieder müssen beweisen, dass diese Voraussetzungen nicht erfüllt sind, da sie die Sorgfalt eines ordentlichen und gewissenhaften Geschäftsleiters angewandt haben.

Da die Beteiligung an einer Kapitalgesellschaft keinen persönlichen Charakter hat, sind die Anteile an einer Kapitalgesellschaft grundsätzlich frei veräußerbar. Für die GmbH ergibt sich dies aus § 15 I GmbHG.

> **§ 15 GmbHG – Übertragung von Geschäftsanteilen**
> (1) Die Geschäftsanteile sind veräußerlich und vererblich.
>
> …
>
> (5) Durch den Gesellschaftsvertrag kann die Abtretung der Geschäftsanteile an weitere Voraussetzungen geknüpft, insbesondere von der Genehmigung der Gesellschaft abhängig gemacht werden.

Auch Aktien sind veräußerlich und vererblich. Der Handel erfolgt in der Regel an den Wertpapierbörsen.

vinkulierte Namensaktien

Eine Beschränkungsmöglichkeit hinsichtlich der Veräußerung gibt es nur bei Namensaktien. Aktien können auf den Inhaber oder auf Namen lauten (§ 10 I AktG). Regelfall ist die Inhaberaktie; Namensaktien sind in der Praxis selten.

Namensaktien sind unter Angabe des Namens des Inhabers in das Aktienregister der Gesellschaft einzutragen (§ 67 I AktG). § 68 II AktG sieht vor, dass die Satzung der AG die Übertragung dieser Namensaktien an die Zustimmung der Gesellschaft binden kann. Man spricht dann von „vinkulierten Namensaktien".

Weitere Organe sind bei der GmbH die Gesellschafterversammlung (§ 46 bis 51 GmbHG), bei der AG der Aufsichtsrat (§§ 95 bis 116 AktG), dem die Kontrolle des Vorstands obliegt, und die Hauptversammlung (§§ 118 bis 147 AktG), in welcher die Aktionäre ihre Rechte ausüben können.

Aufsichtsrat

---

§ 46 GmbHG – Rechte der Gesellschafter
Der Bestimmung der Gesellschafter unterliegen:
1. die Feststellung des Jahresabschlusses und die Verwendung des Ergebnisses; …
5. die Bestellung und die Abberufung von Geschäftsführern sowie die Entlastung derselben;
6. die Maßregeln zur Prüfung und Überwachung der Geschäftsführung;
7. die Bestellung von Prokuristen und von Handlungsbevollmächtigten zum gesamten Geschäftsbetrieb; …

---

§ 119 AktG – Rechte der Hauptversammlung
(1) Die Hauptversammlung beschließt in den im Gesetz und in der Satzung ausdrücklich bestimmten Fällen, namentlich über
1. die Bestellung der Mitglieder des Aufsichtsrats, …;
2. die Verwendung des Bilanzgewinns;
3. die Entlastung der Mitglieder des Vorstands und des Aufsichtsrats;
4. die Bestellung des Abschlussprüfers;
5. Satzungsänderungen;
6. Maßnahmen der Kapitalbeschaffung und der Kapitalherabsetzung; …

(2) Über Fragen der Geschäftsführung kann die Hauptversammlung nur entscheiden, wenn der Vorstand es verlangt.

4.3.3 Die Kommanditgesellschaft auf Aktien (KGaA)

Zur Gründung einer Kommanditgesellschaft auf Aktien (KGaA) ist eine Mindestzahl von zwei Personen notwendig (§ 278 I AktG). Die KGaA hat zwei Arten von Gesellschaftern, nämlich die persönlich haftenden Gesellschafter, auf welche das Recht der Komplementäre einer KG anzuwenden ist, und

4

die Aktionäre, die mit Aktien am Grundkapital beteiligt sind. Regelungen über die KGaA finden sich in den §§ 278 bis 290 AktG.

> **§ 278 AktG – Wesen der Kommanditgesellschaft auf Aktien**
>
> (1) Die Kommanditgesellschaft auf Aktien ist eine Gesellschaft mit eigener Rechtspersönlichkeit, bei der mindestens ein Gesellschafter den Gesellschaftsgläubigern unbeschränkt haftet (persönlich haftender Gesellschafter) und die übrigen an dem in Aktien zerlegten Grundkapital beteiligt sind, ohne persönlich für die Verbindlichkeiten der Gesellschaft zu haften (Kommanditaktionäre).
>
> (2) Das Rechtsverhältnis der persönlich haftenden Gesellschafter untereinander und gegenüber der Gesamtheit der Kommanditaktionäre sowie gegenüber Dritten, namentlich die Befugnis der persönlich haftenden Gesellschafter zur Geschäftsführung und zur Vertretung der Gesellschaft, bestimmt sich nach den Vorschriften des Handelsgesetzbuchs über die Kommanditgesellschaft.
>
> (3) Im übrigen gelten für die Kommanditgesellschaft auf Aktien … die Vorschriften des Ersten Buches [des AktG] über die Aktiengesellschaft sinngemäß.

Die persönlich haftenden Gesellschafter sind Geschäftsführer und Vertreter der KGaA (§ 278 II AktG). Hinsichtlich der ihnen obliegenden Pflichten finden sinngemäß die für den Vorstand der AG geltenden Vorschriften Anwendung (§ 283 AktG).

4.3.4 Die (eingetragene) Genossenschaft (eG)

Die Rechtsgrundlagen für die Genossenschaften finden sich im Gesetz betreffend die Erwerbs- und Wirtschaftsgenossenschaften (GenG). Dieses Gesetz wurde im Jahr 2006 grundlegend geändert. Genossenschaften sind Gesellschaften von einer nicht geschlossenen Mitgliederzahl, welche die Förderung des Erwerbes oder der Wirtschaft ihrer Mitglieder mittels gemeinschaftlichen Geschäftsbetriebs bezwecken (§ 1 I GenG). In der Praxis am häufigsten sind Kreditgenossenschaften (z. B. Volksbanken), Absatzgenossenschaften zum gemeinschaftlichen Verkauf landwirtschaftlicher Erzeugnisse, Einkaufsgenossenschaften sowie Wohnungsgenossenschaften zur Herstellung von Wohnungen. Zur Gründung einer Genossenschaft ist eine Mindestzahl von drei Mitgliedern nötig.

Abb. 4.7 Genossenschaft (Stefan Dinter)

> **§ 4 GenG – Mindestzahl der Mitglieder**
> Die Zahl der Mitglieder muss mindestens drei betragen.

Die Genossenschaft ist in das Genossenschaftsregister einzutragen (daher „eingetragene" Genossenschaft). Das Genossenschaftsregister wird beim dem zur Führung des Handelsregisters zuständigen Gericht geführt (§ 10 GenG). Die Firma der Genossenschaft muss die Bezeichnung „eingetragene Genossenschaft" oder die Abkürzung „eG" enthalten (§ 3 GenG). Vor der Eintragung in das Genossenschaftsregister hat die Genossenschaft nicht die Rechte einer eingetragenen Genossenschaft (§ 13 GenG).

Die Haftung der Genossenschaftsmitglieder ist grundsätzlich nach § 2 GenG ausgeschlossen.

> **§ 2 GenG – Haftung**
> Für die Verbindlichkeiten der Genossenschaft haftet den Gläubigern nur das Vermögen der Genossenschaft.

Haftung

4

Besonderheiten gelten allerdings, wenn über das Vermögen der Genossenschaft ein Insolvenzverfahren eröffnet wird. Dann kommt es darauf an, ob zum einen das Vermögen der Genossenschaft zur Befriedigung der Gläubiger ausreicht und ob zum anderen das Statut der Genossenschaft für diesen Fall einen Haftungsausschluss vorsieht oder nicht. Wenn das Vermögen nicht ausreicht und das Statut auch keinen Haftungsausschluss vorsieht, kommt es zur Haftung der Genossenschaftsmitglieder gegenüber der insolventen Genossenschaft und damit indirekt zugleich gegenüber den Gläubigern.

Nachschusspflicht

> **§ 105 GenG – Nachschusspflicht der Genossenschafts-mitglieder**
> (1) [S. 1] Soweit die Ansprüche der Massegläubiger oder die bei der Schlussverteilung nach § 196 der Insolvenzordnung berücksichtigten Forderungen der Insolvenzgläubiger aus dem vorhandenen Vermögen der Genossenschaft nicht berichtigt werden, sind die Mitglieder verpflichtet, Nachschüsse zur Insolvenzmasse zu leisten, es sei denn, dass die Nachschusspflicht durch die Satzung ausgeschlossen ist. …

Statut der Genossenschaft

> **§ 6 GenG – Mindestinhalt der Satzung**
> (1) Das Statut muss enthalten: …
> 3. Bestimmungen darüber, ob die Mitglieder für den Fall, dass die Gläubiger im Insolvenzverfahren über das Vermögen der Genossenschaft nicht befriedigt werden, Nachschüsse zur Insolvenzmasse unbeschränkt, beschränkt auf eine bestimmte Summe (Haftsumme) oder überhaupt nicht zu leisten haben; …

Wie alle Körperschaften hat die Genossenschaft eigene Rechte.

> **§ 17 GenG – Juristische Person; Formkaufmann**
> (1) Die eingetragene Genossenschaft als solche hat selbstständig ihre Rechte und Pflichten; sie kann Eigentum und andere dingliche Rechte an Grundstücken erwerben, vor Gericht klagen und verklagt werden.
>
> (2) Genossenschaften gelten als Kaufleute im Sinne des Handelsgesetzbuchs.

Vertreten wird die Genossenschaft durch einen Vorstand (§ 24 GenG). Die Mitglieder des Vorstands müssen Mitglieder der Genossenschaft sein (§ 9 II 1 GenG).

4.3.5 Der Versicherungsverein auf Gegenseitigkeit (VVaG)

Versicherungsvereine auf Gegenseitigkeit (VVaG) sind rechtsfähige Vereine, welche die Versicherung ihrer Mitglieder nach dem Grundsatz der Gegenseitigkeit betreiben. Gesetzlich geregelt sind die Voraussetzungen des VVaG in den §§ 171 bis 210 des Gesetzes über die Beaufsichtigung der Versicherungsunternehmen vom 01.01.2015 (Versicherungsaufsichtsgesetz – VAG). Mitglied eines VVaG kann nur werden, wer ein Versicherungsverhältnis mit dem Verein begründet (§ 176 S. 2 VAG). Der VVaG ist zur Eintragung ins Handelsregister anzumelden (§ 185 VAG).

Auf den VVaG finden die Vorschriften des HGB entsprechend Anwendung. Dies ergibt sich aus der Verweisung in § 172 VAG.

> **§ 172 VAG – Anwendung handelsrechtlicher Vorschriften**
> [S. 1] Soweit dieses Gesetz nichts anderes vorschreibt, gelten die Vorschriften des Ersten und Vierten Buchs des HGB über Kaufleute mit Ausnahme der §§ 1 bis 7 entsprechend auch für Versicherungsvereine auf Gegenseitigkeit. …

Eine Ausnahme gilt für kleinere Vereine, die bestimmungsgemäß einen sachlich, örtlich oder dem Personenkreis nach eng begrenzten Wirkungskreis haben. Auf diese kleinen Vereine findet § 172 S. 1 VAG keine Anwendung (§ 210 I VAG).

Die Mitglieder des Vereins haften für dessen Verbindlichkeiten nicht.

> **§ 175 VAG – Haftung für Verbindlichkeiten**
> Für alle Verbindlichkeiten des Vereins haftet den Vereinsgläubigern nur das Vereinsvermögen. Die Mitglieder haften den Vereinsgläubigern nicht.

Haftung

4

4.4 Rechtsformen für grenzüberschreitend tätige Gesellschaften in der Europäischen Union

4.4.1 Die Europäische wirtschaftliche Interessenvereinigung (EWIV)

Ein Instrument zur Zusammenarbeit verschiedener Gesellschaften oder Personen aus verschiedenen Mitgliedstaaten der Europäischen Union (EU) ist die Europäische wirtschaftliche Interessenvereinigung (EWIV). Rechtsgrundlage der EWIV ist in erster Linie die Verordnung (EWG) Nr. 2137/85 des Rates vom 27.07.1985 über die Schaffung einer Europäischen wirtschaftlichen Interessenvereinigung (EWIV-VO). Die Besonderheit der Verordnungen der EU liegt darin, dass sie – im Gegensatz zu den EU-Richtlinien, die sich an die nationalen Gesetzgeber wenden und von diesen erst durch entsprechende Gesetze umgesetzt werden müssen – unmittelbar geltendes Recht in allen Mitgliedstaaten sind. Dies ergibt sich aus Art. 288 II des Vertrags über die Arbeitsweise der Europäischen Union (AEUV).

EU-Verordnung

> **Art. 288 AEUV – Wirkung der EU-Verordnung**
> (2) Die Verordnung hat allgemeine Geltung. Sie ist in allen ihren Teilen verbindlich und gilt unmittelbar in jedem Mitgliedstaat.

Die EWIV-VO überlässt es jedoch den nationalen Gesetzgebern, Festlegungen bezüglich der handelsregisterrechtlichen Besonderheiten der EWIV zu treffen. Der deutsche Gesetzgeber hat diese Besonderheiten in dem „Gesetz zur Ausführung der EWG-Verordnung über die Europäische wirtschaftliche Interessenvereinigung (EWIV-AusführungsG)" geregelt.

Eine Besonderheit der EWIV liegt darin, dass sie nicht Gewinne für sich selbst erzielen, sondern nur die Tätigkeit ihrer Mitglieder erleichtern soll.

> **Art. 3 EWIV-VO – Zweck der EWIV**
> (1) Die Vereinigung hat den Zweck, die wirtschaftliche Tätigkeit ihrer Mitglieder zu erleichtern oder zu entwickeln sowie die Ergebnisse dieser Tätigkeit zu verbessern oder zu steigern; sie hat nicht den Zweck, Gewinn für sich selbst zu erzielen. Ihre Tätigkeit muß im Zusammenhang mit der wirtschaftlichen Tätigkeit ihrer Mitglieder stehen und darf nur eine Hilfstätigkeit hierzu bilden.

Beispiel

Rechtsanwalt Dupont in Paris und Rechtsanwalt Maier in Berlin möchten zusammenarbeiten. Die Zusammenarbeit soll sich darauf beschränken, dass Maier Mandate, die das französische Recht betreffen, an Dupont weiterleitet, und Dupont Mandate, die das deutsche Recht betreffen, an Maier weitergibt. Für eine solche Zusammenarbeit bietet sich die EWIV an.

Die Gewinnerzielung darf zwar nicht der Zweck der Vereinigung sein; erzielt sie aber als „Nebeneffekt" Gewinne, ist dies zulässig. Steuerrechtlich fallen diese Gewinne bei den Mitgliedern der EWIV an.

Art. 40 EWIV-VO – Besteuerung
Das Ergebnis der Tätigkeit der Vereinigung wird nur bei ihren Mitgliedern besteuert.

Voraussetzung für das Zustandekommen einer EWIV ist, dass sie aus mindestens zwei Gesellschaftern besteht, die ihren Sitz in zwei verschieden Staaten der Europäischen Union haben.

Art. 4 EWIV-VO – Mindestvoraussetzungen
(2) Eine Vereinigung muss mindestens bestehen aus:

a) zwei Gesellschaften oder anderen juristischen Einheiten …, die ihre Hauptverwaltung in verschiedenen Mitgliedstaaten haben;

b) zwei natürlichen Personen …, die ihre Haupttätigkeit in verschiedenen Mitgliedstaaten ausüben; …

Die Haftung der Mitglieder ist in Art. 24 EWIV-VO geregelt. Hinsichtlich der Bedeutung der in dieser Bestimmung genannten Rechtsbegriffe (z. B. gesamtschuldnerische Haftung) verweist die Verordnung auf die nationalen Rechtsordnungen.

Art. 24 EWIV-VO – Haftung
(1) Die Mitglieder der Vereinigung haften unbeschränkt und gesamtschuldnerisch für deren Verbindlichkeiten jeder Art. Das einzelstaatliche Recht bestimmt die Folgen dieser Haftung.

Haftung

Ein neues Mitglied hat allerdings die Möglichkeit, beim Beitritt seine Haftung für Altschulden nach Art. 26 II EWIV-VO unter bestimmten Voraussetzungen auszuschließen. Diesbezüglich besteht ein Unterschied zur OHG im deutschen Recht, bei welcher nach § 130 HGB ein Haftungsausschluss nicht möglich ist.

4

Haftung

> **Art. 26 EWIV-VO – Haftung neuer Mitglieder**
> (2) Jedes neue Mitglied haftet gemäß Art. 24 für die Verbindlichkeiten der Vereinigung einschließlich derjenigen, die sich aus der Tätigkeit der Vereinigung vor seinem Beitritt ergeben.
>
> Er kann jedoch durch eine Klausel im Gründungsvertrag oder in dem Rechtsakt über seine Aufnahme von der Zahlung der vor seinem Beitritt entstandenen Verbindlichkeiten befreit werden. Diese Klausel kann … Dritten nur dann entgegengesetzt werden, wenn sie … bekannt gemacht worden ist.

Die EWIV muss nach Art. 6 EWIV-VO in ein Register eingetragen werden. Soll die EWIV ihren Sitz in Deutschland haben, muss sie in Deutschland ins Handelsregister eingetragen werden.

> **Art. 6 EWIV-VO – Eintragung ins Handelsregister**
> Die Vereinigung wird im Staat des Sitzes in das nach Artikel 39 Absatz 1 bestimmte Register eingetragen.

> **Art. 39 EWIV-VO – Zuständiges Handelsregister**
> (1) [S. 1] Die Mitgliedstaaten bestimmen das oder die Register, die für die in Artikel 6 und 10 genannte Eintragung zuständig sind, sowie die für die Eintragung geltenden Vorschriften. …

> **§ 2 EWIV-AusführungsG – Anmeldung zum Handelsregister**
> (1) Die Vereinigung ist bei dem Gericht, in dessen Bezirk sie ihren im Gründungsvertrag genannten Sitz hat, zur Eintragung in das Handelsregister anzumelden.

4.4.2 Die Europäische Aktiengesellschaft (SE)

Die Europäische (Aktien-)Gesellschaft (lateinisch „Societas Europaea", daher abgekürzt „SE"), basiert auf der Verordnung (EG) Nr. 2157/2001 des Rates vom 08.10.2001 über das Statut der Europäischen Gesellschaft (SE-VO) und der ergänzenden EG-Richtlinie 2001/86/EG des Rates vom 08.10.2001 zur Ergänzung des Statuts der Europäischen Gesellschaft hinsichtlich der Beteiligung der Arbeitnehmer. Die SE ist auf Großunternehmen zugeschnitten, die in mehreren EU-Mitgliedstaaten tätig sein wollen. Die Rechtsform SE trägt zu einem europaweit einheitlichen Erscheinungsbild eines Unternehmens bei.

Die SE kann durch Umwandlung, Verschmelzung oder durch Gründung einer Holding- oder Tochtergesellschaft gegründet werden. Die Gründungsgesellschaften müssen ihren Sitz in verschiedenen Mitgliedstaaten der EU haben oder über eine Tochtergesellschaft oder eine Zweigniederlassung in einem anderen Mitgliedstaat verfügen.

Die SE ist eine Aktiengesellschaft mit eigener Rechtspersönlichkeit, die über ein in Aktien zerlegtes Kapital von mindestens 120.000 € verfügt.

Art. 1 SE-VO – Wesen der SE

(2) Die SE ist eine Gesellschaft, deren Kapital in Aktien zerlegt ist. Jeder Aktionär haftet nur bis zur Höhe des von ihm gezeichneten Kapitals.

(3) Die SE besitzt Rechtspersönlichkeit.

Art. 4 SE-VO – Mindestkapital

(1) Das Kapital der SE lautet auf Euro.

(2) Das gezeichnete Kapital muss mindestens 120.000 € betragen.

(3) Die Rechtsvorschriften eines Mitgliedstaats, die ein höheres gezeichnetes Kapital für Gesellschaften vorsehen, die bestimmte Arten von Tätigkeiten ausüben, gelten auch für SE mit Sitz in dem betreffenden Mitgliedstaat.

Im Rechtsverkehr tritt die Europäische Aktiengesellschaft unter der Abkürzung „SE" auf.

Bezeichnung SE

Art. 11 SE-VO – Firma
(1) Die SE muss ihrer Firma den Zusatz „SE" voran- oder nachstellen.

(2) Nur eine SE darf ihrer Firma den Zusatz „SE"hinzufügen.

4

Art. 14 SE-VO – Bekanntmachung im Amtsblatt der EU
(1) Die Eintragung und die Löschung der Eintragung einer SE werden mittels einer Bekanntmachung zu Informationszwecken im Amtsblatt der Europäischen Gemeinschaften veröffentlicht, nachdem die Offenlegung gemäß Artikel 13 erfolgt ist. Diese Bekanntmachung enthält die Firma der SE, Nummer, Datum und Ort der Eintragung der SE, Datum, Ort und Titel der Veröffentlichung sowie den Sitz und den Geschäftszweig der SE.

Nach Art. 12 I SE-VO muss jeder Mitgliedstaat der EU eigenständig bestimmen, in welches Register eine SE mit Sitz in dem betreffenden Staat einzutragen ist. Die Bundesrepublik Deutschland traf diese Regelung im „Gesetz zur Ausführung der Verordnung (EG) Nr. 2157/2001 des Rates vom 08.10.2001 über das Statut der Europäischen Gesellschaft (SE) (SE-AusführungsG – SEAG)".

§ 3 SEAG – Eintragung
Die SE wird gemäß den für Aktiengesellschaften geltenden Vorschriften im Handelsregister eingetragen.

Die SE-VO lässt in den Punkten, die sie selbst nicht regelt, den einzelnen Staaten eine gewisse Gestaltungsfreiheit, wie Art. 15 SE-VO hervorhebt.

Art. 15 SE-VO – Anwendbares Recht
(1) Vorbehaltlich der Bestimmungen dieser Verordnung findet auf die Gründung einer SE das für Aktiengesellschaften geltende Recht des Staates Anwendung, in dem die SE ihren Sitz begründet.

Die Unternehmen können zwischen zwei verschiedenen Leitungssystemen wählen: dem Modell einer Trennung von Vorstand und Aufsichtsrat – wie wir es von der deutschen Aktiengesellschaft kennen – und dem in England und Frankreich üblichen Modell, bei dem ein Verwaltungsrat die Grundlinien der Tätigkeit der Gesellschaft bestimmt und für die laufende Geschäftsführung einen oder mehrere geschäftsführende Direktoren bestellt, welche an die Beschlüsse des Verwaltungsrats gebunden sind.

> **Art. 38 SE-VO – Aufbau der SE**
> Die SE verfügt nach Maßgabe dieser Verordnung über
>
> a) eine Hauptversammlung der Aktionäre und
>
> b) entweder ein Aufsichtsorgan und ein Leitungsorgan (dualistisches System) oder ein Verwaltungsorgan (monistisches System), entsprechend der in der Satzung gewählten Form.

Der Sitz einer SE kann identitätswahrend in einen anderen Mitgliedstaat der EU verlegt werden (Art. 8 I SE-VO). Dies ist ein Vorteil für europaweit tätige Unternehmen.

Die Abwicklung einer SE richtet sich nach dem Recht des Sitzstaates.

> **Art. 63 SE-VO – Auflösung, Liquidation, Zahlungsunfähigkeit**
> Hinsichtlich der Auflösung, Liquidation, Zahlungsunfähigkeit, Zahlungseinstellung und ähnlicher Verfahren unterliegt die SE den Rechtsvorschriften, die für eine Aktiengesellschaft maßgeblich wären, die nach dem Recht des Sitzstaats der SE gegründet worden ist; dies gilt auch für die Vorschriften hinsichtlich der Beschlussfassung durch die Hauptversammlung.

4.4.3 Die Europäische Genossenschaft (SCE)

Die Europäische Genossenschaft (lateinisch „Societas Cooperativa Europaea", daher abgekürzt „SCE"), basiert auf der Verordnung (EG) Nr. 1435/2003 des Rates vom 22.07.2003 über das Statut der Europäischen Genossenschaft (SCE-VO) und der Richtlinie 2003/72/EG des Rates vom 22.07.2003 zur Ergänzung des Statuts der Europäischen Genossenschaft hinsichtlich der Beteiligung der Arbeitnehmer. Die Ausführung der Verordnung beziehungsweise die Umsetzung der Richtlinie erfolgte in Deutschland durch das „Gesetz zur Ausführung der Verordnung (EG) Nr. 1435/2003 des Rates vom 22.07.2003 über das Statut der Europäischen Genossenschaft (SCE) (SCE-Ausführungsgesetz – SCEAG)" beziehungsweise das „Gesetz über die Beteiligung der Arbeitnehmer und Arbeitnehmerinnen in einer Europäischen Genossenschaft".

Zur Gründung einer SCE benötigt man mindestens fünf natürliche oder juristische Personen, die ihren Sitz in mindestens zwei verschiedenen EU-Mitgliedstaaten haben müssen (Art. 2 I SCE-VO). Das Gründungskapital muss mindestens 30.000 € betragen (Art. 3 II SCE-VO). Für den Inhalt der Satzung verweist Art. 5 II SCE-VO auf das nationale Recht des Sitzstaates.

	Mindest-gründerzahl	Mindest-kapital zur Gründung	Handelsregis-tereintragung notwendig?	Haftung
GbR	2	Nein	Nein	Gesellschafts-vermögen + Gesellschafter als Gesamtschuldner
OHG	2	Nein	Ja	Gesellschafts-vermögen + Gesellschafter als Gesamtschuldner
KG	2	Nein	Ja	Komplementäre unbeschränkt + Kommanditisten mit Einlage
GmbH & Co. KG	2 (= GmbH und Kommanditist, wobei der Gesell-schafter einer Ein-Mann-GmbH zugleich Kommandi-tist sein kann)	KG nein, aber GmbH (s.u.)	Ja	Komplementär (=GmbH) mit Gesellschafts-vermögen der GmbH, Kommandi-tisten mit Einlage
Partner-schafts-gesell-schaft	2 (Angehörige Freier Berufe)	Nein	Nein, Eintragung in das Partner-schaftsregister	Gesellschaftsvermö gen + Partner als Gesamtschuldner
EWIV	2 (in mindestens zwei verschiedenen EU-Mitgliedstaaten)	Nein	Ja	Gesellschaftsver-mögen + Mitglieder der Vereinigung als Gesamtschuldner
Stille Gesell-schaft	2	Nein	Nein	Kaufmann haftet unbeschränkt, Stiller Gesell-schafter haftet mit Einlage
e.V.	7	Nein	Nein, Eintragung in das Vereins-register	Vereinsvermögen

◻ **Abb. 4.8** Übersicht über die wesentlichen Eigenschaften der Gesellschaftsformen

	Mindest-gründerzahl	Mindest-kapital zur Gründung	Handelsregis-tereintragung notwendig?	Haftung
GmbH	1	25.000 Euro	Ja	Gesellschafts-vermögen
UG	1	1 Euro	Ja	Gesellschafts-vermögen
AG	1	50.000 Euro	Ja	Gesellschafts-vermögen
KGaA	2	50.000 Euro	Ja	Gesellschafts-vermögen + persönlich haftender Gesell-schafter
eG	3	Nein	Nein, Eintragung in das Genossen-schaftsregister	Vermögen der Genossenschaft, je nach Statut auch persönliche Haftung der Mitglieder möglich
VVaG	2	Nein	Ja	Vereinsvermögen
SE	2 (in mindestens zwei verschiedenen EU-Mitgliedstaaten)	120.000 Euro	Ja	Gesellschafts-vermögen
SCE	5 (in mindestens zwei verschiedenen EU-Mitgliedstaaten)	30.000 Euro	Ja	Vermögen der Genossenschaft, je nach Statut auch persönliche Haftung der Mitglieder möglich

◘ **Abb. 4.8**   (Fortsetzung)

4.5 Insolvenzrecht

Immer wieder kommt es vor, dass Unternehmen zahlungsun-fähig werden. Daher ist das Insolvenzrecht für Kaufleute von großer Bedeutung. Geregelt ist das Insolvenzrecht in der In-solvenzordnung (InsO). Zu beachten ist dabei, dass ein In-solvenzverfahren nicht nur über das Vermögen von Gesell-schaften, sondern auch über das Vermögen natürlicher Personen eröffnet werden kann. Außerdem gibt es Insolvenz-verfahren über einen Nachlass (§§ 315 ff. InsO).

4

> ### § 11 InsO – Zulässigkeit des Insolvenzverfahrens
> (1) [S. 1] Ein Insolvenzverfahren kann über das Vermögen jeder natürlichen und jeder juristischen Person eröffnet werden. …
>
> (2) Ein Insolvenzverfahren kann ferner eröffnet werden:
> 1. über das Vermögen einer Gesellschaft ohne Rechtspersönlichkeit (offene Handelsgesellschaft, Kommanditgesellschaft, …, Gesellschaft des Bürgerlichen Rechts, …, Europäische wirtschaftliche Interessenvereinigung);
> 2. nach Maßgabe der §§ 315 bis 334 [InsO] über einen Nachlaß, …

Der Sinn des Insolvenzverfahrens ist in § 1 I 1 InsO beschrieben.

> ### § 1 InsO – Ziele des Insolvenzverfahrens
> (1) [S. 1] Das Insolvenzverfahren dient dazu, die Gläubiger eines Schuldners gemeinschaftlich zu befriedigen, indem das Vermögen des Schuldners verwertet und der Erlös verteilt oder in einem Insolvenzplan eine abweichende Regelung insbesondere zum Erhalt des Unternehmens getroffen wird.

Eingeleitet wird das Verfahren durch den Antrag eines Gläubigers oder durch den Antrag des insolventen Schuldners selbst.

> ### § 13 InsO – Eröffnungsantrag
> (1) Das Insolvenzverfahren wird nur auf schriftlichen Antrag eröffnet. Antragsberechtigt sind die Gläubiger und der Schuldner.

Bei Kapitalgesellschaften hat der Geschäftsführer der insolventen Gesellschaft sogar die Pflicht, ohne schuldhaftes Zögern, spätestens aber drei Wochen nach Eintritt der Zahlungsunfähigkeit, Insolvenz zu beantragen (§ 15a I InsO). Unterlässt er dies, macht er sich strafbar (§ 15a IV InsO). Entsprechendes gilt für Gesellschaften, bei denen kein Gesellschafter eine natürliche Person ist (§ 15a I 2 InsO).

Zudem haftet ein GmbH-Geschäftsführer nach § 64 S. 1 GmbHG für Zahlungen, die nach Eintritt der Zahlungsunfähigkeit der Gesellschaft oder nach Feststellung ihrer Überschuldung geleistet werden. Eine entsprechende Regelung für den Vorstand der Aktiengesellschaft enthält § 92 II 1 AktG, für den Vorstand der Genossenschaft § 99 GenG und für die Vertreter von Personengesellschaften die §§ 130a, 177a HGB.

Der Antrag auf Eröffnung des Insolvenzverfahrens ist beim Insolvenzgericht zu stellen. Insolvenzgerichte sind die Amtsgerichte, in deren Bezirk ein Landgericht seinen Sitz hat (§ 2 InsO).

Gründe, ein Insolvenzverfahren zu eröffnen, sind Zahlungsunfähigkeit und unter bestimmten Voraussetzungen auch die drohende Zahlungsunfähigkeit und die Überschuldung.

Insolvenzeröffnungsgründe

---

§ 17 InsO – Zahlungsunfähigkeit

(1) Allgemeiner Eröffnungsgrund ist die Zahlungsunfähigkeit.

(2) Der Schuldner ist zahlungsunfähig, wenn er nicht in der Lage ist, die fälligen Zahlungsverpflichtungen zu erfüllen. Zahlungsunfähigkeit ist in der Regel anzunehmen, wenn der Schuldner seine Zahlungen eingestellt hat.

---

§ 18 InsO – Drohende Zahlungsunfähigkeit

(1) Beantragt der Schuldner die Eröffnung des Insolvenzverfahrens, so ist auch die drohende Zahlungsunfähigkeit Eröffnungsgrund.

---

§ 19 InsO – Überschuldung

(1) Bei einer juristischen Person ist auch die Überschuldung Eröffnungsgrund.

(2) [S. 1] Überschuldung liegt vor, wenn das Vermögen des Schuldners die bestehenden Verbindlichkeiten nicht mehr deckt, es sei denn, die Fortführung des Unternehmens ist nach den Umständen überwiegend wahrscheinlich. …

4

Insolvenzfähig	Antragsberechtigt außer Gläubiger	Insolvenzgrund	Antragspflicht
Personengesellschaften (GbR, OHG, KG, EWIV) (§ 11 II Nr. 1 InsO)	- jeder Gesellschafter der GbR, OHG - persönlich haftende Gesellschafter der KG (§ 15 I InsO)	- Zahlungsunfähigkeit (§ 17 InsO) - Drohende Zahlungsunfähigkeit bei Eigenantrag (§ 18 InsO)	Nur, wenn kein Gesellschafter eine natürliche Person ist (§ 15 a I 2 InsO)
Juristische Person (§ 11 I InsO)	Mitglieder des Vertretungsorgans, § 15 I InsO (Vorstand bei AG, § 92 II AktG, bei Genossenschaft, § 99 I GenG, bei Verein, §42 II BGB, die Geschäftsführer bei GmbH, § 64 I GmbHG)	- Zahlungsunfähigkeit (§ 17 InsO) - Drohende Zahlungsunfähigkeit bei Eigenantrag (§ 18 InsO) - Überschuldung, § 19 I InsO (bei eG § 98 GenG beachten)	Ja, siehe § 15 a I InsO, § 42 II BGB
Natürliche Person (§ 11 I InsO)	Der Schuldner selbst (§ 13 I 1 InsO)	- Zahlungsunfähig keit (§ 17 InsO) - Drohende Zahlungsunfähigkeit bei Eigenantrag (§ 18 I InsO)	Keine Antragspflicht
Nachlass (§ 11 II Nr. 2 InsO)	Erbe, Nachlassverwalter, Nachlasspfleger, Testamentsvollstrecker (§ 317 I InsO)	- Zahlungsunfähigkeit - Drohende Zahlungsunfähigkeit bei Eigenantrag (§ 18 InsO) - Überschuldung, § 320 InsO	Nur für Erben und Nachlassverwalter (§§ 1980 I, 1985 II BGB)

◻ **Abb. 4.9**   Insolvenzverfahren

Das Insolvenzgericht prüft, ob das Vermögen des Schuldners voraussichtlich ausreichen wird, um die Kosten des Insolvenzverfahrens zu decken. Stellt es fest, dass die Verfahrenskosten voraussichtlich nicht gedeckt sind, weist es den Antrag auf Eröffnung des Insolvenzverfahrens mangels Masse ab (§ 26 InsO).

Sind die Verfahrenskosten voraussichtlich gedeckt, eröffnet das Insolvenzgericht das Insolvenzverfahren. Zugleich bestellt es einen Insolvenzverwalter. In Ausnahmefällen kann das Gericht auch die Eigenverwaltung durch den Schuldner anordnen (§§ 270 ff. InsO); dann kann der Schuldner selbst weiter seine Geschäfte führen.

> **§ 27 InsO – Eröffnungsbeschluss**
> (1) [S. 1] Wird das Insolvenzverfahren eröffnet, so ernennt das Insolvenzgericht einen Insolvenzverwalter. …

Zum Insolvenzverwalter ist nach § 56 I InsO eine für den jeweiligen Einzelfall geeignete Person zu bestellen. Der Verwalter muss geschäftskundig sein, das heißt er muss über die erforderlichen juristischen und wirtschaftlichen Kenntnisse verfügen. Ein bestimmter Berufsabschluss wird nicht verlangt.

kein vorgeschriebener Berufsabschluss für Insolvenzverwalter

> **§ 80 InsO – Übergang des Verwaltungs- und Verfügungsrechts**
> (1) Durch die Eröffnung des Insolvenzverfahrens geht das Recht des Schuldners, das zur Insolvenzmasse gehörende Vermögen zu verwalten und über es zu verfügen, auf den Insolvenzverwalter über.

> **§ 81 InsO – Verfügungen des Schuldners**
> (1) [S. 1] Hat der Schuldner nach der Eröffnung des Insolvenzverfahrens über einen Gegenstand der Insolvenzmasse verfügt, so ist diese Verfügung unwirksam. …

Die wichtigste Folge der Eröffnung des Insolvenzverfahrens liegt darin, dass ab diesem Zeitraum die Gläubiger ihre Ansprüche nicht mehr individuell, also z. B. durch Zwangsvollstreckung in das Vermögen des Schuldners, verfolgen können.

keine Zwangsvollstreckung mehr möglich

4

> **§ 87 InsO – Forderungen der Insolvenzgläubiger**
> Die Insolvenzgläubiger können ihre Forderungen nur nach den Vorschriften über das Insolvenzverfahren verfolgen.

Eine weitere Folge der Eröffnung des Insolvenzverfahrens in den Fällen, in denen über das Vermögen eines Kaufmanns ein Insolvenzverfahren eröffnet wird, ist die Eintragung dieses Umstandes in das Handelsregister.

> **§ 32 HGB – Insolvenzverfahren**
> (1) [S. 1] Wird über das Vermögen eines Kaufmanns das Insolvenzverfahren eröffnet, so ist dies von Amts wegen in das Handelsregister einzutragen. …

Der Insolvenzverwalter verwertet das Vermögen des Schuldners und verteilt dann die Insolvenzmasse an die Gläubiger. Sobald die Schlussverteilung der Insolvenzmasse vollzogen ist, beschließt das Insolvenzgericht die Aufhebung des Insolvenzverfahrens (§ 200 I InsO). Dann können die Insolvenzgläubiger ihre restlichen Forderungen wieder unbeschränkt gegen den Schuldner geltend machen (§ 201 I InsO), es sei denn, dieser wurde von seinen im Insolvenzverfahren nicht erfüllten Verbindlichkeiten befreit (§ 286 InsO).

In den Genuss dieser sogenannten Restschuldbefreiung (§§ 286 bis 303 InsO) können aber nur natürliche Personen kommen, welche ihre pfändbaren Forderungen auf Bezüge aus einem Arbeitsverhältnis oder an deren Stelle tretende laufende Bezüge für die Zeit von sechs Jahren (§ 287 II InsO) nach der Eröffnung des Insolvenzverfahrens den Gläubigern abtreten.

Die wichtigste Vorschrift für die Arbeitnehmer findet sich übrigens nicht in der InsO, sondern im Sozialgesetzbuch (SGB) Drittes Buch (III) – Arbeitsförderung –. Oftmals haben die Arbeitnehmer bereits einige Zeit vor der Insolvenzeröffnung keine Lohnzahlungen mehr erhalten. Für diese Zeit vor der Insolvenzeröffnung gewährt § 165 SGB III den Arbeitnehmern einen Anspruch gegen die Agentur für Arbeit auf Zahlung des Nettoarbeitsentgelts.

> **§ 165 SGB III – Anspruch**
> (1) [S. 1] Arbeitnehmerinnen und Arbeitnehmer haben Anspruch auf Insolvenzgeld, wenn sie im Inland beschäftigt waren und bei einem Insolvenzereignis für die vorausgegangenen drei Monate des Arbeitsverhältnisses noch Ansprüche auf Arbeitsentgelt haben.

4.6 Wiederholungsfragen

? 1. Wo finden sich Regelungen über die GbR?
  ► Abschn. 4.2.1

? 2. Können Sie Beispiele für Personengesellschaften nennen? ► Abschn. 4.1

? 3. Können Sie Beispiele für Kapitalgesellschaften nennen? ► Abschn. 4.1

? 4. Worin besteht der wesentliche Unterschied zwischen Personen- und Kapitalgesellschaften? ► Abschn. 4.1

? 5. Welche Gesellschaftsformen sind im HGB geregelt?
  ► Abschn. 4.1

? 6. Wer haftet für die Verbindlichkeiten einer OHG?
  ► Abschn. 4.2.2

? 7. Durch wen wird eine OHG im Rechtsverkehr vertreten? ► Abschn. 4.2.2

? 8. Ab welchem Zeitpunkt wird eine OHG wirksam?
  ► Abschn. 4.2.2

? 9. Haftet ein neu in eine OHG eintretender Gesellschafter für die vor seinem Eintritt begründeten Verbindlichkeiten der OHG? ► Abschn. 4.2.2

? 10. Worin unterscheidet sich die KG von der OHG?
  ► Abschn. 4.2.3

? 11. Welche Gruppe der Gesellschafter ist bei der KG von der Führung der Geschäfte ausgeschlossen?
  ► Abschn. 4.2.3

❓ 12. Wer haftet für die Verbindlichkeiten einer KG?
▶ Abschn. 4.2.3

❓ 13. Wer haftet für Verbindlichkeiten, die bereits vor der Eintragung einer KG ins Handelsregister entstanden sind? ▶ Abschn. 4.2.3

❓ 14. Was ist die Besonderheit bei einer GmbH & Co. KG?
▶ Abschn. 4.2.3

❓ 15. Was versteht man unter einer Stillen Gesellschaft?
▶ Abschn. 4.2.5

Die handelsrechtliche Rechnungslegung

© Springer-Verlag GmbH Deutschland, ein Teil von Springer Nature 2019
J. Gruber, *Handelsrecht – Schnell erfasst*, Recht – schnell erfasst,
https://doi.org/10.1007/978-3-662-58348-7_5

5.1 Aufbau der Rechnungslegungsvorschriften im HGB

Übersicht

Das 3. Buch des HGB, das die Überschrift „Handelsbücher" trägt, regelt die handelsrechtliche Rechnungslegung. Es enthält im 1. Abschnitt (§§ 238 bis 263 HGB) Vorschriften, die für alle Kaufleute gelten, im 2. Abschnitt Vorschriften speziell für Kapitalgesellschaften (§§ 264 bis 289a HGB) und Konzerne (§§ 290 bis 315a HGB), wobei allerdings § 264a HGB diese Vorschriften auf gewisse Formen der OHG und der KG für entsprechend anwendbar erklärt. Im 3. Abschnitt finden sich Vorschriften für eingetragene Genossenschaften (§§ 336 bis 339 HGB) und im 4. Abschnitt für Kreditinstitute, Finanzdienstleistungsinstitute, Versicherungsunternehmen, Pensionsfonds und Unternehmen des Rohstoffsektors (§§ 340 bis 341y HGB). Der 5. Abschnitt befasst sich mit Gremien zur Entwicklung allgemeiner Rechnungslegungsgrundsätze (§§ 342, 342a HGB) und der 6. Abschnitt mit der Prüfstelle für Rechnungslegung (§ 342b bis § 342e HGB).

zeitliche Reihenfolge der Rechnungslegung

Neben dieser sachlichen Gliederung gibt der Gesetzgeber die zeitliche Reihenfolge der Rechnungslegung vor: Buchführung (§§ 238 bis 241a HGB), Eröffnungsbilanz, Jahresabschluss und Lagebericht (§§ 242 bis 256a HGB), Aufbewahrung und Vorlage (§§ 257 bis 261 HGB), Jahresabschluss (§§ 264 bis 315a HGB), Prüfung (§§ 316 bis 324a HGB) und Offenlegung (§§ 325 bis 329 HGB).

Instrumente der handelsrechtlichen Rechnungslegung sind die Handelsbücher (§ 238 I HGB), die Handelsbriefe (§§ 238 II, 257 II HGB), das Inventar (§ 240 HGB), die Eröffnungsbilanz (§ 242 I HGB), die Gewinn- und Verlustrechnung (§ 242 II HGB) sowie bei Kapitalgesellschaften regelmäßig der Anhang (§§ 264 I, 284 ff. HGB) und der Lagebericht (§§ 264 I 1, 289, 289a HGB).

5.2 Rechnungslegungsvorschriften, die für alle Kaufleute gelten

§ 238 HGB – Buchführungspflicht
(1) Jeder Kaufmann ist verpflichtet, Bücher zu führen und in diesen seine Handelsgeschäfte und die Lage seines Vermögens nach den Grundsätzen ordnungsmäßiger Buchführung ersichtlich zu machen. Die Buchführung muß so beschaffen sein, daß sie einem sachverständigen Dritten innerhalb angemessener Zeit einen Überblick über die Geschäftsvorfälle und über die Lage des Unternehmens vermitteln kann. Die Geschäftsvorfälle müssen sich in ihrer Entstehung und Abwicklung verfolgen lassen.

Was die Grundsätze ordnungsgemäßer Buchführung sind, sagt das Gesetz nicht im Einzelnen. Sie werden in erster Linie durch die Rechtsprechung festgelegt, welche sich ihrerseits an den Stellungnahmen von Fachgremien orientiert.

Grundsätze ordnungsgemäßer Buchführung (GoB)

Die Art der Buchführung gibt das HGB mittelbar vor. Man unterscheidet zwei Buchführungsarten: Die einfache und die doppelte Buchführung. Bei der einfachen Buchführung führt man in der Regel ein Tagebuch sowie Personenkonten. Das Tagebuch enthält in chronologischer Reihenfolge sämtliche Geschäftsvorfälle, die nach Möglichkeit täglich eingetragen werden sollen, damit kein Geschäftsvorfall vergessen wird. Die Personenkonten dienen der Erfassung der Umsätze mit Kunden und Lieferanten. Dabei wird für jeden Kunden und Lieferanten ein Konto erstellt, in welches die Rechnungsbeträge und Zahlungen eingetragen werden. Da die einfache Buchführung den Anforderungen des § 238 I HGB nicht entspricht, hat sie heute nur noch für die Buchführung von Nichtkaufleuten praktische Bedeutung.

einfache und doppelte Buchführung

Kaufleute müssen nach dem System der doppelten Buchführung ihre Eintragungen vornehmen. Bei der doppelten Buchführung wird jeder Vorfall auf zwei Konten gebucht. Die doppelte Buchführung kennt außer dem Tagebuch und den Personenkonten ein Hauptbuch mit Sachkonten (z. B. Waren- und Darlehenskonten). Auf diesen Sachkonten muss jeder Geschäftsvorfall (mindestens) einmal im Haben des einen Sachkontos und einmal im Soll eines anderen Sachkontos gebucht werden.

doppelte Buchführung

Beispiel
Der Kaufmann verkauft Waren im Wert von 2000 € und gewährt dem Kunden ein Zahlungsziel von 30 Tagen. Durch diesen Geschäftsvorfall vermehren sich die Forderungen an den Kunden, während sich der Warenbestand um den gleichen Betrag verringert. Da Bestandsmehrungen im Soll und Bestandsminderungen im Haben gebucht werden, wird der Vorgang auf dem Kundenkonto im Soll, auf dem Warenkonto im Haben gebucht.

Die Buchführungspflicht wird durch die Pflicht zur Inventarerrichtung ergänzt.

Inventarerrichtung

§ 240 HGB – Inventar
(1) Jeder Kaufmann hat zu Beginn seines Handelsgewerbes seine Grundstücke, seine Forderungen und Schulden, den Betrag seines baren Geldes sowie seine sonstigen Vermögensgegenstände genau zu verzeichnen und dabei den Wert der einzelnen Vermögensgegenstände und Schulden anzugeben.

5

> (2) [S. 1, 2] Er hat demnächst für den Schluß eines jeden
> Geschäftsjahrs ein solches Inventar aufzustellen. Die Dauer des
> Geschäftsjahrs darf zwölf Monate nicht überschreiten. …

Das Inventar ist also nur ein Verzeichnis der Werte und Schulden des Kaufmanns. Die Bilanz dagegen gibt an, inwieweit das Unternehmen unter rein wirtschaftlichen Gesichtspunkten dem Kaufmann und inwieweit es seinen Gläubigern gehört.

Bilanz

> **§ 242 HGB – Pflicht zur Aufstellung**
> (1) Der Kaufmann hat zu Beginn seines Handelsgewerbes und für den Schluß eines jeden Geschäftsjahrs einen das Verhältnis seines Vermögens und seiner Schulden darstellenden Abschluß (Eröffnungsbilanz, Bilanz) aufzustellen. Auf die Eröffnungsbilanz sind die für den Jahresabschluß geltenden Vorschriften entsprechend anzuwenden, soweit sie sich auf die Bilanz beziehen.
>
> (2) Er hat für den Schluß eines jeden Geschäftsjahrs eine Gegenüberstellung der Aufwendungen und Erträge des Geschäftsjahrs (Gewinn- und Verlustrechnung) aufzustellen.
>
> (3) Die Bilanz und die Gewinn- und Verlustrechnung bilden den Jahresabschluß.
>
> (4) …

Während die linke Seite der Bilanz (Aktivseite) angibt, in welchen konkreten Werten das Vermögen angelegt ist, steht auf der rechten Seite (Passivseite), woher das Kapital stammt. Auf der Aktivseite wird also das unternehmerische Vermögen addiert und auf der Passivseite die Verbindlichkeiten.

Die Gewinn- und Verlustrechnung dient der Feststellung, ob in einem Geschäftsjahr ein Gewinn oder ein Verlust erwirtschaftet wurde. Dazu werden die Einnahmen und die Betriebsausgaben verglichen.

HGB sieht nur bei Kapitalgesellschaften Konsequenzen bei Verletzung der bilanzrechtlichen Pflichten vor.

Konsequenzen für den Fall, dass ein Kaufmann seine bilanzrechtlichen Pflichten verletzt, sieht das HGB nur für Kapitalgesellschaften in §§ 331 ff. HGB vor. Daneben gibt es aber noch Strafbestimmungen in der Abgabenordnung (§§ 370 I Nr. 1, 379 I Nr. 3 AO) und im Strafgesetzbuch (§ 283b StGB). § 283 b StGB findet aber nur dann Anwendung, wenn über das Vermögen des Kaufmanns ein Insolvenzverfahren eröffnet oder der Insolvenzantrag mangels Masse abgewiesen wurde.

Einige Vorgaben zur Bilanzierung, die zu den Grundsätzen ordnungsgemäßer Buchführung zählen, gibt der Gesetzgeber dem Kaufmann in den §§ 243 ff. HGB vor. Die wichtigsten Bestimmungen dabei sind:

§ 246 HGB – Vollständigkeit
(1) [S. 1] Der Jahresabschluß hat sämtliche Vermögensgegenstände, Schulden, Rechnungsabgrenzungsposten sowie Aufwendungen und Erträge zu enthalten, soweit gesetzlich nichts anderes bestimmt ist. ...

Zum Zwecke der periodengerechten Erfolgsermittlung werden Rechnungsabgrenzungsposten gebildet. Diese beziehen sich auf Zahlungen vor dem Abschlussstichtag für wirtschaftliche Gegenleistungen in späterer Zeit.

Rechnungsabgrenzungsposten

§ 250 HGB – Rechnungsabgrenzungsposten
(1) [S. 1] Als Rechnungsabgrenzungsposten sind auf der Aktivseite Ausgaben vor dem Abschlußstichtag auszuweisen, soweit sie Aufwand für eine bestimmte Zeit nach diesem Tag darstellen.

(2) Auf der Passivseite sind als Rechnungsabgrenzungsposten Einnahmen vor dem Abschlußstichtag auszuweisen, soweit sie Ertrag für eine bestimmte Zeit nach diesem Tag darstellen.

Beispiel
Ein Unternehmer erhält für ein vermietetes Gebäude im Dezember die Miete für den Januar des folgenden Jahres. In der Bilanz ist die Mietvorauszahlung als Rechnungsabgrenzungsposten auf der Passivseite auszuweisen.

§ 252 HGB – Allgemeine Bewertungsgrundsätze
(1) Bei der Bewertung der im Jahresabschluß ausgewiesenen Vermögensgegenstände und Schulden gilt insbesondere folgendes:
1. Die Wertansätze in der Eröffnungsbilanz des Geschäftsjahrs müssen mit denen der Schlußbilanz des vorhergehenden Geschäftsjahrs übereinstimmen.
2. Bei der Bewertung ist von der Fortführung der Unternehmenstätigkeit auszugehen, sofern dem nicht tatsächliche oder rechtliche Gegebenheiten entgegenstehen.
3. Die Vermögensgegenstände und Schulden sind zum Abschlußstichtag einzeln zu bewerten.

Allgemeine Bewertungsgrundsätze

5

> 4. Es ist vorsichtig zu bewerten, namentlich sind alle vorseh-
>   baren Risiken und Verluste, die bis zum Abschlußstichtag
>   entstanden sind, zu berücksichtigen, selbst wenn diese erst
>   zwischen dem Abschlußstichtag und dem Tag der Aufstel-
>   lung des Jahresabschlusses bekanntgeworden sind; Gewinne
>   sind nur zu berücksichtigen, wenn sie am Abschlußstichtag
>   realisiert sind.
> 5. Aufwendungen und Erträge des Geschäftsjahrs sind
>   unabhängig von den Zeitpunkten der entsprechenden
>   Zahlungen im Jahresabschluß zu berücksichtigen.
> 6. Die auf den vorhergehenden Jahresabschluss angewandten
>   Bewertungsmethoden sind beizubehalten.
>
> (2) ...

Aufbewahrungs-pflichten

Dem Kaufmann obliegt nach § 257 HGB eine Aufbewah-rungspflicht für bestimmte Unterlagen, so müssen z. B. Jah-resabschlüsse und Buchungsbelege zehn Jahre lang aufbe-wahrt werden (§ 257 IV HGB).

> **§ 257 HGB – Aufbewahrung von Unterlagen**
> (1) Jeder Kaufmann ist verpflichtet, die folgenden Unterlagen
> geordnet aufzubewahren:
> 1. Handelsbücher, Inventare, Eröffnungsbilanzen, Jahresab-
>   schlüsse, Einzelabschlüsse ..., Lageberichte, Konzernab-
>   schlüsse, Konzernlageberichte sowie die zu ihrem Verständnis
>   erforderlichen Arbeitsanweisungen und sonstigen Organisa-
>   tionsunterlagen,
> 2. die empfangenen Handelsbriefe,
> 3. Wiedergaben der abgesandten Handelsbriefe,
> 4. Belege für Buchungen in den von ihm nach § 238 Abs. 1 zu
>   führenden Büchern (Buchungsbelege).
>
> ...
>
> (4) Die in Abs. 1 Nr. 1 und 4 aufgeführten Unterlagen sind zehn
> Jahre, die sonstigen in Absatz 1 aufgeführten Unterlagen sechs
> Jahre aufzubewahren.

5.3 Vorschriften speziell für Kapitalgesellschaften

Bei Kapitalgesell-schaften ist ein Anhang erforderlich.

> **§ 264 HGB – Pflicht zur Aufstellung**
> (1) [S. 1, 3, 4] Die gesetzlichen Vertreter einer Kapitalgesellschaft
> haben den Jahresabschluß (§ 242 [HGB]) um einen Anhang zu
> erweitern, der mit der Bilanz und der Gewinn- und Verlustrech-
> nung eine Einheit bildet, sowie einen Lagebericht aufzustellen.

> … Der Jahresabschluß und der Lagebericht sind von den
> gesetzlichen Vertretern in den ersten drei Monaten des
> Geschäftsjahrs für das vergangene Geschäftsjahr aufzustellen.
> Kleine Kapitalgesellschaften (§ 267 Abs. 1 [HGB]) brauchen den
> Lagebericht nicht aufzustellen; sie dürfen den Jahresabschluß
> auch später aufstellen, wenn dies einem ordnungsgemäßen
> Geschäftsgang entspricht, jedoch innerhalb der ersten sechs
> Monate des Geschäftsjahres. …

Welchen Inhalt der Anhang haben muss, wird in den §§ 284 bis
288 HGB festgelegt. Die zentrale Norm ist dabei § 284 HGB.

> **§ 284 HGB – Erläuterungen der Bilanz und der Gewinn-
> und Verlustrechnung**
> (1) In den Anhang sind diejenigen Angaben aufzunehmen, die zu
> den einzelnen Posten der Bilanz oder der Gewinn- und Verlust-
> rechnung vorgeschrieben sind; sie sind in der Reihenfolge der
> einzelnen Posten der Bilanz und der Gewinn- und Verlustrech-
> nung darzustellen. Im Anhang sind auch die Angaben zu machen,
> die in Ausübung eines Wahlrechts nicht in die Bilanz oder in die
> Gewinn- und Verlustrechnung aufgenommen wurden.

Der Anhang enthält insbesondere Angaben über
- Abweichungen bei der Darstellungsform des Jahresabschlusses im Vergleich zum Vorjahr (§ 265 I HGB) und die
- angewandten Bilanzierungs- und Bewertungsmethoden
  (§ 284 II Nr. 1 HGB).

Die Aufgabe des Lageberichts wird in § 289 I HGB definiert.

> **§ 289 HGB – Lagebericht**
> (1) [S. 1, 2] Im Lagebericht sind der Geschäftsverlauf einschließ-
> lich des Geschäftsergebnisses und die Lage der Kapitalgesell-
> schaft so darzustellen, dass ein den tatsächlichen Verhältnissen
> entsprechendes Bild vermittelt wird. Er hat eine ausgewogene
> und umfassende, dem Umfang und der Komplexität der
> Geschäftstätigkeit entsprechende Analyse des Geschäftsverlaufs
> und der Lage der Gesellschaft zu enthalten. …

Sowohl der Jahresabschluss als auch der Lagebericht sind
beim Handelsregister einzureichen und können dann dort
von Dritten eingesehen werden.

Jahresabschluss muss
beim Handelsregister
hinterlegt werden

5

§ 325 HGB – Offenlegung

(1) Die Mitglieder des vertretungsberechtigten Organs von Kapitalgesellschaften haben für die Gesellschaft folgende Unterlagen in deutscher Sprache offenzulegen:

1. den festgestellten oder gebilligten Jahresabschluss, den Lagebericht und den Bestätigungsvermerk oder den Vermerk über dessen Versagung sowie
2. den Bericht des Aufsichtsrats und die nach § 161 des Aktiengesetzes vorgeschriebene Erklärung.

   Die Unterlagen sind elektronisch beim Betreiber des Bundesanzeigers in einer Form einzureichen, die ihre Bekanntmachung ermöglicht.

(1a) Die Unterlagen nach Absatz 1 Satz 1 sind spätestens ein Jahr nach dem Abschlussstichtag des Geschäftsjahrs einzureichen, auf das sie sich beziehen. Liegen die Unterlagen nach Absatz 1 Satz 1 Nummer 2 nicht innerhalb der Frist vor, sind sie unverzüglich nach ihrem Vorliegen nach Absatz 1 offenzulegen.

---

§ 266 HGB - Gliederung der Bilanz

(1) Die Bilanz ist in Kontoform aufzustellen. ...

(2) Eine Bilanz ist wie folgt aufgebaut:	(3) Passivseite
Aktiva (Mittelverwendung)	**Passiva (Mittelherkunft)**
A. Anlagevermögen:	A. Eigenkapital:
I. Immaterielle Vermögensgegenstände:...	I. Gezeichnetes Kapital;
II. Sachanlagen:...	II. Kapitalrücklage;
III. Finanzanlagen:...	III. Gewinnrücklagen:...
B. Umlaufvermögen:	IV. Gewinnvortrag/Verlustvortrag;
I. Vorräte:...	V. Jahresüberschuß/Jahresfehlbetrag.
II. Forderungen und sonstige Vermögensgegenstände:...	B. Rückstellungen:
III. Wertpapiere:...	1. Rückstellungen für Pensionen und ähnliche Verpflichtungen;
IV. Kassenbestand, Bundesbankguthaben, Guthaben bei Kreditinstituten und Schecks.	2. Steuerrückstellungen;
	3. sonstige Rückstellungen.
C. Rechnungsabgrenzungsposten. [§ 250 Abs. 1 HGB]	C. Verbindlichkeiten:...
D. Aktive latente Steuern.	D. Rechnungsabgrenzungsposten. [§ 250 Abs. 2 HGB]
E. Aktiver Unterschiedsbetrag aus der Vermögensverrechnung.	E. Passive latente Steuern.
[Bilanzsumme]	**[Bilanzsumme]**

◻ **Abb. 5.1**   Gliederung der Bilanz nach § 266 HGB

> **§ 275 HGB – Gliederung**
> (1) [S. 1] Die Gewinn- und Verlustrechnung ist in Staffelform nach dem Gesamtkostenverfahren oder dem Umsatzkostenverfahren aufzustellen.

> **§ 316 HGB – Pflicht zur Prüfung**
> (1) Der Jahresabschluß und der Lagebericht von Kapitalgesellschaften, die nicht kleine im Sinne des § 267 Abs. 1 HGB sind, sind durch einen Abschlußprüfer zu prüfen. Hat keine Prüfung stattgefunden, so kann der Jahresabschluß nicht festgestellt werden.

Abschlussbericht erforderlich bei Kapitalgesellschaften, außer bei kleinen

Der Abschlussprüfer wird von den Gesellschaftern gewählt (§ 318 I 1 HGB). Diese Wahl soll jeweils vor Ablauf des Geschäftsjahrs erfolgen, auf das sich die Prüfungstätigkeit erstreckt (§ 318 I 3 HGB). Der Abschlußprüfer hat nach Abschluß der Prüfung einen Prüfungsbericht vorzulegen, in dem darzulegen ist, ob die geprüften Unterlagen den gesetzlichen Vorschriften entsprechen (§ 321 HGB).

5.4 Zusammenhang zwischen handelsrechtlicher und steuerrechtlicher Rechnungslegungspflicht

Die handelsrechtliche Buchführungspflicht ist zugleich eine steuerrechtliche Buchführungspflicht. Dies ergibt sich aus § 140 Abgabenordnung (AO).

> **§ 140 AO – Buchführungs- und Aufzeichnungspflichten**
> Wer nach anderen Gesetzen als den Steuergesetzen Bücher und Aufzeichnungen zu führen hat, die für die Besteuerung von Bedeutung sind, hat die Verpflichtungen, die ihm nach den anderen Gesetzen obliegen, auch für die Besteuerung zu erfüllen.

Es gilt der Grundsatz der Maßgeblichkeit der Handelsbilanz für die Steuerbilanz. Mit den Grundsätzen der ordnungsgemäßen Buchführung konforme und steuerlich zulässige Wertansätze sind daher in die Steuerbilanz zu übernehmen.

Maßgeblichkeit der Handelsbilanz für die Steuerbilanz

5

> **§ 5 EStG – Gewinn bei Kaufleuten und bei bestimmten anderen Gewerbetreibenden**
> (1) Bei Gewerbetreibenden, die auf Grund gesetzlicher Vorschriften verpflichtet sind, Bücher zu führen und regelmäßig Abschlüsse zu machen, oder die ohne eine solche Verpflichtung Bücher führen und regelmäßig Abschlüsse machen, ist für den Schluss des Wirtschaftsjahres das Betriebsvermögen anzusetzen (§ 4 I 1 EStG), das nach den handelsrechtlichen Grundsätzen ordnungsmäßiger Buchführung auszuweisen ist, es sei denn, im Rahmen der Ausübung eines steuerrechtlichen Wahlrechts wird oder wurde ein anderer Ansatz gewählt.

Zu beachten ist, dass Kleingewerbetreibende, die nicht ins Handelsregister eingetragen sind und damit nicht den §§ 238 ff. HGB unterfallen, nach steuerrechtlichen Vorschriften (§ 141 AO) buchführungspflichtig sein können.

5.5 Internationalisierung der Rechnungslegung

Bei der Rechnungslegung im Konzern gibt es Besonderheiten. Der Konzernabschluss ist in §§ 297 ff. HGB geregelt. Er soll die dem Einzelabschluss eines (Konzern-)Mutterunternehmens anhaftenden Mängel kompensieren, indem er die Vermögens-, Finanz- und Ertragslage der einbezogenen Unternehmen so darstellt, als ob diese Unternehmen „insgesamt ein einziges Unternehmen wären" (§ 297 III 1 HGB).

Internationale Rechnungslegungsstandards bei Konzernabschlüssen

§ 315e I HGB befreit aber bestimmte Gesellschaften von der Anwendung deutscher handelsrechtlicher Grundsätze für den Konzernabschluss. Dies betrifft kapitalmarktorientierte Mutterunternehmen, das heißt solche Unternehmen, deren Wertpapiere an einem organisierten Markt gehandelt werden. Diese haben nach der „Verordnung (EG) Nr. 1606/2002 des Europäischen Parlaments und des Rates vom 19.07.2002 betreffend die Anwendung internationaler Rechnungslegungsstandards" ihren Konzernabschluss nach internationalen Rechnungslegungsstandards aufzustellen.

▶ https://www.ifrs.org

Diese internationalen Rechnungslegungsgrundsätze, auch „International Financial Reporting Standards (IFRS)" bezeichnet, werden vom „International Accounting Standards Board", einer nicht staatlichen Organisation mit Sitz in London, herausgegeben. Die 14 Mitglieder dieses Gremiums kommen aus den USA, Kanada, Großbritannien, Frankreich, Deutschland, der Schweiz, Südafrika, Japan und Australien

und repräsentieren verschiedene mit Fragen der Rechnungslegung befasste Berufszweige (insbesondere Bilanzierungsex-
perten aus großen Unternehmen, Wirtschaftsprüfer, Finanz-
analysten und Wissenschaftler). Die von diesem Gremium
beschlossenen Standards werden von der Europäischen
Kommission in Brüssel und den Vertretern der Mitgliedstaaten der Europäischen Union noch überprüft, bevor sie in
Kraft treten.

5.6 Wiederholungsfragen

? 1. Besteht für einen Kaufmann eine Buchführungspflicht, und wenn ja, worin besteht diese im Einzelnen? ▶ Abschn. 5.2

? 2. Was versteht man unter einfacher Buchführung?
▶ Abschn. 5.2

? 3. Was versteht man unter doppelter Buchführung?
▶ Abschn. 5.2

? 4. Was ist ein Inventar? ▶ Abschn. 5.2

? 5. Was versteht der Bilanzrechtler unter Aktiva und was
unter Passiva? ▶ Abschn. 5.2

? 6. Besteht für den Kaufmann die Pflicht, Geschäftsunter-
lagen aufzubewahren? ▶ Abschn. 5.2

? 7. Woraus setzt sich der Jahresabschluss zusammen?
▶ Abschn. 5.3

? 8. Welche Folgen zieht es nach sich, wenn ein Kaufmann
seiner Buchführungspflicht nicht nachkommt?
▶ Abschn. 5.2

? 9. Was versteht man unter Rechnungsabgrenzungsposten und wozu dienen sie? ▶ Abschn. 5.2

? 10. Welche Angaben enthält ein Anhang eines Jahresabschlusses? ▶ Abschn. 5.3

? 11. Was versteht man im Bilanzrecht unter einem
Lagebericht? ▶ Abschn. 5.3

? 12. Wie ist eine Bilanz gegliedert? ▶ Abschn. 5.3

? 13. Welche Funktion hat ein Abschlussprüfer?
       ▶ Abschn. 5.3

? 14. Können Sie mindestens drei allgemeine Bewertungs-
       grundsätze nennen? ▶ Abschn. 5.2

? 15. Welcher Zusammenhang besteht zwischen der
       handelsrechtlichen und der steuerrechtlichen
       Buchführungspflicht? ▶ Abschn. 5.4

5

Handelsgeschäfte

© Springer-Verlag GmbH Deutschland, ein Teil von Springer Nature 2019
J. Gruber, *Handelsrecht – Schnell erfasst*, Recht – schnell erfasst,
https://doi.org/10.1007/978-3-662-58348-7_6

6.1 Allgemeine Vorschriften über Handelsgeschäfte

Der Gesetzgeber geht davon aus, dass Kaufleute im Rechtsverkehr weniger schutzbedürftig sind als Verbraucher. Deshalb gibt es für Handelsgeschäfte eine Reihe von Spezialvorschriften.

☐ **Abb. 6.1**   Handelsgeschäft (Stefan Dinter)

6.1.1 Begriff des Handelsgeschäfts

Definition Handelsgeschäft

> **§ 343 HGB – Handelsgeschäft**
> Handelsgeschäfte sind alle Geschäfte eines Kaufmanns, die zum Betriebe seines Handelsgewerbes gehören.

Hinsichtlich der Frage, ob ein Handelsgeschäft vorliegt oder nicht, kommt es also nicht darauf an, ob nur ein Kaufmann solche Geschäfte abschließt oder ob das Geschäft eine besondere Sachkunde erfordert.

Beispiel
Eine Großbäckerei bestellt für ihr Büro Büromöbel. Obwohl ein solcher Kauf nur einmal getätigt wird und obwohl einem Bäckermeister nicht unterstellt werden kann, dass er über besondere Kenntnisse bezüglich der Möbelherstellung verfügt, liegt ein Handelsgeschäft vor.

Ausgenommen von dieser Definition sind jedoch die Privat-
geschäfte des Kaufmanns. Für Zweifelsfälle enthält § 344 HGB
eine gesetzliche Vermutung.

---

§ 344 HGB – Vermutung für das Handelsgeschäft

(1) Die von einem Kaufmanne vorgenommenen Rechtsgeschäfte
gelten im Zweifel als zum Betriebe seines Handelsgewerbes gehörig.

(2) Die von einem Kaufmanne gezeichneten Schuldscheine
gelten als im Betriebe seines Handelsgewerbes gezeichnet,
sofern nicht aus der Urkunde sich das Gegenteil ergibt.

gesetzliche Vermutung für das Handelsgeschäft

---

§ 344 I HGB stellt eine widerlegbare gesetzliche Vermutung
auf. Der Kaufmann kann diese Vermutung nur widerlegen,
wenn er beweist, dass die private Natur des Rechtsgeschäfts
für den Geschäftspartner erkennbar war.

Es gibt Geschäfte, bei denen nur eine Partei ein Kaufmann
ist und die damit nur für eine Partei – den Kaufmann – ein
Handelsgeschäft darstellen. Man spricht hier von einseitigen
Handelsgeschäften.

Bei einem einseitigen Handelsgeschäft ist nur eine Partei Kaufmann.

---

§ 345 HGB – Einseitige Handelsgeschäfte

Auf ein Rechtsgeschäft, das für einen der beiden Teile ein
Handelsgeschäft ist, kommen die Vorschriften über Handelsgeschäfte für beide Teile gleichmäßig zur Anwendung, soweit nicht
aus diesen Vorschriften sich ein anderes ergibt.

Es gilt die Regel, dass die handelsgeschäftlichen Sonderregelungen grundsätzlich auch für einseitige Handelsgeschäfte
gelten. Dabei finden die HGB-Vorschriften auch auf denjenigen Beteiligten Anwendung, der kein Kaufmann ist. Nur für
beiderseitige Handelsgeschäfte anwendbar sind die §§ 346,
352, 353, 369 bis 372, 377 HGB. Dies ergibt sich aus den entsprechenden Formulierungen im Gesetz.

Regelungen für einseitige Handelgeschäfte

(Auch) bei einseitigen Handelsgeschäften sind anwendbar:
- § 347 HGB: Sorgfaltspflichten
- § 348 HGB: Vertragsstrafe
- § 349 HGB: Keine Einrede der Vorausklage bei
  Bürgschaft
- § 350 HGB: Form der Bürgschaft
- § 354 HGB: Anspruch für Provision
- § 355 HGB: Kontokorrent
- § 366 HGB: Erwerb vom Nichtberechtigten
- §§ 373 bis 376 HGB: Handelskauf allgemein

Regelungen für beiderseitige Handelsgeschäfte

Nur bei beiderseitigen Handelsgeschäften sind anwendbar:
- § 346 HGB: Berücksichtigung von Handelsbräuchen
- § 352 I HGB: Gesetzliche Zinsen in Höhe von 5 % p.a.
- § 353 HGB: Fälligkeitszinsen
- §§ 369 bis 372 HGB: Zurückbehaltungsrecht
- § 377 HGB: Untersuchungs- und Rügeobliegenheit

6.1.2 Handelsbräuche und Sorgfaltspflichten

In einigen Bereichen des Handelsverkehrs haben sich besondere Bräuche herausgebildet, die bei der Auslegung von Handelsverträgen zu berücksichtigen sind.

> **§ 346 HGB – Handelsbräuche**
> Unter Kaufleuten ist in Ansehung der Bedeutung und Wirkung von Handlungen und Unterlassungen auf die im Handelsverkehr geltenden Gewohnheiten und Gebräuche Rücksicht zu nehmen.

Handelsbräuche setzen dauernde Übung voraus.

Handelsbräuche setzen eine dauernde Übung der beteiligten Verkehrskreise voraus. Sie stellen eine verpflichtende Regel dar, die auf einer gleichmäßigen, einheitlichen und freiwilligen Übung der beteiligten Kreise für vergleichbare Geschäftsvorfälle über einen angemessenen Zeitraum hinweg beruht und der eine einheitliche Auffassung der Beteiligten zugrunde liegt. Es kommt nicht darauf an, ob beide Vertragspartner Kenntnis vom dem jeweiligen Handelsbrauch hatten.

„Tegernseer Gebräuche"

Der wohl wichtigste Anwendungsbereich des § 346 HGB in der Rechtsprechung ist der Holzhandel. Dort haben sich im 19. Jahrhundert die „Tegernseer Gebräuche" herausgebildet, nach denen unter anderem die Haftung des Verkäufers für äußerlich nicht erkennbare Mängel von Rund- und Schnittholz auf den Fall des arglistigen Verschweigens des Mangels beschränkt wird. Die Gerichte prüfen in diesen Fällen daher nicht, ob der Mangel bei einer unverzüglich vorzunehmenden Probeverarbeitung hätte festgestellt werden können (zur insoweit nach den allgemeinen Regeln des HGB bestehenden Untersuchungsobliegenheit des Käufers siehe weiter unten). Ist der Käufer mit dieser Einschränkung seiner Rechte nicht einverstanden, hat er die Möglichkeit, in den Kaufvertrag eine Klausel aufzunehmen, dass die Tegernseer Gebräuche keine Anwendung finden sollen.

Ursprünglich auch ein Handelsbrauch, mittlerweile aber zum Gewohnheitsrecht erstarkt ist die „Lehre vom kaufmännischen Bestätigungsschreiben". Der Unterschied zwischen einem Handelsbrauch und dem Gewohnheitsrecht liegt im Prozessrecht: Der Handelsbrauch ist eine Tatsache, die im Prozess vorgetragen werden muss; da es bei der Frage nach dem Inhalt und dem Geltungsbereich eines Handelsbrauchs um Tatsachen geht, kann eine Entscheidung eines unterinstanzlichen Gerichts diesbezüglich nicht mehr mit der Revision vor dem Bundesgerichtshof angegriffen werden, da sich dieser bekanntlich (§§ 545, 546 ZPO) nur mit Rechtsfragen beschäftigt. Gewohnheitsrecht dagegen besteht aus ungeschriebenen Rechtsnormen, die sich durch langjährige Übung entwickelt haben und vom Gericht von Amts wegen zu berücksichtigen sind.

Nach der Lehre vom kaufmännischen Bestätigungsschreiben muss ein Kaufmann, der unmittelbar nach vorangegangenen Verhandlungen ein Schreiben erhält, das einen mündlichen Vertragsabschluss bestätigt und den wesentlichen Vertragsinhalt wiedergibt, dem Schreiben unverzüglich widersprechen, wenn er mit dem Inhalt des Schreibens nicht einverstanden ist. Widerspricht er nicht unverzüglich, so gilt der Inhalt des Schreibens als genehmigt und der Vertrag mit dem Inhalt des Bestätigungsschreibens geschlossen.

Lehre vom kaufmännischen Bestätigungsschreiben

Voraussetzungen dafür, dass ein kaufmännisches Bestätigungsschreiben bindend ist:

Prüfungsschema

- (Nur) mündlicher Vertragsabschluss.
- Beide Vertragspartner sind Kaufleute oder nehmen ähnlich einem Kaufmann am Geschäftsverkehr teil (z. B. Freiberufler wie Architekten und Rechtsanwälte oder kleingewerblich tätige, nicht in das Handelsregister eingetragene Immobilienmakler).
- Schriftliche Bestätigung des mündlich geschlossenen Vertrags mit einer Wiedergabe des (wesentlichen) Vertragsinhalts.
- Absendung des Bestätigungsschreibens zeitnah nach dem mündlichen Vertragsabschluss.
- Kein unverzüglicher Widerspruch des Empfängers.
- Keine Arglist des Absenders (der Inhalt des Bestätigungsschreibens darf den Vertragsinhalt nicht bewusst unwahr wiedergeben oder so stark vom Vereinbarten abweichen, dass ein Widerspruch unnötig erscheint).

Nach § 280 I BGB ist ein Schuldner zur Leistung von Schadenersatz verpflichtet, wenn er eine Pflicht aus einem Schuldverhältnis verletzt und diese Pflichtverletzung zu vertreten hat. Zu vertreten hat der Schuldner Vorsatz und Fahrlässigkeit (§ 276 I BGB), wobei fahrlässig handelt, wer die im

Sorgfaltspflichten des Kaufmanns

Verkehr erforderliche Sorgfalt außer Acht lässt (§ 276 II BGB). Der Sorgfaltsstandard für Kaufleute wird in § 347 HGB definiert.

> **§ 347 HGB – Sorgfaltspflichten**
> (1) Wer aus einem Geschäft, das auf seiner Seite ein Handelsgeschäft ist, einem anderen zur Sorgfalt verpflichtet ist, hat für die Sorgfalt eines ordentlichen Kaufmanns einzustehen.
>
> (2) …

§ 347 I HGB ist also keine Anspruchsgrundlage, sondern betont nur, dass im Rahmen der Fahrlässigkeitsprüfung bei Schadenersatzansprüchen aufgrund sonstiger Normen die „im Verkehr erforderliche Sorgfalt" nach § 276 II BGB sich nach der eines „ordentlichen Kaufmanns" richtet.

6.1.3 Abweichungen gegenüber den BGB-Regelungen

Besonderheiten bei Vertragsstrafen

Gelegentlich enthalten Verträge Bestimmungen, wonach immer dann, wenn eine Partei sich in einer gewissen Weise verhält, diese Partei der anderen eine Vertragsstrafe zahlen muss. Bei Verträgen zwischen Privatleuten kann diese Vertragsstrafe durch ein Gerichtsurteil herabgesetzt werden, wenn sie unverhältnismäßig hoch ist (§ 343 I 1 BGB). Diese Möglichkeit gewährt man dem Kaufmann nicht, da man ihm unterstellt, bereits bei Vertragsabschluss die Auswirkungen einer solchen Vertragsstrafeklausel beurteilen zu können.

> **§ 348 HGB – Vertragsstrafe**
> Eine Vertragsstrafe, die von einem Kaufmann im Betriebe seines Handelsgewerbes versprochen ist, kann nicht auf Grund der Vorschrift des § 343 des Bürgerlichen Gesetzbuchs herabgesetzt werden.

Vertragsstrafeklauseln in AGB

Allerdings verschwimmt dieser Unterschied zwischen der Behandlung von Kaufleuten und Privaten in denjenigen Fällen, in welchen sich die Vertragsstrafeklausel in den Allgemeinen Geschäftsbedingungen (AGB) findet. Nach ständiger Rechtsprechung des BGH steht die Sonderbestimmung des § 348 HGB der richterlichen Inhaltskontrolle vorformulierter Vertragsstrafeklauseln gemäß §§ 307 I, 310 I 2 BGB nicht entgegen

(BGH, Urteil v. 18.09.1997 – I ZR 71/95, NJW 1998, 1144). Die Vertragsstrafeklausel darf daher den Vertragspartner des AGB-Verwenders nicht entgegen Treu und Glauben unangemessen benachteiligen; auf die im Handelsverkehr geltenden Gewohnheiten und Gebräuche ist bei dieser Prüfung angemessen Rücksicht zu nehmen.

Weitere Besonderheiten bestehen bei der Bürgschaft. Diese ist in den §§ 765 ff. BGB geregelt. Nach § 771 BGB kann der Bürge die Befriedigung des Gläubigers verweigern, solange nicht der Gläubiger eine Zwangsvollstreckung gegen den Hauptschuldner ohne Erfolg versucht hat (sogenannte Einrede der Vorausklage). Dieses Recht steht dem Kaufmann nicht zu.

Besonderheiten bei der Bürgschaft

> **§ 349 HGB – Keine Einrede der Vorausklage des Bürgen**
> Dem Bürgen steht, wenn die Bürgschaft für ihn ein Handelsgeschäft ist, die Einrede der Vorausklage nicht zu. Das gleiche gilt unter der bezeichneten Voraussetzung für denjenigen, welcher aus einem Kreditauftrag als Bürge haftet.

Ähnliche Sondervorschriften gibt es für die Form einer Bürgschaft. Der Bürgschaftsvertrag muss nach dem BGB – ebenso wie ein Schuldversprechen oder ein Schuldanerkenntnis – schriftlich abgeschlossen werden; die elektronische Form ist jeweils ausgeschlossen (§ 766 S. 1, 2; § 780; § 781 S. 1, 2 BGB). Diese Schriftform ist im Handelsrecht kein Wirksamkeitserfordernis.

> **§ 350 HGB – Form der Bürgschaft oder eines Schuldversprechens**
> Auf eine Bürgschaft, ein Schuldversprechen oder ein Schuldanerkenntnis finden, sofern die Bürgschaft auf der Seite des Bürgen, das Versprechen oder das Anerkenntnis auf der Seite des Schuldners ein Handelsgeschäft ist, die Formvorschriften des § 766 Satz 1 und 2, des § 780 und des § 781 Satz 1 und 2 des Bürgerlichen Gesetzbuchs keine Anwendung.

Eine weitere Besonderheit im Handelsrecht ist die Höhe der gesetzlichen Zinsen. Nach § 246 BGB beträgt der gesetzliche Zinssatz 4 %. Bei beiderseitigen Handelsgeschäften gewährt der Gesetzgeber seit Inkrafttreten des HGB 5 % Zins, da davon ausgegangen wurde, dass Geld in den Händen eines Kaufmanns höhere Erträge bringt als in den Händen eines Nichtkaufmanns.

gesetzliche Zinsen

6

> **§ 352 HGB – Höhe der gesetzlichen Zinsen**
> (1) [S. 1]: Die Höhe der gesetzlichen Zinsen, mit Ausnahme der Verzugszinsen, ist bei beiderseitigen Handelsgeschäften fünf vom Hundert für das Jahr.

Verzugszinsen

Dieser Zinssatz gilt jedoch nicht für Verzugszinsen. Durch eine Gesetzesänderung, die am 01.05.2000 in Kraft trat, wurden die Verzugszinsen ausdrücklich von dieser Bestimmung ausgenommen. Insoweit gelten die allgemeinen Bestimmungen des BGB. Dieses gewährt Verzugszinsen mit einem Zinssatz in Höhe von fünf Prozentpunkten über dem Basiszinssatz, sofern an dem Rechtsgeschäft ein Verbraucher beteiligt ist (§ 288 I BGB), und in Höhe von neun Prozentpunkten über dem Basiszinssatz, sofern an dem Rechtsgeschäft kein Verbraucher beteiligt ist (§ 288 II BGB). Bezugsgröße ist hier also jeweils der Basiszinssatz.

> **§ 288 BGB – Verzugszinsen und sonstiger Verzugsschaden**
> (1) Eine Geldschuld ist während des Verzugs zu verzinsen. Der Verzugszinssatz beträgt für das Jahr fünf Prozentpunkte über dem Basiszinssatz.
>
> (2) Bei Rechtsgeschäften, an denen ein Verbraucher nicht beteiligt ist, beträgt der Zinssatz für Entgeltforderungen neun Prozentpunkte über dem Basiszinssatz.
>
> …
>
> (4) Die Geltendmachung eines weiteren Schadens ist nicht ausgeschlossen.
>
> (5) Der Gläubiger einer Entgeltforderung hat bei Verzug des Schuldners, wenn dieser kein Verbraucher ist, außerdem einen Anspruch auf Zahlung einer Pauschale in Höhe von 40 €. …

> **§ 247 BGB – Basiszinssatz**
> (1) Der Basiszinssatz beträgt 3,62 Prozent. Er verändert sich zum 1. Januar und 1. Juli eines jeden Jahres um die Prozentpunkte, um welche die Bezugsgröße seit der letzten Veränderung des Basiszinssatzes gestiegen oder gefallen ist. Bezugsgröße ist der Zinssatz für die jüngste Hauptrefinanzierungsoperation der Europäischen Zentralbank vor dem ersten Kalendertag des betreffenden Halbjahrs.
>
> (2) Die Deutsche Bundesbank gibt den geltenden Basiszinssatz unverzüglich nach den in Abs. 1 Satz 2 genannten Zeitpunkten im Bundesanzeiger bekannt.

Der Basiszinssatz ist aufgrund der Zinspolitik der Europäischen Zentralbank seit dem 01.01.2013 negativ; für den Zeitraum vom 01.01.2018 bis zum 01.07.2018 betrug er z. B. −0,88 %. Bei Rechtsgeschäften zwischen Unternehmern betrug in diesem Zeitraum der Verzugszins daher (9 % + −0,88 % =) 8,12 %. Allerdings sind bei Verzug nicht nur Verzugszinsen zu zahlen; hinzu kommt die Pauschale in Höhe von 40 € nach § 288 V 1 BGB.

Auch für den Beginn der Zinspflicht gibt es im Handelsrecht eine Sonderregelung. Nach dem BGB ist eine Geldschuld nur während des Verzugs zu verzinsen (§ 288 I 1 BGB). Verzug setzt im Regelfall eine Mahnung voraus (§ 286 I BGB). Automatisch tritt er erst 30 Tage nach Fälligkeit und Zugang einer Zahlungsaufforderung ein (§ 286 III 1 BGB).

> **§ 286 BGB – Verzug des Schuldners**
> (1) Leistet der Schuldner auf eine Mahnung des Gläubigers nicht, die nach dem Eintritt der Fälligkeit erfolgt, so kommt er durch die Mahnung in Verzug. Der Mahnung stehen die Erhebung der Klage auf die Leistung sowie die Zustellung eines Mahnbescheids im Mahnverfahren gleich.
>
> ...
>
> (3) [S. 1] Der Schuldner einer Entgeltforderung kommt spätestens in Verzug, wenn er nicht innerhalb von 30 Tagen nach Fälligkeit und Zugang einer Rechnung oder gleichwertigen Zahlungsaufstellung leistet; dies gilt gegenüber einem Schuldner, der Verbraucher ist, nur, wenn er auf diese Folgen in der Rechnung oder Zahlungsaufstellung besonders hingewiesen worden ist. ...

Im Handelsrecht beginnt die Zinspflicht dagegen früher, nämlich schon mit der Fälligkeit der Forderung. Fälligkeitszinsen gewährt das BGB nur beim Werkvertrag (§ 641 IV BGB), das HGB dagegen für alle Arten von Forderungen (§ 353 HGB).

> **§ 353 HGB – Zinsen vom Tag der Fälligkeit an**
> Kaufleute untereinander sind berechtigt, für ihre Forderungen aus beiderseitigen Handelsgeschäften vom Tage der Fälligkeit an Zinsen zu fordern. Zinsen von Zinsen können auf Grund dieser Vorschrift nicht gefordert werden.

Marginalien:

Basiszinssatz, siehe
► https://bundesbank.de

Beginn der Zinspflicht

Fälligkeitszinsen

Sofern nicht eine gegenteilige Vereinbarung oder ein Handelsbrauch (§ 346 HGB) vorliegt, ist eine Forderung sofort fällig (§ 271 I BGB).

Beispiel

Kaufmann Karl Klose ordert bei der Viktor KG Maschinen für 10.000 €. Diese werden am 04.02.2018 geliefert. Der Lieferung ist eine Rechnung beigefügt, in der jedoch keine Zahlungsfrist angegeben wird. Am 15.04.2018 zahlt Karl Klose 10.000 €, ohne dass er vorher gemahnt worden ist. Die Viktor KG überlegt, ob sie einen Zinsanspruch geltend machen kann.

Die Voraussetzungen des § 286 I, II BGB liegen nicht vor. Karl Klose kam jedoch nach § 286 III BGB mit Ablauf des 30. Tages nach Zugang der Rechnung in Verzug. Nach § 187 I BGB wird beim Fristbeginn der Tag nicht mitgerechnet, in den das Ereignis fällt. Die 30-Tages-Frist beginnt also mit dem 05.02.2018. Sie endet mit dem Ablauf des letzten Tages der Frist (§ 188 I BGB), also am 06.03.2018. Verzugsbeginn war somit der 07.03.2018. Für die Zeit vom 07.03.2018 bis zum 15.04.2018 muss Karl Klose daher Verzugszinsen nach §§ 288 II, 247 BGB in Höhe von 9 % +−0,88 % = 8,12 % (im Zeitraum vom 01.01.2018 bis 30.06.2018 ist der Basiszinssatz negativ und beträgt −0,88 %) zahlen.

Mit Lieferung und Rechnungsstellung war der Zahlungsanspruch fällig. Für den Zeitraum vom 04.02.2018 bis zum 06.03.2018 gewährt § 353 HGB der Viktor KG folglich einen Zinsanspruch. Diese Fälligkeitszinsen betragen allerdings nur 5 % (§ 352 HGB).

Die Viktor KG hat somit einen Anspruch auf 5 % Zinsen auf die Kaufsumme für die Zeit vom 04.02.2018 bis zum 06.03.2018 und von 8,12 % vom 07.03.2018 bis zum 15.04.2018. Hat sie einen weitergehenden Schaden, so kann sie diesen nach § 288 IV BGB geltend machen.

> **§ 354 HGB – Provision und Lagergeld**
>
> (1) Wer in Ausübung eines Handelsgewerbes einem anderen Geschäfte besorgt oder Dienste leistet, kann dafür auch ohne Verabredung Provision und, wenn es sich um Aufbewahrung handelt, Lagergeld nach den an dem Orte üblichen Sätzen fordern.
>
> (2) Für Darlehen, Vorschüsse, Auslagen und andere Verwendungen kann er vom Tage der Leistung an Zinsen berechnen.

Diese Vorschrift entspricht der gesetzlichen Vermutung im BGB, nach der bei einem Dienst-, Werk- und Mäklervertrag eine Vergütung stets als stillschweigend vereinbart gilt (§§ 612, 632, 653 BGB).

Der Gesetzgeber räumt Kaufleuten die Möglichkeit ein, trotz entgegenstehender Vereinbarung Forderungen aus Warenlieferungen oder Dienstleistungen zum Zwecke der Kreditsicherung gegenüber Kreditinstituten zu verwenden. In diesem Fall verdrängt § 354a HGB die allgemeine Bestimmung des § 399 BGB, nach der eine Forderung nicht abgetreten werden kann, wenn die Abtretung durch Vereinbarung mit dem Schuldner ausgeschlossen ist.

Abtretung von Forderungen

---

§ 354a HGB – Wirksamkeit der Abtretung

[S. 1] Ist die Abtretung einer Geldforderung durch Vereinbarung mit dem Schuldner … ausgeschlossen und ist das Rechtsgeschäft, das diese Forderung begründet hat, für beide Teile ein Handelsgeschäft, … so ist die Abtretung gleichwohl wirksam.

[S. 3] Abweichende Vereinbarungen sind unwirksam.

Eine Besonderheit des Handelsrechts, die keine Entsprechung im BGB hat, ist das Kontokorrent. Das Kontokorrent setzt eine Vereinbarung zwischen den Parteien voraus, von denen mindestens eine Partei Kaufmann sein muss. Durch das Kontokorrent werden gegenseitige Ansprüche verrechnet und zu einem bestimmten Zeitpunkt wird ein Saldo gebildet.

Beim Kontokorrent werden gegenseitige Ansprüche verrechnet.

---

§ 355 HGB – Kontokorrent

(1) Steht jemand mit einem Kaufmanne derart in Geschäftsverbindung, daß die aus der Verbindung entspringenden beiderseitigen Ansprüche und Leistungen nebst Zinsen in Rechnung gestellt und in regelmäßigen Zeitabschnitten durch Verrechnung und Feststellung des für den einen oder anderen Teil sich ergebenden Überschusses ausgeglichen werden (laufende Rechnung, Kontokorrent), so kann derjenige, welchem bei dem Rechnungsabschluß ein Überschuß gebührt, von dem Tage des Abschlusses an Zinsen von dem Überschuß verlangen, auch soweit in der Rechnung Zinsen enthalten sind. …

Beispiel

Besondere Bedeutung hat das Kontokorrent im Bankgeschäft. Der wichtigste Anwendungsfall des Kontokorrents ist das Girokonto. So heißt es in Nr. 7 I der Allgemeinen Geschäftsbedingungen (AGB) der Sparkassen: „Die Sparkasse führt ein Konto zur Abwicklung des laufenden Geschäfts- und Zahlungsverkehrs

Beim Girokonto besteht ein Kontokorrentverhältnis.

(Girokonto) als Kontokorrent im Sinne des § 355 HGB (Konto in laufender Rechnung)." Diese AGB werden allerdings nur durch eine entsprechende Vereinbarung zwischen den Parteien Vertragsbestandteil (§ 305 II BGB); eine solche liegt in der Praxis regelmäßig vor. Beim Girokonto werden daher Einzahlungen und Auszahlungen gegeneinander verrechnet und dann wird – in der Regel zum Ende eines Kalendervierteljahres – ein Saldo gebildet.

Mit Einstellung in das Kontokorrent verlieren die Ansprüche ihre Eigenständigkeit. Der Gläubiger kann dann über die Einzelforderungen nicht mehr verfügen. Sie können weder an Dritte abgetreten (§ 399 BGB) noch verpfändet (§ 1274 BGB) werden, auch eine Aufrechnung mit oder gegen sie ist nicht mehr möglich (§ 394 BGB). Die in der Praxis wichtigste Rechtsfolge des Verlustes der Eigenständigkeit der Ansprüche ist der Umstand, dass Gläubiger Einzelforderungen nicht mehr pfänden können (§ 357 HGB in Verbindung mit § 851 ZPO).

Beispiel

Gustav Gernegross unterhält bei der Sparkasse ein Konto, das ein Soll von 10.000 € aufweist. Wenn nun eine Zahlung von 6000 € auf dem Konto eingeht, können die Gläubiger des Gustav Gernegross dessen Forderung von 6000 € gegen die Sparkasse nicht pfänden lassen.

Will ein Kontoinhaber vermeiden, dass sein Kontostand durch die Verrechnung unter die Pfändungsfreigrenze des § 850c ZPO gerät, muss er bei seinem Kreditinstitut sein Konto in ein sogenanntes Pfändungsschutzkonto nach § 850k ZPO umwandeln lassen.

Leistung nur während der gewöhnlichen Geschäftszeit

> **§ 358 HGB – Leistung während der gewöhnlichen Geschäftszeit**
> Bei Handelsgeschäften kann die Leistung nur während der gewöhnlichen Geschäftszeit bewirkt und gefordert werden.

Während das BGB in § 271 für den Fall, dass eine Leistungszeit nicht bestimmt wurde, nur allgemein sagt, dass der Gläubiger die Leistung dann sofort verlangen und der Schuldner sie sofort bewirken kann, präzisiert § 358 HGB die aus dem Grundsatz von Treu und Glauben folgende Einschränkung bei der Leistungszeit.

§ 362 HGB – Schweigen des Kaufmanns
(1) Geht einem Kaufmanne, dessen Gewerbebetrieb die Besorgung von Geschäften für andere mit sich bringt, ein Antrag über die Besorgung solcher Geschäfte von jemand zu, mit dem er in Geschäftsverbindung steht, so ist er verpflichtet, unverzüglich zu antworten; sein Schweigen gilt als Annahme des Antrags. Das gleiche gilt, wenn einem Kaufmann ein Antrag über die Besorgung von Geschäften von jemand zugeht, dem gegenüber er sich zur Besorgung solcher Geschäfte erboten hat.

Schweigen kann Annahmeerklärung ersetzen

Dies ist eine Sonderregelung für das Dienstleistungsgewerbe. Während im allgemeinen Zivilrecht nach § 151 BGB Schweigen nur dann als Annahme gilt, wenn nach der Verkehrssitte eine ausdrückliche Annahmeerklärung nicht zu erwarten ist oder der Antragende auf sie verzichtet hat, wird in § 362 HGB der Grundsatz aufgestellt, dass unter den dort genannten Voraussetzungen Schweigen immer eine Antragsannahme ist. „Erbieten" in dieser Vorschrift heißt, dass der Kaufmann den Antragenden zur Abgabe eines Antrags aufgefordert oder dies zumindest angeregt hat.

Sonderregel für Dienstleistungsgewerbe

§ 366 HGB – Gutglaubensschutz
(1) Veräußert oder verpfändet ein Kaufmann im Betriebe seines Handelsgewerbes eine ihm nicht gehörige bewegliche Sache, so finden die Vorschriften des Bürgerlichen Gesetzbuchs zugunsten derjenigen, welche Rechte von einem Nichtberechtigten herleiten, auch dann Anwendung, wenn der gute Glaube des Erwerbers die Befugnis des Veräußerers oder Verpfänders, über die Sache für den Eigentümer zu verfügen, betrifft.

gutgläubiger Erwerb

Im BGB ist der gutgläubige Erwerb in den §§ 932 bis 934 geregelt. Nach diesen Vorschriften kann der Gutgläubige Eigentum auch dann erwerben, wenn die Sache nicht dem Veräußerer gehört. Entsprechendes gilt für den gutgläubigen Erwerb des Pfandrechts (§ 1207 BGB). In § 366 I HGB wird darüber hinausgehend sogar der gute Glaube an die Verfügungsbefugnis geschützt.

Beispiel
Berta Babinski kauft für ihre Tochter Tina von der Kinderklamotten-GmbH eine Kinderhose für 30 €. Der Geschäftsführer Gero der GmbH hat diese Hose von seinem Bekannten Bernie geliehen. Eine Ermächtigung zum Verkauf hat Bernie nicht erteilt; er ging davon aus, dass die Tochter von Gero die Hose eine Woche lang tragen möchte.

Fallvariante a)
Berta glaubt, die GmbH sei Eigentümerin der Hose. In diesem Fall wird sie nach § 932 BGB Eigentümerin der Hose; § 366 HGB kommt hier nicht zur Anwendung.

Fallvariante b)
Berta weiß, dass die Hose Bernie gehört, glaubt jedoch, dass dieser die GmbH ermächtigt hat, die Hose im eigenen Namen zu veräußern. Da hier Bertas guter Glaube an die Verfügungsbefugnis nach §§ 344, 366 I HGB geschützt ist, wird sie nach § 932 I BGB, § 366 HGB Eigentümerin der Hose.

§ 366 HGB verweist auf die §§ 932 ff. BGB insgesamt, und damit auch auf § 935 BGB. Nach § 935 I BGB ist ein gutgläubiger Erwerb ausgeschlossen, wenn die Sache dem Eigentümer gestohlen wurde. Wäre im Ausgangsfall die Hose Bernie gestohlen worden, könnte Berta nicht gutgläubig Eigentum daran erwerben.

Prüfungsschema

Prüfungsschema für den gutgläubigen Erwerb nach § 366 HGB
- Der Verkäufer muss Kaufmann sein.
- Gegenstand des Kaufs ist eine bewegliche Sache.
- Der Verkäufer verkauft den Gegenstand im Rahmen seines Handelsgewerbes (siehe dazu § 344 HGB).
- Der Kaufgegenstand gehört dem Verkäufer nicht.
- Der Käufer kennt die wahre Eigentumslage.
- Der Verkäufer ist nicht verfügungsbefugt.
- Der Käufer glaubt an die Verfügungsbefugnis des Verkäufers.
- Dieser Irrtum über die Verfügungsmacht darf nicht auf grober Fahrlässigkeit beruhen (siehe dazu § 366 HGB in Verbindung mit § 932 II BGB).
- Die verkaufte Sache wurde dem Eigentümer nicht gestohlen.

Kaufmännisches Zurückbehaltungsrecht bei beiderseitigen Handelsgeschäften

> **§ 369 HGB – Kaufmännisches Zurückbehaltungsrecht**
> (1) [S. 1] Ein Kaufmann hat wegen der fälligen Forderungen, welche ihm gegen einen anderen Kaufmann aus den zwischen ihnen geschlossenen beiderseitigen Handelsgeschäften zustehen, ein Zurückbehaltungsrecht an den beweglichen Sachen und Wertpapieren des Schuldners, welche mit dessen Willen auf Grund von Handelsgeschäften in seinen Besitze gelangt sind, sofern er sie noch im Besitz hat, insbesondere mittels Konnossements, Ladescheins oder Lagerscheins darüber verfügen kann. …

§ 273 BGB gewährt dem Schuldner das Recht, die Leistung zu verweigern, wenn er aus demselben rechtlichen Anspruch, auf dem seine Verpflichtung beruht, gegen den Gläubiger einen fälligen (Gegen-)Anspruch hat. Über diese allgemeine Vorschrift geht § 369 HGB hinaus: Bei beiderseitigen Handelsgeschäften kann der Schuldner ein Zurückbehaltungsrecht auch dann geltend machen, wenn sein Gegenanspruch auf einem anderen Rechtsverhältnis beruht als die Forderung, die sich gegen ihn richtet.

6.2 Einzelne Handelsgeschäfte

6.2.1 Handelskauf

Für den Handelskauf finden sich Sondervorschriften in den §§ 373 bis 381 HGB. Als Gegenstände des Handelskaufs kommen – wie sich aus § 381 I HGB ergibt – nur Waren und Wertpapiere in Betracht. Nicht unter diese speziellen Regelungen für den Handelskauf fallen somit z. B. Verträge über Grundstücke oder Rechte.

> **§ 373 HGB – Annahmeverzug**
> (1) Ist der Käufer mit der Annahme der Ware im Verzug, so kann der Verkäufer die Ware auf Gefahr und Kosten des Käufers in einem öffentlichen Lagerhaus oder sonst in sicherer Weise hinterlegen.
>
> (2) Er ist ferner befugt, nach vorgängiger Androhung die Ware öffentlich versteigern zu lassen; …

Ob Annahmeverzug vorliegt und welche Rechtswirkungen dieser hat, bestimmt sich nach den §§ 293 bis 304 BGB.

Annahmeverzug

> **§ 293 BGB – Annahmeverzug**
> Der Gläubiger kommt in Verzug, wenn er die ihm angebotene Leistung nicht annimmt.

> **§ 304 BGB – Ersatz von Mehraufwendungen**
> Der Schuldner kann im Falle des Verzugs des Gläubigers Ersatz der Mehraufwendungen verlangen, die er für das erfolglose Angebot sowie für die Aufbewahrung und Erhaltung des geschuldeten Gegenstands machen musste.

6

§ 373 HGB erweitert die Rechte des Schuldners im Falle des Annahmeverzugs des Gläubigers, indem er ihm ein weitgehendes Recht zur Hinterlegung einräumt. Zwar kennt auch das BGB in den §§ 372 bis 386 BGB das Institut der Hinterlegung.

---

§ 372 BGB – Voraussetzungen
[S. 1] Geld, Wertpapiere oder sonstige Urkunden sowie Kostbarkeiten kann der Schuldner bei einer dazu bestimmten öffentlichen Stelle für den Gläubiger hinterlegen, wenn der Gläubiger im Verzug der Annahme ist.

Das HGB geht aber über die BGB-Regelung in zweifacher Weise hinaus:

- Nach § 372 BGB dürfen Geld, Wertpapiere und sonstige Urkunden sowie Kostbarkeiten hinterlegt werden, nach § 373 I HGB, der neben den BGB-Regelungen Anwendung findet und diese nicht ausschließt, dürfen Waren hinterlegt werden.
- Nach § 372 BGB hat die Hinterlegung bei einer dazu bestimmten öffentlichen Stelle zu erfolgen. Dagegen kann nach § 373 I HGB die Hinterlegung auch in einem öffentlichen Lagerhaus oder sonst in sicherer Weise erfolgen.

Bestimmungskauf (Spezifikationskauf): Der Käufer bestimmt den Kaufgegenstand.

Ferner enthält das HGB in § 375 eine spezielle Regelung für den Bestimmungskauf (auch Spezifikationskauf genannt). Diese Vorschrift ergänzt die §§ 315 bis 319 BGB, welche sich mit den einseitigen Leistungsbestimmungsrechten befassen.

---

§ 315 BGB – Bestimmung der Leistung durch eine Partei
(1) Soll die Leistung durch einen der Vertragsschließenden bestimmt werden, so ist im Zweifel anzunehmen, dass die Bestimmung nach billigem Ermessen zu treffen ist.

(2) Die Bestimmung erfolgt durch Erklärung gegenüber dem anderen Teil.

---

§ 375 HGB – Bestimmungskauf
(1) Ist bei dem Kaufe einer beweglichen Sache dem Käufer die nähere Bestimmung über Form, Maß oder ähnliche Verhältnisse vorbehalten, so ist der Käufer verpflichtet, die vorbehaltene Bestimmung zu treffen.

> (2) Ist der Käufer mit der Erfüllung dieser Verpflichtung im Verzug, so kann der Verkäufer die Bestimmung statt des Käufers vornehmen oder gemäß den §§ 280, 281 des Bürgerlichen Gesetzbuchs Schadensersatz statt der Leistung verlangen oder gemäß § 323 des Bürgerlichen Gesetzbuchs vom Vertrag zurücktreten. Im ersteren Falle hat der Verkäufer die von ihm getroffene Bestimmung dem Käufer mitzuteilen und ihm zugleich eine angemessene Frist zur Vornahme einer anderweitigen Bestimmung zu setzen. Wird eine solche innerhalb der Frist von dem Käufer nicht vorgenommen, so ist die von dem Verkäufer getroffene Bestimmung maßgebend.

Die Bestimmung des Kaufgegenstandes ist beim Bestimmungskauf nach dem HGB eine Pflicht des Käufers. Verletzt der Käufer diese Pflicht, hat der Verkäufer wahlweise folgende Rechte:

- Ist der Käufer mit der Erfüllung der Verpflichtung zur Bestimmung im Verzug, kann der Verkäufer die Bestimmung selbst vornehmen. Diese Bestimmung wird jedoch erst wirksam, wenn der Verkäufer sie dem Käufer mitgeteilt und ihm eine angemessene Frist zur Stellungnahme gewährt hat und der Käufer sich innerhalb dieser Frist nicht geäußert hat. Zusätzlich kann der Verkäufer einen eventuellen Verzugsschaden gemäß §§ 280 II, 286 BGB geltend machen.
- Der Verkäufer kann Schadensersatz statt der Leistung verlangen, wenn er dem Schuldner zuvor eine angemessene Frist zur Leistung gesetzt hat (§§ 280 I, III, 281 BGB). Durch den Ersatz dieses Nichterfüllungsschadens soll der Verkäufer so gestellt werden, wie er stehen würde, wenn der Schuldner den Vertrag ordnungsgemäß erfüllt hätte.
- Der Verkäufer kann vom Vertrag zurücktreten (§ 323 BGB). Ein Rücktritt wegen nicht oder nicht vertragsgemäß erbrachter Leistung nach § 323 BGB setzt grundsätzlich voraus, dass dem Schuldner zuvor eine angemessene Frist zur Leistung gesetzt wurde. Im Falle des Rücktritts sind die empfangenen Leistungen zurückzugewähren und die gezogenen Nutzungen herauszugeben (§ 346 I BGB).

Eine weitere handelsrechtliche Spezialvorschrift betrifft das Fixgeschäft.

6

Fixgeschäft bedeutet, dass die Leistung des einen Teils genau zu einer bestimmten Zeit zu bewirken ist.

> **§ 376 HGB – Fixgeschäft**
>
> (1) Ist bedungen, daß die Leistung des einen Teiles genau zu einer festbestimmten Zeit oder innerhalb einer festbestimmten Frist bewirkt werden soll, so kann der andere Teil, wenn die Leistung nicht zu der bestimmten Zeit oder nicht innerhalb der bestimmten Frist erfolgt, von dem Vertrage zurücktreten oder, falls der Schuldner im Verzug ist, statt der Erfüllung Schadensersatz wegen Nichterfüllung verlangen. Erfüllung kann er nur beanspruchen, wenn er sofort nach dem Ablaufe der Zeit oder der Frist dem Gegner anzeigt, daß er auf Erfüllung bestehe.

§ 376 HGB regelt das so genannte Fixgeschäft. Die Bindung des Erfüllungsinteresses an die Einhaltung eines bestimmten Termins muss sich aus dem Wortlaut oder aus den objektiven Umständen des Vertrags ergeben. Diese Regelung entspricht der in § 323 I Nr. 2 BGB. Nach § 323 I BGB kann der Gläubiger vom Vertrag zurücktreten, wenn der Schuldner eine fällige Leistung nicht erbringt und der Gläubiger dem Schuldner erfolglos eine angemessene Frist zur Leistung oder Nacherfüllung bestimmt hat. Die Fristsetzung ist nach § 323 II Nr. 2 BGB allerdings entbehrlich, wenn der Schuldner die Leistung zu einem im Vertrag bestimmten Termin oder innerhalb einer bestimmten Frist nicht bewirkt und der Gläubiger im Vertrag den Fortbestand seines Leistungsinteresses an die Rechtzeitigkeit der Leistung gebunden hat.

Während aber § 323 BGB nur ein Rücktrittsrecht gewährt, ist nach § 376 HGB wahlweise ein Rücktrittsrecht oder ein Schadensersatzanspruch gegeben. Der Schadensersatzanspruch setzt allerdings Verzug des Schuldners voraus.

Es besteht eine Obliegenheit des Käufers, die Ware unverzüglich zu untersuchen.

Eine wichtige Besonderheit beim Handelskauf ist die „Untersuchungs- und Rügeobliegenheit" nach § 377 HGB. Dieser Begriff ist treffender als der in der Literatur und Rechtsprechung ebenfalls gebrauchte Ausdruck „Untersuchungs- und Rügepflicht", denn Pflichtverletzungen begründen nach § 280 I BGB einen Schadensersatzanspruch und die Erfüllung von Pflichten kann mit einem Gerichtsurteil durchgesetzt werden – beides trifft für die in § 377 HGB genannten Handlungen nicht zu. Die Rüge einer mangelhaften Ware ist somit keine „Pflicht", sondern eine Obliegenheit, welche der Käufer (nur) in seinem eigenen Interesse vorzunehmen hat.

§ 377 HGB – Untersuchungs- und Rügeobliegenheit des Käufers

(1) Ist der Kauf für beide Teile ein Handelsgeschäft, so hat der Käufer die Ware unverzüglich nach der Ablieferung durch den Verkäufer, soweit dies nach ordnungsmäßigem Geschäftsgange tunlich ist, zu untersuchen und, wenn sich ein Mangel zeigt, dem Verkäufer unverzüglich Anzeige zu machen.

(2) Unterläßt der Käufer die Anzeige, so gilt die Ware als genehmigt, es sei denn, daß es sich um einen Mangel handelt, der bei der Untersuchung nicht erkennbar war.

(3) Zeigt sich später ein solcher Mangel, so muß die Anzeige unverzüglich nach der Entdeckung gemacht werden; anderenfalls gilt die Ware auch in Ansehung dieses Mangels als genehmigt.

(4) Zur Erhaltung der Rechte des Käufers genügt die rechtzeitige Absendung der Anzeige.

(5) Hat der Verkäufer den Mangel arglistig verschwiegen, so kann er sich auf diese Vorschriften nicht berufen.

Nach § 433 I 2 BGB ist der Verkäufer verpflichtet, dem Käufer die Sache frei von Sachmängeln zu verschaffen. Was ein Sachmangel ist, definiert das BGB in § 434. Dabei vertrat der Gesetzgeber die Auffassung, dass diese Definition allgemein gelten solle, also auch für das HGB maßgeblich sei.

Die Sachmangel-Definition in § 434 BGB gilt auch für das HGB.

§ 434 BGB – Sachmangel

(1) Die Sache ist frei von Sachmängeln, wenn sie bei Gefahrübergang die vereinbarte Beschaffenheit hat. Soweit die Beschaffenheit nicht vereinbart ist, ist die Sache frei von Sachmängeln,
1. wenn sie sich für die nach dem Vertrag vorausgesetzte Verwendung eignet, sonst
2. wenn sie sich für die gewöhnliche Verwendung eignet und eine Beschaffenheit aufweist, die bei Sachen der gleichen Art üblich ist und die der Käufer nach der Art der Sache erwarten kann.
   Zu der Beschaffenheit nach Satz 2 Nr. 2 gehören auch Eigenschaften, die der Käufer nach den öffentlichen Äußerungen des Verkäufers, des Herstellers (§ 4 Abs. 1 und 2 des Produkthaftungsgesetzes) oder seines Gehilfen insbesondere in der Werbung oder bei der Kennzeichnung über bestimmte Eigenschaften der Sache erwarten kann, es sei denn, dass der Verkäufer die Äußerung nicht kannte und auch nicht kennen musste, dass sie im Zeitpunkt des Vertragsschlusses in gleichwertiger Weise berichtigt war oder dass sie die Kaufentscheidung nicht beeinflussen konnte.

> (2) Ein Sachmangel ist auch dann gegeben, wenn die vereinbarte Montage durch den Verkäufer oder dessen Erfüllungsgehilfen unsachgemäß durchgeführt worden ist. Ein Sachmangel liegt bei einer zur Montage bestimmten Sache ferner vor, wenn die Montageanleitung mangelhaft ist, es sei denn, die Sache ist fehlerfrei montiert worden.
>
> (3) Einem Sachmangel steht es gleich, wenn der Verkäufer eine andere Sache oder eine zu geringe Menge liefert.

6

Ein Sachmangel liegt vor, wenn die gelieferte Kaufsache nicht die vereinbarte Beschaffenheit hat.

Die Bestimmung enthält mit der Bezugnahme auf die Vertragsmäßigkeit der Kaufsache einen subjektiven Fehlerbegriff. Es kommt allein darauf an, ob die gelieferte Kaufsache „dem Kaufvertrag gemäß" ist. Es wird allerdings keineswegs in jedem Kaufvertrag die Beschaffenheit vereinbart. Häufig richten sich die Vorstellungen der Parteien nicht auf einzelne Merkmale der Beschaffenheit, sondern darauf, dass die Sache für einen bestimmten Verwendungszweck tauglich sein soll. Dies wird in § 434 I 2 Nr. 1 BGB mit der „nach dem Vertrag vorausgesetzten Verwendung" umschrieben. Wenn weder die Beschaffenheit vereinbart ist noch die Parteien eine bestimmte Verwendung vorausgesetzt haben, kommt es darauf an, ob sich die Sache für die gewöhnliche Verwendung eignet, § 434 I 2 Nr. 2 BGB. Welche Beschaffenheit in diesem Falle erwartet werden kann, bestimmt sich nach dem Erwartungshorizont eines Durchschnittskäufers.

Falsch- und Zuweniglieferung

§ 434 III stellt die Falschlieferung und die Zuweniglieferung ausdrücklich einem Sachmangel gleich. Nicht geregelt hat der Gesetzgeber den Fall, dass zuviel geliefert wurde. Hier gelten die allgemeinen BGB-Grundsätze: Die Mehrlieferung ist ein neues, geändertes Angebot des Verkäufers. Hat der Käufer die erkennbare Mehrlieferung nicht gerügt, hat er das Vertragsangebot stillschweigend angenommen und muss die Mehrlieferung bezahlen.

Der Käufer muss die Ware sofort untersuchen.

Bei Vorliegen eines Mangels im Sinne des § 434 BGB greift bei beiderseitigen Handelsgeschäften § 377 HGB. Diese Sonderregel zur Sachmängelhaftung gilt also nicht für einseitige, sondern nur für beiderseitige Handelskäufe. Sie weist dem Käufer eine Untersuchungs- und Rügeobliegenheit zu. Art und Intensität der Untersuchung sind abhängig von der Art der Ware, ihrer Verpackung und den Möglichkeiten des typischen Käufers. Würde die Ware durch eine Untersuchung wirtschaftlich entwertet, besteht die Verpflichtung, zumindest Stichproben zu untersuchen, soweit das wirtschaftlich vertretbar ist.

Beispiel

Eine Wurstfabrik erhält tiefgefrorenes Fleisch von einem Großhändler. Ob dieses Fleisch noch verwendbar ist, lässt sich nur
feststellen, wenn es aufgetaut ist. Auch wenn die Wurstfabrik
das Fleisch aufgrund der Auftragslage nicht sofort verarbeiten
kann, muss sie zumindest Stichproben auftauen und
untersuchen; dass sie diese Stichproben mangels wirtschaftlicher Verwertbarkeit anschließend vernichten muss, entbindet
sie nicht von der Prüfungspflicht.

Unverzüglich bedeutet im HGB dasselbe wie nach der Legaldefinition des § 121 I 1 BGB: „ohne schuldhaftes Zögern".
Wie viel Zeit ein Käufer zur Untersuchung und Rüge hat,
hängt vom Einzelfall ab. Bei Obst muss schon an dem auf
die Übergabe der Ware folgenden Tag die Mängelrüge erfolgen, bei komplexeren und komplizierteren Kaufgegenstän-
den kann die Rügefrist im Einzelfall bis zu sieben Wochen
betragen.

Rügefrist beträgt je nach Ware einen Tag bis maximal sieben Wochen.

In vielen Unternehmen ist eine unverzügliche Untersuchung der Ware aus organisatorischen Gründen nicht möglich, man denke nur an die Just-in-time-Produktion. Diese
Unternehmen haben die Möglichkeit, im Kaufvertrag festzu-
legen, dass § 377 HGB nicht gelten soll. Diese Norm ist nämlich dispositiv, das heißt abdingbar.

§ 377 HBG ist dispositiv.

Der Verkäufer muss der Mängelrüge Art und Umfang
der Mängel entnehmen können, sodass er die Beanstandungen prüfen und eventuell Beweise sichern kann. Eine wirksame Mängelrüge liegt daher nur dann vor, wenn Art und
Umfang der Mängel zumindest in allgemeiner Form beschrieben werden.

Eine Mängelrüge muss Art und Umfang der Mängel zumindest in allgemeiner Form beschreiben.

Rügt der Käufer nicht rechtzeitig, gilt die gelieferte Ware
gemäß § 377 II HGB als genehmigt. Der Käufer kann daher
weder vom Kaufvertrag zurücktreten noch Nachbesserung
der Ware oder Minderung des Kaufpreises verlangen. Der
Verkäufer behält dagegen seine Rechte aus dem Vertrag; er
kann somit trotz Lieferung einer minderwertigen Ware den
vollen Kaufpreis verlangen. Dies gilt auch für den im BGB
(§ 478) speziell geregelten Fall des Rückgriffs des Unternehmers gegen seinen Lieferanten, wenn ein Endverbraucher einen gekauften Gegenstand wegen Mangelhaftigkeit dem Unternehmer zurückgibt, denn § 445a IV BGB sagt ausdrücklich,
dass § 377 HGB unberührt bleibt.

Diese Regelung im HGB ist in den Rechtsfolgen wesentlich schärfer als das BGB. Dort verjähren die Mängelhaftungs-
ansprüche erst zwei Jahre nach der Ablieferung der Sache
(§ 438 I Nr. 3, II BGB).

Die Regelungen im HGB sind für den Käufer wesentlich schärfer als im BGB.

Wenn ein Anspruch noch nicht verjährt ist, stellt sich die Frage nach der Beweislast: Nach § 363 BGB trifft ab Annahme als Erfüllung die Beweislast für eine falsche oder eine unvollständige Leistung den Käufer, bis zu diesem Zeitpunkt den Verkäufer.

Beweislastumkehr bei Verkäufen an einen Verbraucher

Bei Verbraucherverträgen enthält das BGB sogar eine für den Verkäufer noch ungünstigere Norm: Kauft ein Verbraucher von einem Unternehmer eine bewegliche Sache und zeigt sich innerhalb von sechs Monaten seit Gefahrübergang ein Sachmangel, so wird nach § 477 BGB (bis zum 01.01.2018 fand sich diese Regelung im damaligen § 476 BGB) vermutet, dass die gekaufte Sache bereits bei Gefahrübergang mangelhaft war, es sei denn, diese Vermutung ist mit der Art der Sache oder des Mangels unvereinbar. Der Zeitpunkt des Gefahrübergangs ist in der Regel der Zeitpunkt der Übergabe der verkauften Sache (§ 446 BGB). Ein Kaufmann, der Verkäufer einer angeblich mangelhaften Ware ist, sieht sich daher jeweils mit einer anderen prozessualen Situation konfrontiert, je nachdem, ob der einen Mangel geltend machende Käufer ein Kaufmann, ein Freiberufler oder ein Verbraucher ist.

Beispiel

Am 01.02.2018 verkauft die Möbel-Macher GmbH Büromöbel an Rechtsanwalt Rudi Ratlos und an die im Handelsregister eingetragene Ohnesorg OHG. Beide Käufer wollen damit ihr Büro ausstatten. Sie sind aber beide unzufrieden mit der Ware und schreiben einen Beschwerdebrief, in welchem sie darlegen, dass die Bürostühle nicht richtig funktionieren und die Schubladen an den Schreibtischen sich schlecht schließen lassen. In ihren Briefen, die beide am 15.05.2018 bei der Möbel-Macher GmbH eingehen, fordern sie Nachbesserung der gelieferten Ware. Werden sie Erfolg haben, wenn die Ware tatsächlich mangelhaft ist?

Zwischen der GmbH und der OHG liegt ein beiderseitiges Handelsgeschäft vor. Damit gilt die kurze Rügefrist des § 377 HGB. Diese Frist hat die OHG versäumt; ein Nachbesserungsanspruch besteht daher nicht. Der Rechtsanwalt übt einen Freien Beruf aus, er ist daher kein Kaufmann. Für ihn gilt die zweijährige Verjährungsfrist des § 438 BGB, innerhalb derer er sich gemeldet hat. Ein Rechtsanwalt ist aber Unternehmer und kein Verbraucher; auf die Beweislastumkehr nach § 477 BGB kann er sich nicht berufen.

Eigenen Regeln unterliegen Fernabsatzverträge (§ 312c BGB) und Verträge, die außerhalb von Geschäftsräumen geschlossen werden (§ 312b BGB).

> **§ 312c BGB – Fernabsatzverträge**
> (1) Fernabsatzverträge sind Verträge, bei denen der Unternehmer oder eine in seinem Namen oder Auftrag handelnde Person und der Verbraucher für die Vertragsverhandlungen und den Vertragsschluss ausschließlich Fernkommunikationsmittel verwenden, es sei denn, dass der Vertragsschluss nicht im Rahmen eines für den Fernabsatz organisierten Vertriebs- oder Dienstleistungssystems erfolgt.

Fernabsatzverträge

Bei diesen Verträgen kann ein Widerruf des Vertrages auch dann erklärt werden, wenn eine tadellose Ware geliefert wurde (§ 312g I BGB). Voraussetzung dafür ist, dass es sich um einen Verbrauchervertrag handelt, also einen Vertrag zwischen einem Unternehmer und einem Verbraucher (§ 310 III BGB). Einige Vertragstypen (z. B. Verträge über die Lieferung von schnell verderblichen Waren) sind allerdings vom Widerrufsrecht ausgenommen (§ 312g II BGB).

Die Widerrufsfrist beträgt 14 Tage und beginnt mit dem Vertragsschluss, soweit nichts anderes bestimmt ist (§ 355 II BGB); bei Warenlieferungen erst, wenn der Verbraucher die Waren erhalten hat (§ 356 II 1a BGB).

Bei einem wirksam erklärten Widerruf sind die empfangenen Leistungen spätestens nach 14 Tagen nach dem Widerruf zurückzugewähren (§ 355 III 2, 357 I BGB); dabei muss der Unternehmer auch Zahlungen des Verbrauchers für die Lieferung der Ware an ihn nach § 357 II BGB zurückgewähren. Der Verbraucher trägt allerdings die unmittelbaren Kosten der Rücksendung der Waren, wenn der Unternehmer ihn vor Vertragsschluss von dieser Pflicht unterrichtet hat (§ 357 VI 1 BGB, Art. 246b § 4 I EGBGB).

Sonderregelungen für Kaufleute und Unternehmer:

- Beide Vertragsparteien sind Kaufleute: Sofortige Untersuchungs- und Rügeobliegenheit nach § 377 HGB
- Unternehmer verkauft an Verbraucher: Beweislastumkehr nach § 477 BGB; Sonderregelungen für Fernabsatzgeschäfte (Widerruf auch dann möglich, wenn Ware mangelfrei ist)

Sonderregelungen für Kaufleute und Unternehmer

In vielen Klausuren – und gelegentlich sogar in Anwaltsschreiben – werden die Begriffe Sachmängelhaftung, Gewährleistung und Garantie vermengt. Bezüglich der Begriffe Sachmängelhaftung und Gewährleistung ist dies unproblematisch, da diese einen identischen Inhalt haben. Vor der Änderung des BGB durch das Schuldrechtsmodernisierungsgesetz im Jahr 2002 sprach der Gesetzgeber nur von der

Abgrenzung Sachmängelhaftung, Gewährleistung und Garantie

Gewährleistung, seither von der Sachmängelhaftung. Es ist daher empfehlenswert, in einer Klausur nur von der Sachmängelhaftung zu sprechen.

Garantie ist dagegen inhaltlich etwas anderes als die Sachmängelhaftung.

6

Garantie setzt
entsprechende
Erklärung voraus.

> **§ 443 – Garantie**
> (1) Geht der Verkäufer, der Hersteller oder ein sonstiger Dritter in einer Erklärung oder einschlägigen Werbung, die vor oder bei Abschluss des Kaufvertrags verfügbar war, zusätzlich zu der gesetzlichen Mängelhaftung insbesondere die Verpflichtung ein, den Kaufpreis zu erstatten, die Sache auszutauschen, nachzubessern oder in ihrem Zusammenhang Dienstleistungen zu erbringen, falls die Sache nicht diejenige Beschaffenheit aufweist oder andere als die Mängelfreiheit betreffende Anforderungen nicht erfüllt, die in der Erklärung oder einschlägigen Werbung beschrieben sind (Garantie), stehen dem Käufer im Garantiefall unbeschadet der gesetzlichen Ansprüche die Rechte aus der Garantie gegenüber demjenigen zu, der die Garantie gegeben hat (Garantiegeber).

Beispiel

Der Verkäufer von Kaffeemaschinen, ein Großhändler, gibt für seine Geräte eine Haltbarkeitsgarantie für die Dauer von zwei Jahren. Eine Versicherungs-AG kauft eine solche Maschine in Kenntnis der Garantie für ihr Büro. Die Maschine funktioniert ein Jahr lang tadellos, dann ist der Schalter defekt. Einen (normalen) Sachmangel wird man hier verneinen müssen, da die Maschine anfangs funktionierte und die Abnutzung im Laufe der Zeit auf das häufige ein- und ausschalten zurückzuführen ist. Der Schaden fällt aber unter die Garantie.

Wurde eine Haltbarkeitsgarantie gegeben, kommt der Käufer in den Genuss einer Beweislastumkehr.

Beweislastumkehr bei
Garantie

> **§ 443 BGB – Garantie**
> (2) Soweit der Garantiegeber eine Garantie dafür übernommen hat, dass die Sache für eine bestimmte Dauer eine bestimmte Beschaffenheit behält (Haltbarkeitsgarantie), wird vermutet, dass ein während ihrer Geltungsdauer auftretender Sachmangel die Rechte aus der Garantie begründet.

Rügeobliegenheit bei
Garantiefall

Da durch die Garantie die Rechte des Käufers aus dem Kaufvertrag nur erweitert werden und in § 443 II BGB der Begriff „Sachmangel" gebraucht wird, findet – bei Vorliegen der sonstigen Voraussetzungen – auch im Garantiefall § 377 HGB Anwendung. Zeigt sich innerhalb der Garantiefrist ein Mangel, muss der Käufer unverzüglich nach Feststellung des Mangels dem Verkäufer eine Rüge schicken, andernfalls verliert er seine Rechte aus der Garantie. Im obigen Fall müsste die Versicherungs-AG also unverzüglich nach dem Auftreten des Defekts beim Verkäufer den Mangel rügen.

6.2.2 Transportgeschäfte

Zu den Transportgeschäften zählt man das Frachtgeschäft und das Speditionsgeschäft. Der Unterschied zwischen beiden besteht darin, dass der Frachtführer das Frachtgut selbst zum Bestimmungsort befördert, während der Spediteur die Beförderung nicht selbst vornimmt, sondern sie einem Frachtführer überträgt. Im Zusammenhang mit dem Transportgeschäft steht das Lagergeschäft. Im Folgenden werden diese drei Geschäftsarten skizziert.

Frachtgeschäft und Speditionsgeschäft

6.2.2.1 Frachtvertrag

> **§ 407 HGB – Frachtvertrag**
> (1) Durch den Frachtvertrag wird der Frachtführer verpflichtet, das Gut zum Bestimmungsort zu befördern und dort an den Empfänger abzuliefern.
>
> (2) Der Absender wird verpflichtet, die vereinbarte Fracht zu zahlen.
>
> (3) Die Vorschriften dieses Unterabschnitts gelten, wenn ...
> 2. die Beförderung zum Betrieb eines gewerblichen Unternehmens gehört.

> **§ 421 HGB – Rechte des Empfängers; Zahlungspflicht**
> (1) [S. 1] Nach Ankunft des Gutes an der Ablieferungsstelle ist der Empfänger berechtigt, vom Frachtführer zu verlangen, ihm das Gut gegen Erfüllung der Verpflichtungen aus dem Frachtvertrag abzuliefern.
>
> (2) [S. 1] Der Empfänger, der sein Recht nach Abs. 1 Satz 1 geltend macht, hat die noch geschuldete Fracht bis zu dem Betrag zu zahlen, der aus dem Frachtbrief hervorgeht. ...
>
> (4) Der Absender bleibt zur Zahlung der nach dem Vertrag geschuldeten Beträge verpflichtet.

Hat der Empfänger die Fracht angenommen, haftet er dem Frachtführer neben dem Absender als Gesamtschuldner für die vereinbarte Vergütung.

> **§ 425 HGB – Haftung für Güter- und Verspätungsschäden**
> (1) Der Frachtführer haftet für den Schaden, der durch Verlust oder Beschädigung des Gutes in der Zeit von der Übernahme zur Beförderung bis zur Ablieferung oder durch Überschreitung der Lieferfrist entsteht.

6.2.2.2 Speditionsvertrag

Im Gegensatz zum Frachtführer führt der Spediteur die Güterversendung nicht selbst durch. Er überträgt diese Aufgabe einem Frachtführer.

> **§ 453 HGB – Speditionsvertrag**
> (1) Durch den Speditionsvertrag wird der Spediteur verpflichtet, die Versendung des Gutes zu besorgen.

Haftung

> **§ 461 HGB – Haftung des Spediteurs**
> (1) [S. 1] Der Spediteur haftet für den Schaden, der durch Verlust oder Beschädigung des in seiner Obhut befindlichen Gutes entsteht. …

Im allgemeinen Sprachgebrauch wird meist derjenige, welcher einen Transport durchführt, als Spediteur bezeichnet. Oftmals trifft dies auch zu, da der Spediteur nach § 458 HGB ein Selbsteintrittsrecht hat.

> **§ 458 HGB – Selbsteintritt**
> Der Spediteur ist befugt, die Beförderung des Gutes durch Selbsteintritt auszuführen. Macht er von dieser Befugnis Gebrauch, so hat er hinsichtlich der Beförderung die Rechte und Pflichten eines Frachtführers oder Verfrachters. In diesem Fall kann er neben der Vergütung für seine Tätigkeit als Spediteur die gewöhnliche Fracht verlangen.

6.2.2.3 Lagervertrag

> **§ 467 HGB – Lagervertrag**
> (1) Durch den Lagervertrag wird der Lagerhalter verpflichtet, das Gut zu lagern und aufzubewahren.

Ein Lagervertrag bringt für den Lagerhalter folgende Pflichten mit sich:

- Hauptpflicht ist die ordnungsgemäße Aufbewahrung des eingelagerten Gutes (§ 467 I HGB).
- Wird das einzulagernde Gut dem Lagerhalter zugesandt und ist es beim Empfang beschädigt oder in einem mangelhaften Zustand, muss der Lagerhalter den Einlagerer unverzüglich informieren, damit dieser gegebenenfalls Schadenersatzansprüche gegen den Spediteur geltend machen kann (§ 470 HGB).
- Entstehen während der Aufbewahrung an dem eingelagerten Gut Veränderungen oder sind solche auch nur zu befürchten, muss der Lagerhalter den Einlagerer unverzüglich informieren und dessen Weisungen einholen (§ 471 II HGB).
- Der Lagerhalter muss dem Einlieferer bei berechtigtem Interesse Zugang zu dem eingelagerten Gut gewähren. Insbesondere muss er dem Einlieferer gestatten, die notwendigen Maßnahmen zur Erhaltung des Gutes zu treffen (§ 471 I HGB).
- Eine Pflicht zur Versicherung des eingelagerten Gutes besteht nur, wenn der Einlagerer dies verlangt (§ 472 HGB).

Nur für den Fall des Verlustes oder der Beschädigung des eingelagerten Gutes enthält das HGB in § 475 eine spezielle Haftungsnorm. Verletzt der Lagerhalter seine übrigen vertraglichen Pflichten, haftet er nach §§ 280, 281 BGB.

> **§ 475 HGB – Haftung für Verlust oder Beschädigung**
> [S. 1] Der Lagerhalter haftet für den Schaden, der durch Verlust oder Beschädigung des Gutes in der Zeit von der Übernahme zur Lagerung bis zur Auslieferung entsteht, es sei denn, daß der Schaden durch die Sorgfalt eines ordentlichen Kaufmanns nicht abgewendet werden konnte. …

Haftung

6.3 Internationaler Handelsverkehr

6.3.1 Internationales Privatrecht

Das internationale Privatrecht regelt, welches Recht auf einen grenzüberschreitenden Sachverhalt Anwendung findet.

Im internationalen Handelsverkehr weisen die Verträge stets Berührungspunkte mit mehreren Staaten auf. Daher steht der Rechtsanwender immer wieder vor der Frage, welches Recht auf den Sachverhalt Anwendung findet. Diese Frage beantwortet das sogenannte „Internationale Privatrecht" (IPR). Dieses wird oft auch als Kollisionsrecht bezeichnet, da bei den betreffenden Sachverhalten die Interessen mehrerer Staaten aufeinanderstoßen. Dabei ist zu beachten, dass das Internationale Privatrecht nicht vereinheitlicht ist, sondern jeder Staat sein eigenes Internationales Privatrecht hat. Der deutsche Richter wendet daher das deutsche Internationale Privatrecht an, das in den Art. 3 bis 46d EGBGB und vor allem in Verordnungen der Europäischen Union geregelt ist.

Durch den Vertrag von Amsterdam, der am 01.01.1999 in Kraft trat, wurde der Europäischen Union die Gesetzgebungskompentenz für das Internationale Privatrecht übertragen. Davon hat sie auch rasch Gebrauch gemacht. Die einschlägigen Verordnungen der Europäischen Union, die in Deutschland (wie auch in den anderen EU-Mitgliedstaaten mit Ausnahme von Dänemark) unmittelbar Anwendung finden, werden in Art. 3 EGBGB aufgezählt.

Art. 3 EGBGB – Anwendungsbereich
Soweit nicht
1. unmittelbar anwendbare Regelungen der Europäischen Union in ihrer jeweils geltenden Fassung, insbesondere

a) die Verordnung (EG) Nr. 864/2007 des Europäischen Parlaments und des Rates vom 11. Juli 2007 über das auf außervertragliche Schuldverhältnisse anzuwendende Recht (Rom II),

b) die Verordnung (EG) Nr. 593/2008 des Europäischen Parlaments und des Rates vom 17. Juni 2008 über das auf vertragliche Schuldverhältnisse anzuwendende Recht (Rom I), …
2. Regelungen in völkerrechtlichen Vereinbarungen, soweit sie unmittelbar anwendbares innerstaatliches Recht geworden sind,
maßgeblich sind, bestimmt sich das anzuwendende Recht bei Sachverhalten mit einer Verbindung zu einem ausländischen Staat nach den Vorschriften dieses Kapitels (Internationales Privatrecht).

Das Vertragsrecht ist also Gegenstand der VO Nr. 593/2008, allgemein als „Rom I-VO" bezeichnet. Dort heißt es bezüglich der Rechtswahl:

Art. 3 Rom I-VO – Freie Rechtswahl

(1) Der Vertrag unterliegt dem von den Parteien gewählten Recht. Die Rechtswahl muß ausdrücklich sein oder sich eindeutig aus den Bestimmungen des Vertrags oder aus den Umständen des Falles ergeben. Die Parteien können die Rechtswahl für ihren ganzen Vertrag oder nur für einen Teil desselben treffen.

Im internationalen Handelsverkehr steht es den Kaufleuten daher frei, welches Recht sie vereinbaren. Die Parteien können auch das Recht eines Staates wählen, der mit den Parteien oder ihrem Rechtsverhältnis keine Berührungspunkte aufweist. Einschränkungen gibt es nur für Verbraucherverträge (Art. 6 Rom I-VO) und Arbeitsverträge (Art. 8 Rom I-VO). Zudem ist zu beachten, dass deutsche Gerichte unabhängig von der Rechtswahl stets die zwingenden Vorschriften des deutschen Rechts anwenden (Art. 16 Rom I-VO). International zwingende Vorschriften sind Normen wirtschafts- oder sozialpolitischen Gehalts, welche nach dem Willen des deutschen Gesetzgebers auch bei internationalen Sachverhalten gelten sollen. Im Bereich des Vertragsrechts hat diese Bestimmung in der Praxis jedoch nur eine geringe Bedeutung. Sie ist meist nur bei Normen des Außenwirtschaftsrechts relevant (z. B. beim Verbot, Kriegswaffen in bestimmte Staaten zu exportieren).

> Im internationalen Handelsverkehr können die Parteien das Recht frei vereinbaren.

6.3.2 UN-Kaufrecht

Art. 3 Nr. 2 EGBGB erwähnt völkerrechtliche Vereinbarungen. Um eine solche Vereinbarung handelt es sich bei dem (Wiener) Übereinkommen der Vereinten Nationen über Verträge über den internationalen Warenkauf vom 11.04.1980 (kurz UN-Kaufrecht, englische Abkürzung CISG für: United Nations Convention on Contracts for the International Sale of Goods), das seit dem 01.01.1991 in der Bundesrepublik Deutschland in Kraft ist. Diesem Abkommen sind etwa 80 Staaten beigetreten, darunter auch die meisten wichtigen Industriestaaten. Ausgearbeitet wurde dieses Abkommen von der für das Handelsrecht zuständigen Kommission der Vereinten Nationen (engl.: United Nations Commission on International Trade Law – UNCITRAL) mit Sitz in Wien.

> Das UN-Kaufrecht ist ein internationales Abkommen, dem die Bundesrepublik Deutschland beigetreten ist.
> ► https://uncitral.org

Das Abkommen hat folgenden Aufbau:
Teil I: Anwendungsbereich und allgemeine Bestimmungen (Art. 1 bis 13);
Teil II: Abschluss des Vertrages (Art. 14 bis 24);
Teil III: Warenkauf (Art. 25 bis 88);
Teil IV: Schlussbestimmungen (Art. 89 bis 101).

Anwendungsvoraussetzung: „Ware"

Die Anwendbarkeit dieses Abkommens setzt nach Art. 1 I UN-Kaufrecht zum einen voraus, dass es sich um einen Kaufvertrag über eine Ware handelt. Der Begriff „Ware" im Sinne dieses Gesetzes wird allgemein in einem weiten Sinne verstanden. Er umfasst alles, was den Gegenstand von Handelskäufen bildet. Ferner müssen die Vertragsparteien ihre Niederlassung in verschiedenen Vertragsstaaten haben oder die Regeln des internationalen Privatrechts zur Anwendung des Rechts eines Vertragsstaats führen. Nach der zweiten Alternative findet das UN-Kaufrecht selbst dann Anwendung, wenn zwar keine der Parteien ihren Sitz in einem Vertragsstaat hat, sondern nur das internationale Privatrecht des Staates, in dem sich das angerufene Gericht befindet, auf die Rechtsordnung eines Vertragsstaats verweist.

Nach Art. 2 a des Abkommens findet dieses keine Anwendung auf den Kauf von Ware für den persönlichen Gebrauch oder den Gebrauch in der Familie oder im Haushalt, es sei denn, dass der Verkäufer vor oder bei Vertragsschluss weder wusste noch wissen musste, dass die Ware für einen solchen Gebrauch gekauft wurde. Unerheblich ist es dagegen, ob die Parteien Kaufleute sind oder nicht.

Die Anwendung des UN-Kaufrechts kann von den Parteien abbedungen werden.

Das Abkommen darf ferner nicht abbedungen worden sein (Art. 6 des Abkommens). Ein solcher Ausschluss (bekannt unter dem englischen Begriff „opting out") wird von der Rechtsprechung nur bejaht, wenn der Ausschlusswille deutlich zum Ausdruck kommt. Der Verweis auf das nationale Recht eines Abkommensstaats stellt keinen Ausschluss dar.

Beispiel
Ein Vertrag enthält die Klausel „Dieser Vertrag untersteht dem deutschen Recht". Dadurch wird die Anwendung des UN-Kaufrechts nicht ausgeschlossen, da das UN-Kaufrecht Teil des deutschen Rechts ist.

Das UN-Kaufrecht entspricht im Wesentlichen den BGB-Regelungen, da das am 01.01.2002 in Kraft getretene Schuldrechtsmodernisierungsgesetz, welches das Kaufvertragsrecht im BGB grundlegend umgestaltete, sich am

UN-Kaufrecht orientiert hat. Ein Unterschied besteht darin, dass sich nach Art. 74 S. 2 UN-Kaufrecht der Umfang des Schadenersatzes bei Vertragsverletzungen auf das bei Vertragsabschluss für die später vertragsbrüchige Partei vorhersehbare Maß beschränkt. Eine entsprechende Beschränkung kennt das interne deutsche Recht nicht (vergleiche § 249 BGB). Darüber hinaus finden sich im UN-Kaufrecht spezifisch handelsrechtliche Bestimmungen. So hat z. B. nach Art. 38, 39 UN-Kaufrecht der Käufer eine Untersuchungs- und Rügeobliegenheit, die der des § 377 HGB entspricht. Das UN-Kaufrecht hat allerdings keine umfassende Vertragsrechtsvereinheitlichung bewirkt. So werden z. B. weder die Wirksamkeit des Kaufvertrags noch die Inhaltskontrolle von Allgemeinen Geschäftsbedingungen durch das UN-Kaufrecht geregelt. Diesbezüglich ist das anwendbare Recht nach dem nationalen Internationalen Privatrecht zu bestimmen.

Beispiel 1

Das UN-Kaufrecht enthält keine Regelungen, die dem deutschen Rechtsinstitut des „kaufmännischen Bestätigungsschreibens" entsprechen. In Art. 18 I 2 UN-Kaufrecht heißt es aber: „Schweigen oder Untätigkeit allein stellen keine Annahme dar". Damit hat das UN-Kaufrecht geregelt, wie Schweigen im Geschäftsverkehr rechtlich zu werten ist; eine Regelungslücke besteht daher nicht. Das Institut des käufmännischen Bestätigungsschreibens kann daher nur dann zur Anwendung kommen, wenn ein entsprechender internationaler Handelsbrauch nach Art. 9 UN-Kaufrecht feststellbar ist.

Art. 9 UN-Kaufrecht lautet:

Art. 9 UN-Kaufrecht – Handelsbräuche und Gepflogenheiten

(1) Die Parteien sind an die Gebräuche, mit denen sie sich einverstanden erklärt haben, und an die Gepflogenheiten gebunden, die zwischen ihnen entstanden sind.

(2) Haben die Parteien nichts anderes vereinbart, so wird angenommen, dass sie sich in ihrem Vertrag oder bei seinem Abschluss stillschweigend auf Gebräuche bezogen haben, die sie kannten oder kennen mussten und die im internationalen Handel den Parteien von Verträgen dieser Art in dem betreffenden Geschäftszweig weithin bekannt sind und von ihnen regelmäßig beachtet werden.

Da das kaufmännische Bestätigungsschreiben ein in Deutschland geltender Handelsbrauch ist (der sogar zum Gewohnheitsrecht erstarkt ist), gilt dieses Rechtsinstitut für Parteien, die in Deutschland regelmäßig geschäftlich tätig sind.

Beispiel 2

Anders ist es bezüglich der Inhaltskontrolle von Allgemeinen Geschäftsbedingungen; diese regelt das UN-Kaufrecht ausdrücklich nicht (Art. 4 S. 2a UN-Kaufrecht). Da das UN-Kaufrecht insoweit lückenhaft ist, können die deutschen §§ 307 ff. BGB über die Wirksamkeit von Allgemeinen Geschäftsbedingungen dann zur Anwendung kommen, wenn das Internationale Privatrecht, bei einem Prozess in Deutschland also die entsprechenden Regelungen in der Rom I-VO, auf das deutsche Recht verweist, und dieses damit berufen ist, die Lücken im UN-Kaufrecht zu füllen.

6.3.3 **Incoterms**

Die Incoterms sind eine Sammlung von Vertragsklauseln.

Die Incoterms (International Commercial Terms) werden seit 1936 von der Internationalen Handelskammer (englisch: International Chamber of Commerce, daher oft ICC abgekürzt) aufgestellt. Die ICC mit Sitz in Paris ist ein nicht staatlicher, weltumfassender Verband von Unternehmen, in dem über 1500 Wirtschaftsorganisationen und mehr als 5000 international tätige Unternehmen aus mehr als 130 Staaten organisiert sind.

Weitere Informationen im Band „Transportrecht – schnell erfasst"

Bei diesen Incoterms handelt es sich um eine Sammlung von die Transportkosten und -risiken betreffenden Vertragsklauseln, deren genauer Inhalt von der ICC definiert wird. Die ICC bezweckt damit eine international einheitliche Auslegung dieser Klauseln. Die Klauseln und ihre Definitionen werden in regelmäßigen Abständen von der ICC überarbeitet. In Verträgen sollte daher auch immer angegeben werden, welche Version der Incoterms die Parteien vereinbaren wollen (z. B. „Incoterms 2010").

Beispiel

Die Klausel EXW (Ex works = ab Werk) bedeutet, dass der Verkäufer seine Lieferpflicht schon dann erfüllt, wenn er die Ware an einem im Vertrag benannten Ort (z. B. Werksgelände des Verkäufers oder Lagerhalle im Hafen) zur Abholung bereitstellt. Der Verkäufer ist also nicht verpflichtet, die Ware zur Ausfuhr freizumachen und die Gefahren und Kosten der Verladung auf ein Beförderungsmittel (z. B. Schiff) zu tragen.

Klauseln für alle Transportarten	EXW	Ex Works ... (named place) Ab Werk ... (benannter Ort)
	FCA	Free Carrier ... (named place) Frei Frachtführer... (benannter Ort)
	CPT	Carriage Paid To ... (named point of destination) Frachtfrei ... (benannter Bestimmungsort)
	CIP	Carriage and Insurance Paid to ... (named point of destination) Frachtfrei ... versichert (benannter Bestimmungsort)
	DAT	Delivered at Terminal ... (named point) Geliefert Terminal ... (benannter Ort)
	DAP	Delivered at Place ... (named point) Geliefert ... (benannter Ort)
	DDP	Delivered Duty Paid ... (named point) Geliefert verzollt ... (benannter Ort)
See-und Binnen-schiffs-Transporte	FAS	Free Alongside Ship ... (named port of shipment) Frei Längsseite Seeschiff ... (benannter Verschiffungshafen)
	FOB	Free On Bord ... (named port of shipment) Frei an Bord ... (benannter Verschiffungshafen)
	CFR	Cost and Freight ... (named port of destination) Kosten und Fracht ... (benannter Bestimmungshafen)
	CIF	Cost, Insurance and Freight ... (named port of destination) Kosten, Versicherung und Fracht ... (benannter Bestimmungshafen)

◘ **Abb. 6.2**   Auszug aus den Incoterms 2010

6.4 Handelsstreitigkeiten

6.4.1 Kammern für Handelssachen

Zwischen Recht haben und Recht bekommen besteht bekanntlich ein Unterschied. Gerade in Handelsstreitigkeiten ist es daher von besonderer Wichtigkeit, dass das Gericht mit den Gebräuchen des Wirtschaftslebens vertraut ist und auch wirtschaftliche Gesichtspunkte bei der Anwendung und Auslegung von Rechtsnormen berücksichtigt. Um dies zu gewährleisten, haben die Landesjustizverwaltungen bei den Landgerichten Kammern für Handelssachen eingerichtet. Nähere Regelungen dazu finden sich in den §§ 93 bis 114 Gerichtsverfassungsgesetz (GVG). Diese Kammern bestehen aus einem Berufsrichter als Vorsitzenden und zwei ehrenamtlichen Richtern (§ 105 GVG). Diese ehrenamtlichen Richter kennen das Wirtschaftsleben aus ihrer eigenen Praxis.

> Bei den Landgerichten gibt es Kammern für Handelssachen.

6

ehrenamtliche Richter

> **§ 109 GVG – Voraussetzung für die Ernennung zum ehrenamtlichen Richter**
> (1) Zum ehrenamtlichen Richter kann ernannt werden, wer
> 1. Deutscher ist,
> 2. das dreißigste Lebensjahr vollendet hat und
> 3. als Kaufmann, Vorstandsmitglied oder Geschäftsführer einer juristischen Person oder als Prokurist in das Handelsregister oder das Genossenschaftsregister eingetragen ist oder eingetragen war oder als Vorstandsmitglied einer juristischen Person des öffentlichen Rechts aufgrund einer gesetzlichen Sonderregelung für diese juristische Person nicht eingetragen zu werden braucht. ...

Ein Vorteil der Kammer für Handelssachen liegt ferner darin, dass diese viele tatsächliche Fragen aus eigener Sachkenntnis beurteilen kann, ohne einen Gutachter einschalten zu müssen.

> **§ 114 GVG – Entscheidung auf Grund eigener Sachkunde**
> Über Gegenstände, zu deren Beurteilung eine kaufmännische Begutachtung genügt, sowie über das Bestehen von Handelsgebräuchen kann die Kammer für Handelssachen auf Grund eigener Sachkunde und Wissenschaft entscheiden.

6.4.2 Gerichtsstandsvereinbarungen

Kaufleute können den Gerichtsstand vereinbaren.

Sind die Parteien Kaufleute, können sie vereinbaren, welches Gericht im Falle von Streitigkeiten örtlich zuständig sein soll. Sie sind bei der Wahl des Gerichtsstandes völlig frei.

> **§ 38 ZPO – Zugelassene Gerichtsstandsvereinbarung**
> (1) Ein an sich unzuständiges Gericht des ersten Rechtszuges wird durch ausdrückliche oder stillschweigende Vereinbarung der Parteien zuständig, wenn die Vertragsparteien Kaufleute, juristische Personen des öffentlichen Rechts oder öffentlich-rechtliche Sondervermögen sind.

Die Möglichkeit, eine Gerichtsstandsvereinbarung abzuschließen, besteht nicht nur im nationalen Rahmen. Eine ähnliche Regelung wie die ZPO enthält die Verordnung (EU) Nr. 1215/2012 des Europäischen Parlaments und des Rates vom 12.12.2012 über die gerichtliche Zuständigkeit und die Anerkennung und Vollstreckung von Entscheidungen in Zivil- und Handelssachen (Brüssel I a-VO), welche unmittelbar in allen EU-Mitgliedstaaten mit Ausnahme von Dänemark gilt.

> **Art. 25 Brüssel I a-VO – Vereinbarung über die Zuständigkeit**
> (1) [S. 1] Haben die Parteien unabhängig von ihrem Wohnsitz vereinbart, dass ein Gericht oder die Gerichte eines Mitgliedstaats über eine bereits entstandene Rechtsstreitigkeit oder über eine künftige aus einem bestimmten Rechtsverhältnis entspringende Rechtsstreitigkeit entscheiden sollen, so sind dieses Gericht oder die Gerichte dieses Mitgliedstaats zuständig, …
> [S. 3] Die Gerichtsstandsvereinbarung muss geschlossen werden:
> … c) im internationalen Handel in einer Form, die einem Handelsbrauch entspricht, den die Parteien kannten oder kennen mussten und den die Parteien von Verträgen dieser Art in dem betreffenden Geschäftszweig allgemein kennen und regelmäßig beachten.

6.4.3 Schiedsgerichtsbarkeit

Zur Konfliktregelung bei Handelsstreitigkeiten wird häufig auf die Schiedsgerichtsbarkeit zurückgegriffen. Gesetzlich geregelt ist das schiedsrichterliche Verfahren in den §§ 1025 bis 1065 Zivilprozessordnung (ZPO).

> **§ 1029 ZPO – Begriffsbestimmung**
> Schiedsvereinbarung ist eine Vereinbarung der Parteien, alle oder einzelne Streitigkeiten, die zwischen ihnen in Bezug auf ein bestimmtes Rechtsverhältnis vertraglicher oder nichtvertraglicher Art entstanden sind oder künftig entstehen, der Entscheidung durch ein Schiedsgericht zu unterwerfen.

Oft wird das Schiedsverfahren mit der Tätigkeit der Schiedsämter verwechselt, welche Nachbarrechtsstreitigkeiten einvernehmlich beilegen sollen. Das Schiedsverfahren ist aber ein ganz normales Gerichtsverfahren (wenngleich auch nicht vor einem staatlichen Gericht) und endet – sofern der Rechtsstreit sich nicht auf andere Weise erledigt – mit einem Urteil. Das Schiedsverfahren tritt an die Stelle des Verfahrens vor den staatlichen Gerichten und führt wie dieses zu einer abschließenden (§ 1055 ZPO) Entscheidung. Das Schiedsurteil

Schiedsverfahren können statt eines Verfahrens vor staatlichen Gerichten vereinbart werden.

6

ist auch vollstreckbar; die Zwangsvollstreckung aus dem Schiedsurteil ist allerdings erst möglich, wenn das Schiedsurteil durch das Oberlandesgericht (OLG) für vollstreckbar erklärt wurde (§§ 1060, 1061, 1062 ZPO). Das OLG kann den Antrag auf Vollstreckbarerklärung nur ablehnen, wenn die Parteien nach dem für sie maßgeblichen Recht keine Schiedsvereinbarung schließen konnten, ein Verfahrensfehler vorliegt oder der Gegenstand des Streites nach deutschem Recht nicht schiedsfähig ist (§ 1059 ZPO); nicht jedoch, wenn das OLG die Entscheidung des Schiedsgerichts für falsch hält.

Die Schiedsrichter werden durch die Parteien bestellt (§ 1035 ZPO). Als Schiedsrichter kann jedermann bestellt werden; der Betreffende muss nicht zwingend Jurist sein. In der Praxis werden meist Hochschullehrer, Rechtsanwälte und (in erster Linie pensionierte) Richter zu Schiedsrichtern ernannt. Die hier gebrauchten männlichen Formen dienen nur der besseren Lesbarkeit; natürlich gibt es auch Frauen, die als Schiedsrichter tätig sind. In der Regel besteht das Schiedsgericht aus einer Person, bei komplexeren Streitigkeiten aus drei Schiedsrichtern.

Die Parteien können sich bereits bei Vertragsschluss auf einen bestimmten Schiedsrichter einigen, sie haben aber auch die Möglichkeit, diese Frage bis zum Streitfall offen zu lassen. Kommt es dann nicht zu einer einvernehmlichen Benennung, ernennt das OLG, in dessen Bezirk der Ort des schiedsrichterlichen Verfahrens liegt, auf Antrag (zumindest) einer Partei den Schiedsrichter (§§ 1035 III 1, 1062 I Nr. 1 ZPO).

▶ http://www.dis-arb.de
▶ https://iccwbo.org

Um einen solchen Streit über die Person des Schiedsrichters zu vermeiden, wird in vielen Fällen bereits in der Schiedsvereinbarung eine Schiedsgerichtsinstitution bestimmt, welche aus einer bei ihr geführten Schiedsrichterliste einen Schiedsrichter auswählt und ernennt. Bekannte Schiedsgerichtsinstitutionen sind z. B. die Deutsche Institution für Schiedsgerichtsbarkeit e.V. (DIS) und – auf internationaler Ebene – der Internationale Schiedsgerichtshof der Internationalen Handelskammer (ICC-Schiedsgerichtshof) in Paris.

Welche Vor- und Nachteile hat ein Schiedsgerichtsverfahren im Vergleich zu einem Verfahren vor einem staatlichen Gericht?

Vertraulichkeit

Ein Vorteil ist die Vertraulichkeit. In Deutschland sind Gerichtsverhandlungen vor den Zivilgerichten öffentlich (§ 169 GVG), das heißt jeder darf im Zuschauerraum der Verhandlung beiwohnen. Bei Schiedsverfahren ist dies nicht der Fall. In einigen ausländischen Staaten (z. B. in Frankreich)

werden zudem Urteile von staatlichen Gerichten bei der Veröffentlichung nicht anonymisiert, das heißt man erfährt in
den Fachzeitschriften auch den Namen des Klägers und den
des Beklagten. Diese Vertraulichkeit ist vor allem dann wichtig, wenn es um Unternehmensinterna geht (z. B. die Gewinn-
marge, die in einem Schadensersatzprozess relevant sein
kann). Auch bei Streitigkeiten unter Gesellschaftern einer
GmbH ist man meist bemüht, diese nicht an die Öffentlich-
keit zu tragen, weshalb Gesellschaftsverträge oft Schiedsklau-
seln enthalten.

Ein weiterer Vorteil ist die Verfahrensdauer. Da es gegen
das Schiedsurteil kein Rechtsmittel gibt, ist das Schiedsverfahren regelmäßig schneller beendet als ein Verfahren vor einem staatlichen Gericht, das über drei Instanzen (Landgericht, Oberlandesgericht, Bundesgerichtshof) gehen kann.
Diese Schnelligkeit hat aber auch eine Kehrseite: Da es kein
Rechtsmittel gibt, kann man sich gegen ein fehlerhaftes
Schiedsurteil nicht wehren.

Verfahrensdauer

Bezüglich der Kosten ist zu differenzieren. Es gilt der
Grundsatz: Bei kleinen Streitwerten ist ein Schiedsverfahren
teurer, bei größeren billiger als ein Verfahren vor einem staatlichen Gericht. Beim Schiedsverfahren müssen die Kosten
(Honorar der Schiedsrichter; Miete für Räume, in denen das
Schiedsgericht tagt) zu 100 % von den Parteien getragen werden. Ein Verfahren vor einem staatlichen Gericht wird dagegen in der Regel vom Staat subventioniert; die vom Verlierer
zu zahlenden Gerichtskosten decken die anfallenden Kosten
nicht. In Deutschland orientieren sich die Gerichtskosten an
den Streitwerten; bei hohen Streitwerten fallen hohe Gebühren an, obwohl oft der Zeitaufwand für den Richter nicht hö-
her als bei geringen Streitwerten ist. In dem Bereich von
Streitwerten ab etwa 100.000 € können Schiedsgerichte die
staatlichen Gerichte daher „unterbieten". Hinzu kommt, dass
vor den (staatlichen) Landgerichten Anwaltszwang herrscht
(§ 78 I ZPO), vor den Schiedsgerichten dagegen nicht. Daher
können Unternehmen sich vor Schiedsgerichten durch ihre
angestellten Juristen vertreten lassen und sparen so die An-
waltskosten ein.

**Kosten des
Schiedverfahrens**

Besonders häufig findet man Schiedsvereinbarungen bei
Verträgen im internationalen Bereich. Dort hat das Schiedsverfahren den Vorteil, dass die Parteien sprachkundige
Schiedsrichter auswählen können und damit Zeit und Kosten, die in einem Verfahren vor einem staatlichen Gericht für
Übersetzungen anfallen würden, eingespart werden. So heißt
es hinsichtlich des Schiedsgerichts:

**Schiedsverfahren im
internationalen
Wirtschaftsverkehr**

Verfahrenssprache
kann frei gewählt
werden

> **§ 1045 ZPO – Verfahrenssprache**
> (1) Die Parteien können die Sprache oder die Sprachen, die im schiedsrichterlichen Verfahren zu verwenden sind, vereinbaren. Fehlt eine solche Vereinbarung, bestimmt darüber das Schiedsgericht.

Dagegen bestimmt § 184 GVG für die Verfahrenssprache vor dem staatlichen Gericht: „Die Gerichtssprache ist deutsch" (derzeit gibt es eine Initiative der Bundesländer, bei bestimmten Gerichten englischsprachige Verhandlungen zuzulassen; ob die Sprach- und Sachkompetent der staatlichen Richter dann auch derjenigen von international erfahrenen Schiedsrichtern entspricht, ist aber fraglich).

Ferner wird im internationalen Bereich die Vollstreckung von Schiedsurteilen durch völkerrechtliche Abkommen erleichtert. Das wichtigste Abkommen über die Durchsetzung von Schiedssprüchen in der internationalen Handelsschiedsgerichtsbarkeit ist das UN-Übereinkommen über die Anerkennung und Vollstreckung ausländischer Schiedssprüche vom 10.06.1958. Nach seinem Abschlussort wird das Abkommen oft auch das „New Yorker UN-Übereinkommen zur Schiedsgerichtsbarkeit" genannt. Dieses Übereinkommen, dem über 120 Staaten beigetreten sind, regelt die wechselseitige Wirkungserstreckung von Schiedssprüchen zwischen den Abkommensstaaten. Das Abkommen stellt z. B. an die Formerfordernisse für eine wirksame Schiedsvereinbarung geringere Anforderungen als das interne deutsche Recht, welches insoweit von dem Abkommen verdrängt wird.

Ein weiterer Vorteil liegt darin, dass im Schiedsverfahren Schiedsrichter aus Drittländern bestellt werden können, bei denen man davon ausgehen kann, dass die Nationalität der Parteien sie nicht beeinflusst.

Beispiel

Ein Unternehmen mit Sitz in Deutschland liefert Anlagen an einen Staatsbetrieb in Nigeria. Das deutsche Unternehmen wird einen Rechtsstreit nicht vor einem Gericht in Nigeria austragen wollen, da dessen Unparteilichkeit (sehr) fraglich ist. Das nigerianische Unternehmen wird sich ungern einem (staatlichen) Gericht in einem ihm fremden Kulturkreis unterwerfen. Also vereinbart man ein Schiedsgericht und als Schiedsrichter eine Person aus einem Drittstaat, z. B. der Schweiz oder Frankreich.

Die Neutralität des Schiedsgerichts ist sicher ein großer Vorteil. Gerade im internationalen Bereich ist die Schiedsgerichtsbarkeit aber durch die so genannte „lex mercatoria" (lateinisch für „Handelsrecht") etwas in die Kritik geraten. Mit „lex mercatoria" bezeichnet eine Strömung in der Literatur ein „selbstgeschaffenes Recht des Welthandels", dessen genauer Inhalt aber nirgendwo verbindlich festgelegt wurde. Die als Rechtssätze der lex mercatoria von der Literatur angeführten allgemeinen Grundsätze (z. B. „pacta sunt servanda", lateinisch für: Verträge sind einzuhalten) gelten zwar sicherlich auch im internationalen Handelsverkehr. Sie sind grundsätzlich aber unbestritten; Probleme bereitet manchmal nur die Frage nach ihrer Tragweite in einem konkreten Einzelfall. Bei der Behandlung dieser Frage hilft jedoch die lex mercatoria nicht weiter, da sie nicht verästelt genug ist.

Indem seit 1980 eine nicht unbedeutende Anzahl von Schiedsgerichten ihr Urteil nicht auf die Regeln eines nationalen Rechts, sondern auf die lex mercatoria gestützt haben, wurde damit eine gewisse Unsicherheit in die internationale Schiedsgerichtsbarkeit hineingetragen, da das Ergebnis eines Rechtsstreits bei Anwendung der so genannten lex mercatoria nur schwer vorhersehbar ist.

„lex mercatoria"

6.5 Wiederholungsfragen

? 1. Liegt ein Handelsgeschäft vor, wenn ein eingetragener Kaufmann, der mit Stahl handelt, für sein Büro Möbel aus Holz bestellt? ▶ Abschn. 6.1.1

? 2. Gelten die besonderen Vorschriften des HGB über Handelsgeschäfte auch für Nichtkaufleute, die mit Kaufleuten Geschäfte machen? ▶ Abschn. 6.1.1

? 3. Was ist die Besonderheit von kaufmännischen Bestätigungsschreiben? ▶ Abschn. 6.1.2

? 4. Kennen Sie einige rechtliche Situationen, die für Handelsgeschäfte im HGB abweichend von den allgemeinen Bestimmungen im BGB geregelt sind?
▶ Abschn. 6.1.3

? 5. Welche Besonderheiten bestehen im Handelsrecht hinsichtlich der Zinsen wegen Nichtzahlung einer fälligen Summe? ▶ Abschn. 6.1.3

6

❓ 6. Was versteht man unter einem Kontokorrent?
▶ Abschn. 6.1.3

❓ 7. Welche Folgen hat die Untersuchungs- und Rügeobliegenheit für den Kaufmann, dem mangelhafte Ware
geliefert wird? ▶ Abschn. 6.2.1

❓ 8. Worin liegt der Unterschied zwischen dem Fracht-
und dem Speditionsvertrag? ▶ Abschn. 6.2.2

❓ 9. Was versteht man unter Internationalem Privatrecht
und was regelt dieses? ▶ Abschn. 6.3.1

❓ 10. Unter welchen Voraussetzungen untersteht ein
Vertrag dem UN-Kaufrecht? ▶ Abschn. 6.3.2

❓ 11. Was versteht man unter Incoterms und welche
Institution stellt eine Definition dieser Incoterms
bereit? ▶ Abschn. 6.3.3

❓ 12. Was ist die Besonderheit der Kammern für Handelssachen gegenüber den anderen Kammern eines
Landgerichts? ▶ Abschn. 6.4.1

❓ 13. Können die Parteien bei Handelsstreitigkeiten den
Gerichtsstand frei vereinbaren? ▶ Abschn. 6.4.2

❓ 14. Was versteht man unter einem Schiedsverfahren?
▶ Abschn. 6.4.3

❓ 15. Können die Vertragsparteien in einem Schiedsvertrag
selbst bestimmen, wer im Streitfalle als Schiedsrichter
entscheiden soll? ▶ Abschn. 6.4.3

Für den Kaufmann wichtige, nicht im HGB geregelte Rechtsmaterien

© Springer-Verlag GmbH Deutschland, ein Teil von Springer Nature 2019
J. Gruber, *Handelsrecht – Schnell erfasst*, Recht – schnell erfasst,
https://doi.org/10.1007/978-3-662-58348-7_7

7.1 Scheckrecht

Der Scheck beinhaltet eine schriftliche Anweisung an ein Kreditinstitut, aus einem Guthaben bei Vorlage des Schecks einen bestimmten Geldbetrag zu zahlen. Rechtliche Bestimmungen zum Scheck finden sich im Scheckgesetz (ScheckG). Dort werden in Art. 1 auch die Bestandteile eines Schecks aufgeführt.

> **Art. 1 ScheckG – Bestandteile des Schecks**
> Der Scheck enthält:
> 1. die Bezeichnung als Scheck im Texte der Urkunde, und zwar in der Sprache, in der sie ausgestellt ist;
> 2. die unbedingte Anweisung, eine bestimmte Geldsumme zu zahlen;
> 3. den Namen dessen, der zahlen soll (Bezogener);
> 4. die Angabe des Zahlungsorts;
> 5. die Angabe des Tages und des Ortes der Ausstellung;
> 6. die Unterschrift des Ausstellers.

Bezogener ist in der Praxis immer ein Kreditinstitut, auch wenn dies keine Voraussetzung für die Wirksamkeit des Schecks ist.

Bezogener

> **Art. 3 ScheckG – Bezogener**
> Der Scheck darf nur auf einen Bankier gezogen werden, bei dem der Aussteller ein Guthaben hat, und gemäß einer ausdrücklichen oder stillschweigenden Vereinbarung, wonach der Aussteller das Recht hat, über dieses Guthaben mittels Schecks zu verfügen. Die Gültigkeit der Urkunde als Scheck wird jedoch durch die Nichtbeachtung dieser Vorschriften nicht berührt.

Das Kreditinstitut ist nach dem Scheckgesetz dem Scheckinhaber gegenüber nicht verpflichtet, den Scheck einzulösen. Eine solche Verpflichtung des Kreditinstituts ergibt sich allerdings gegenüber dem Aussteller regelmäßig aus dem Vertragsverhältnis zwischen Aussteller und Bank, nach welchem sich die Bank verpflichtet, vom Aussteller ausgestellte Schecks einzulösen, sofern diese durch ein entsprechendes Guthaben des Ausstellers bei der Bank gedeckt sind.

Möglich, aber nicht erforderlich ist die Angabe des Schecknehmers auf dem Scheck. Fehlt diese Angabe, gilt der Scheck als zahlbar an den Inhaber (Art. 5 III ScheckG).

> **Art. 5 ScheckG – Zahlungsempfänger**
> (1) Der Scheck kann zahlbar gestellt werden:
>
> an eine bestimmte Person, mit oder ohne den ausdrücklichen Vermerk „an Order";
>
> an eine bestimmte Person, mit dem Vermerk „nicht an Order" oder mit einem gleichbedeutenden Vermerk;
>
> an den Inhaber.
>
> (2) Ist im Scheck eine bestimmte Person mit dem Zusatz „oder Überbringer" oder mit einem gleichbedeutenden Vermerk als Zahlungsempfänger bezeichnet, so gilt der Scheck als auf den Inhaber gestellt.
>
> (3) Ein Scheck ohne Angabe des Nehmers gilt als zahlbar an den Inhaber.

In der Praxis üblich sind Überbringerschecks im Sinne des Art. 5 II ScheckG, bei denen eine bestimmte Person mit dem Zusatz „oder Überbringer" als Zahlungsempfänger genannt wird. Ob ein Scheck „an Order" oder „nicht an Order" ausgestellt wird, hat Konsequenzen für die Übertragbarkeit. Dies ergibt sich aus Art. 14 ScheckG.

> **Art. 14 ScheckG – Zulässigkeit des Indossaments**
> (1) Der auf eine bestimmte Person zahlbar gestellte Scheck mit oder ohne den ausdrücklichen Vermerk „an Order" kann durch Indossament übertragen werden.
>
> (2) Der auf eine bestimmte Person zahlbar gestellte Scheck mit dem Vermerk „nicht an Order" oder mit einem gleichbedeutenden Vermerk kann nur in der Form und mit den Wirkungen einer gewöhnlichen Abtretung übertragen werden.
>
> (3) Das Indossament kann auch auf den Aussteller oder jeden anderen Scheckverpflichteten lauten. Diese Personen können den Scheck weiter indossieren.

Ein auf eine bestimmte Person zahlbar gestellter Scheck kann durch Indossament übertragen werden (Art. 14 I ScheckG). Ein Indossament ist der schriftliche Vermerk des aktuellen Schecknehmers, dass ein anderer die Rechte aus dem Scheck haben soll. Derjenige, der den Scheck per Indossament auf den neuen Schecknehmer überträgt, wird „Indossant" genannt, der neue Schecknehmer „Indossatar".

Das Indossament ist eine Übertragungserklärung, die   **Indossament**
meist auf die Rückseite des Schecks geschrieben wird (daher der Begriff, italienisch „in dosso" = auf dem Rücken) und vom Indossanten unterschrieben wird.

> **Art. 16 ScheckG – Form des Indossaments**
> (1) Das Indossament muß auf den Scheck oder ein mit dem Scheck verbundenes Blatt (Anhang) gesetzt werden. Es muß von dem Indossanten unterschrieben werden.

Das Indossament hat eine Transportfunktion (Art. 17 ScheckG), eine Garantiefunktion (Art. 18 ScheckG) und eine Legitimationsfunktion (Art. 19 ScheckG).

Transportfunktion

> **Art. 17 ScheckG – Transportfunktion des Schecks**
> (1) Das Indossament überträgt alle Rechte aus dem Scheck.

7

Die Transportfunktion des Indossaments wird insbesondere aus Art. 22 ScheckG ersichtlich.

> **Art. 22 ScheckG – Einwendungen des Bezogenen**
> Wer aus dem Scheck in Anspruch genommen wird, kann dem Inhaber keine Einwendungen entgegensetzen, die sich auf seine unmittelbaren Beziehungen zu dem Aussteller oder zu einem früheren Inhaber gründen, es sei denn, daß der Inhaber beim Erwerb des Schecks bewusst zum Nachteil des Schuldners gehandelt hat.

Die Besonderheit dieser Bestimmung wird deutlich, wenn man sie mit der gewöhnlichen Abtretung vergleicht. Diese wird in Art. 14 II ScheckG erwähnt. Danach kann ein Scheck, der auf eine bestimmte Person ausgestellt ist und den Vermerk „nicht an Order" trägt, nicht durch Indossament, sondern nur in Form der gewöhnlichen Abtretung übertragen werden. Die Abtretung ist in §§ 398 bis 413 BGB geregelt. Die wichtigste Bestimmung ist dabei § 404 BGB.

> **§ 404 BGB – Einwendungen des Schuldners**
> Der Schuldner kann dem neuen Gläubiger die Einwendungen entgegensetzen, die zur Zeit der Abtretung der Forderung gegen den bisherigen Gläubiger begründet waren.

Vergleicht man das Indossament und die gewöhnliche Abtretung, stellt man fest, dass durch beide die Rechte des bisherigen Gläubigers auf den neuen Gläubiger übertragen werden. Beim Indossament werden aber zusätzlich entgegen § 404 BGB die Einwendungen des Scheckschuldners aus seiner unmittelbaren Rechtsbeziehung zum Indossanten ausgeschlossen. Die Rechtsstellung des Indossatars kann daher eine andere sein als die des Indossanten.

Die Garantiefunktion des Indossaments ergibt sich aus　　**Garantiefunktion**
Art. 18 ScheckG. Wurde der Scheck indossiert, haften auch die Indossanten, sofern auf dem Wechsel kein entgegenstehender Vermerk steht.

Art. 18 ScheckG – Garantiefunktion des Schecks
(1) Der Indossant haftet mangels eines entgegenstehenden Vermerks für die Zahlung.

Die Legitimationsfunktion (auch Ausweisungsfunktion genannt) des Indossaments findet ihren Ausdruck in der Inhabervermutung des Art. 19 ScheckG.

Art. 19 ScheckG – Inhabervermutung
Wer einen durch Indossament übertragbaren Scheck in Händen hat, gilt als rechtmäßiger Inhaber, sofern er sein Recht durch eine ununterbrochene Reihe von Indossamenten nachweist, …

Eine besondere Form des Schecks, die man in der Praxis sehr häufig antrifft, ist der Verrechnungsscheck.

Art. 39 ScheckG – Verrechnungsscheck
(1) Der Aussteller sowie jeder Inhaber eines Schecks kann durch　　**Verrechnungsscheck**
den quer über die Vorderseite gesetzten Vermerk „nur zur Verrechnung" oder durch einen gleichbedeutenden Vermerk untersagen, daß der Scheck bar bezahlt wird.

(2) Der Bezogene darf in diesem Falle den Scheck nur im Wege der Gutschrift einlösen (Verrechnung, Überweisung, Ausgleichung). Die Gutschrift gilt als Zahlung.

Verrechnungsscheck ist ein Scheck, der auf seiner Vorderseite den Vermerk „nur zur Verrechnung" oder einen gleichbedeutenden Vermerk (z. B. „zur Gutschrift") trägt. In diesem Fall darf die Bank den Scheck nicht in bar auszahlen. Das Barzahlungsverbot dient der Sicherheit des Scheckverkehrs: Bei gestohlenen Barschecks kann in der Regel anhand der Scheckeinlösung der Dieb nicht ermittelt werden; bei Verrechnungsschecks lässt sich anhand der Gutschrift feststellen, wohin das Geld geflossen ist.

Der Scheck kann nicht als Kreditmittel benutzt werden, da er bei Vorlage eingelöst werden muss.

> **Art. 28 ScheckG – Fälligkeit**
> (1) Der Scheck ist bei Sicht zahlbar. Jede gegenteilige Angabe gilt als nicht geschrieben.

Art. 29 ScheckG bestimmt zwingend eine sehr kurze Vorlegungsfrist.

> **Art. 29 ScheckG – Vorlegungsfristen**
> (1) Ein Scheck, der im Lande der Ausstellung zahlbar ist, muß binnen acht Tagen zur Zahlung vorgelegt werden. …
>
> (4) Die vorstehend erwähnten Fristen beginnen an dem Tage zu laufen, der in dem Scheck als Ausstellungstag angegeben ist.

Lässt der Scheckinhaber diese Frist verstreichen, ohne den Scheck dem Bezogenen vorzulegen, verliert der Scheck zwar nicht seine Rechtswirkung. Der Scheck kann in diesem Fall jedoch nach Art. 32 ScheckG widerrufen werden.

> **Art. 32 ScheckG – Widerruf des Schecks**
> (1) Ein Widerruf des Schecks ist erst nach Ablauf der Vorlegungsfrist wirksam.
>
> (2) Wenn der Scheck nicht widerrufen ist, kann der Bezogene auch nach Ablauf der Vorlegungsfrist Zahlung leisten.

Rückgriff

Als weitere Rechtsfolge führt das Verstreichenlassen der Vorlegungsfrist dazu, dass der Scheckinhaber seine Rückgriffsrechte für den Fall verliert, dass der Scheck bei Vorlage nicht eingelöst wird (Art. 40 ScheckG).

Art. 40 ScheckG – Voraussetzungen des Rückgriffs
Der Inhaber kann gegen die Indossanten, den Aussteller und die anderen Scheckverpflichteten Rückgriff nehmen, wenn der rechtzeitig vorgelegte Scheck nicht eingelöst und die Verweigerung der Zahlung festgestellt worden ist:
1. durch eine öffentliche Urkunde (Protest) oder
2. durch eine schriftliche, datierte Erklärung des Bezogenen auf dem Scheck, die den Tag der Vorlegung angibt, oder
3. durch eine datierte Erklärung einer Abrechnungsstelle, dass der Scheck rechtzeitig eingeliefert und nicht bezahlt worden ist.

Bei einem ungedeckten Scheck gibt es also drei Kategorien von Rückgriffsschuldnern: den Aussteller, die Indossanten und die Scheckbürgen. Die Indossanten und ihre Haftung aus Art. 18 ScheckG wurden bereits oben behandelt.

Haftung beim ungedeckten Scheck
- Aussteller als Anspruchsgegner des Scheckinhabers: Anspruchsgrundlage Art. 12, 40 ScheckG
- Indossant als Anspruchsgegner des Scheckinhabers: Anspruchsgrundlage Art. 18, 40 ScheckG
- Scheckbürge als Anspruchsgegner des Scheckinhabers: Anspruchsgrundlage Art. 27, 40 ScheckG

Der wichtigste Rückgriffsschuldner ist der Aussteller. Dieser kann seine Haftung nicht ausschließen (Art. 12 ScheckG).

Art. 12 ScheckG – Haftung des Ausstellers
Der Aussteller haftet für die Zahlung des Schecks. Jeder Vermerk, durch den er diese Haftung ausschließt, gilt als nicht geschrieben.

Haftung

Liegt eine Scheckbürgschaft vor, haftet auch der Scheckbürge. Die Scheckbürgschaft ist in den Art. 25 bis 27 ScheckG geregelt.

Scheckbürgschaft

Art. 25 ScheckG – Wesen der Scheckbürgschaft
(1) Die Zahlung der Schecksumme kann ganz oder teilweise durch Scheckbürgschaft gesichert werden.

> **Art. 26 ScheckG – Form der Scheckbürgschaft**
> (1) Die Bürgschaftserklärung wird auf den Scheck oder auf einen Anhang gesetzt.

> **Art. 27 ScheckG – Haftung des Scheckbürgen**
> (1) Der Scheckbürge haftet in gleicher Weise wie derjenige, für den er sich verbürgt hat.

Protest

Ein Anspruch des Scheckinhabers gegen einen oder mehrere mögliche Rückgriffsschuldner (Aussteller, Indossanten, Scheckbürgen) besteht jedoch nur, wenn die Verweigerung der Zahlung festgestellt worden ist. Nach Art. 40 Nr. 1 ScheckG kann der Nachweis durch Protest erfolgen. Protest ist die Feststellung in einer öffentlichen Urkunde, dass die Zahlung des rechtzeitig vorgelegten Schecks verweigert wurde. Hinsichtlich der Formalien des Protestes verweist das ScheckG in Art. 55 III auf das Wechselgesetz (WG). Dort heißt es bezüglich des Protestes:

> **Art. 79 WG – Protestaufnahme**
> Jeder Protest muß durch einen Notar oder Gerichtsbeamten aufgenommen werden.

> **Art. 87 WG – Ort des Protestes**
> (1) Die Vorlegung zur Annahme oder Zahlung, die Protesterhebung, die Abforderung einer Ausfertigung sowie alle sonstigen bei einer bestimmten Person vorzunehmenden Handlungen müssen in deren Geschäftsräumen oder, wenn sich solche nicht ermitteln lassen, in deren Wohnung vorgenommen werden. An einer anderen Stelle, insbesondere an der Börse, kann dies nur mit beiderseitigem Einverständnis geschehen.

In der Praxis wird jedoch meist eine Erklärung der bezogenen Bank vorgelegt. Regelfall ist daher nicht der Protest nach Art. 40 Nr. 1 ScheckG, sondern die Erklärung nach Art. 40 Nr. 2 ScheckG.

Gibt es mehrere Rückgriffsschuldner, haften diese als Gesamtschuldner (Art. 44 ScheckG).

> **Art. 44 ScheckG – Haftung als Gesamtschuldner**
>
> (1) Alle Scheckverpflichteten haften dem Inhaber als Gesamt-
> schuldner.
>
> (2) Der Inhaber kann jeden einzelnen oder mehrere oder alle
> zusammen in Anspruch nehmen, ohne an die Reihenfolge
> gebunden zu sein, in der sie sich verpflichtet haben.
>
> (3) Das gleiche Recht steht jedem Scheckverpflichteten zu, der
> den Scheck eingelöst hat.
>
> (4) Durch die Geltendmachung des Anspruchs gegen einen
> Scheckverpflichteten verliert der Inhaber nicht seine Rechte
> gegen die anderen Scheckverpflichteten, auch nicht gegen die
> Nachmänner desjenigen, der zuerst in Anspruch genommen
> worden ist.

Haftung

Der Scheckinhaber sollte sich mit der Geltendmachung seines Rückgriffsanspruchs nicht allzu lange Zeit lassen, da dieser Anspruch einer kurzen Verjährungsfrist unterliegt.

> **Art. 52 ScheckG – Verjährungsfrist**
>
> (1) Die Rückgriffsansprüche des Inhabers gegen die Indossanten,
> den Aussteller und die anderen Scheckverpflichteten verjähren
> in sechs Monaten vom Ablauf der Vorlegungsfrist.

Die ZPO enthält spezielle Vorschriften für den Scheckprozess
(§§ 605a, 602 ff. ZPO), die ein zügiges Gerichtsverfahren erlauben, da bei bestrittenen Tatsachen nur der Beweis durch
Urkunden zugelassen ist.

Scheckprozess

7.2 Wechselrecht

Rechtliche Bestimmungen zum Wechsel finden sich im
Wechselgesetz (WG). Der Wechsel ist in erster Linie ein Mit-
tel zur Kreditbeschaffung. Er begründet eine eigene, abstrakte
Forderung. Nur diese wertpapierrechtliche Forderung ist in
der Wechselurkunde verkörpert. Dem Wechsel liegt jedoch in
der Praxis im Regelfall eine Forderung aus einem Rechtsgeschäft zugrunde. Wenn der Gläubiger vom Schuldner einen
Wechsel entgegennimmt, geschieht dies im Zweifel aber nur
erfüllungshalber (§ 364 II BGB).

> **§ 364 BGB – Annahme an Erfüllungs statt**
> (1) Das Schuldverhältnis erlischt, wenn der Gläubiger eine andere als die geschuldete Leistung an Erfüllungs statt annimmt.
>
> (2) Übernimmt der Schuldner zum Zwecke der Befriedigung des Gläubigers diesem gegenüber eine neue Verbindlichkeit, so ist im Zweifel nicht anzunehmen, dass er die Verbindlichkeit an Erfüllungs statt übernimmt.

Die ursprüngliche Forderung bleibt daher bestehen und ist bis zur Fälligkeit des Wechsels gestundet, sofern die Parteien nichts anderes vereinbart haben. Der Gläubiger muss daher zunächst Befriedigung aus dem Wechsel suchen.

Die Grundstruktur des Wechsels entspricht derjenigen der Anweisung in § 783 BGB.

> **§ 783 BGB – Rechte aus der Anweisung**
> Händigt jemand eine Urkunde, in der er einen anderen anweist, Geld, Wertpapiere oder andere vertretbare Sachen an einen Dritten zu leisten, dem Dritten aus, so ist dieser ermächtigt, die Leistung bei dem Angewiesenen im eigenen Namen zu erheben; der Angewiesene ist ermächtigt, für Rechnung des Anweisenden an den Anweisungsempfänger zu leisten.

Im Unterschied zu § 783 BGB kann beim Wechsel aber eine Person zugleich Aussteller und Bezogener sein (Art. 3 II WG).

> **Art. 3 WG – Ausstellung des Wechsels**
> (1) Der Wechsel kann an die eigene Order des Ausstellers lauten.
>
> (2) Er kann auf den Aussteller selbst gezogen werden.
>
> (3) Er kann für Rechnung eines Dritten gezogen werden.

Dieser Wechsel, bei dem der Aussteller sich selbst zur Zahlung der Wechselsumme an den Wechselnehmer verpflichtet, wird als Solawechsel bezeichnet. Dazu finden sich Regelungen in den Art. 75 ff. WG. Der Wechsel, bei dem ein Dritter Bezogener ist (Art. 3 III WG), wird gezogener Wechsel oder Tratte genannt.

Beispiel

Anton hat Schulden bei Willibald und Forderungen gegen Berthold. Anton kann nun einen Wechsel ausstellen, nach welchem Berthold verpflichtet ist, eine bestimmte Summe an Willibald zu bezahlen. Anton ist dann der Aussteller des Wechsels, Berthold der Bezogene und Willibald der Wechselnehmer.

Das Wechselrecht schreibt für den Inhalt eines Wechsels bestimmte Bestandteile vor, deren Fehlen den Wechsel unter Umständen nichtig macht.

> **Art. 1 WG – Bestandteile des Wechsels**
> Der gezogene Wechsel enthält:
> 1. die Bezeichnung als Wechsel im Texte der Urkunde, und zwar in der Sprache, in der sie ausgestellt ist;
> 2. die unbedingte Anweisung, eine bestimmte Geldsumme zu zahlen;
> 3. den Namen dessen, der zahlen soll (Bezogener);
> 4. die Angabe der Verfallzeit;
> 5. die Angabe des Zahlungsortes;
> 6. den Namen dessen, an den oder an dessen Order gezahlt werden soll;
> 7. die Angabe des Tages und des Ortes der Ausstellung;
> 8. die Unterschrift des Ausstellers.

Bei einem Solawechsel wird ein Bezogener nicht genannt. Verfallzeit (Art. 1 Nr. 4 WG) ist der Termin, an dem zu zahlen ist. Fehlt eine Verfallzeit, gilt der Wechsel als Sichtwechsel.

> **Art. 34 WG – Sichtwechsel**
> (1) [S. 1] Der Sichtwechsel ist bei der Vorlegung fällig. …

Als Haftungsschuldner aus dem Wechsel kommen in erster Linie der Aussteller und der Bezogene in Betracht: Der Aussteller haftet für die Annahme und die Zahlung des Wechsels.

> **Art. 9 WG – Haftung des Ausstellers**
> (1) Der Aussteller haftet für die Annahme und die Zahlung des Wechsels.

Haftung

Der Bezogene ist nur dann zur Zahlung an den Wechselnehmer verpflichtet, wenn er den Wechsel angenommen hat.

> **Art. 28 WG – Wirkung der Annahme**
> (1) Der Bezogene wird durch die Annahme verpflichtet, den Wechsel bei Verfall zu bezahlen.

7

Indem der Bezogene seine Annahmeerklärung (Akzept) auf die Wechselurkunde setzt, wird er zum so genannten Akzeptanten und damit zum Hauptschuldner der Wechselverbindlichkeit.

> **Art. 25 WG – Annahme des Wechsels**
> (1) Die Annahmeerklärung wird auf den Wechsel gesetzt. Sie wird durch das Wort „angenommen" oder ein gleichbedeutendes Wort ausgedrückt; sie ist vom Bezogenen zu unterschreiben. Die bloße Unterschrift des Bezogenen auf der Vorderseite des Wechsels gilt als Annahme.

Da es sich bei der Wechselforderung um eine abstrakte Forderung handelt, kann der Akzeptant sich nicht darauf berufen, dass er zwar den Wechsel angenommen habe, nachher jedoch festgestellt habe, dass dies ohne Rechtsgrund geschah. Damit weicht das Wechselrecht von der allgemeinen Bestimmung des § 404 BGB ab, nach welcher der Schuldner dem neuen Gläubiger die Einwendungen entgegensetzen kann, die zur Zeit der Abtretung der Forderung gegen den bisherigen Gläubiger begründet waren.

> **Art. 17 WG – Einwendungen des Wechselschuldners**
> Wer aus dem Wechsel in Anspruch genommen wird, kann dem Inhaber keine Einwendungen entgegensetzen, die sich auf seine unmittelbaren Beziehungen zu dem Aussteller oder zu einem früheren Inhaber gründen, es sei denn, daß der Inhaber bei dem Erwerb des Wechsels bewußt zum Nachteil des Schuldners gehandelt hat.

Indossament

Die Übertragung des Wechsels erfolgt in der Regel – wie die Übertragung des Schecks – durch Indossament.

> **Art. 11 WG – Übertragung des Wechsels**
> (1) Jeder Wechsel kann durch Indossament übertragen werden, auch wenn er nicht ausdrücklich an Order lautet.

Die Voraussetzungen und die Rechtsfolgen der Übertragung eines Wechsels durch Indossament entsprechen denen der Übertragung eines Schecks durch Indossament.

Art. 13 WG – Form des Indossaments
(1) Das Indossament muß auf den Wechsel oder auf ein mit dem Wechsel verbundenes Blatt (Anhang) gesetzt werden. Es muß von dem Indossanten unterschrieben werden.

Beispiel
Die übliche Klausel lautet: „Für mich an die Order des … Ort, Datum, Unterschrift".

Das Indossament hat beim Wechsel ebenso wie beim Scheck eine Transportfunktion, das heißt es überträgt das verbriefte Recht.

Art. 14 WG – Transportfunktion des Indossaments
(1) Das Indossament überträgt alle Rechte aus dem Wechsel.

Das Indossament hat auch eine Garantiefunktion, das heißt der Indossant haftet für die Zahlung des Wechsels.

Art. 15 WG – Garantiefunktion des Indossaments
(1) Der Indossant haftet mangels eines entgegenstehenden Vermerks für die Annahme und die Zahlung.

Haftung

Der Wechsel bietet wie der Scheck bei der gerichtlichen Durchsetzung der Forderung Vorteile. Die ZPO enthält spezielle Vorschriften für den Wechselprozess (§§ 602 ff., 592 ff. ZPO), die ein zügiges Gerichtsverfahren erlauben, da bei bestrittenen Tatsachen nur der Beweis durch Urkunden zugelassen ist. Dem Wechselinhaber hilft im Prozess ferner die Legitimitätsvermutung des Art. 16 I WG (Legitimationsfunktion des Indossaments).

Wechselprozess

Art. 16 WG – Wechselvermutung
(1) [S. 1] Wer den Wechsel in Händen hat, gilt als rechtmäßiger Inhaber, sofern er sein Recht durch eine ununterbrochene Reihe von Indossamenten nachweist, …

7.3 Gewerblicher Rechtsschutz

7.3.1 Überblick und Abgrenzung zum Urheberrecht

Gewerblicher Rechtsschutz ist ein Sammelbegriff für verschiedene Rechtsgebiete

Gewerblicher Rechtsschutz ist ein von juristischen Fachschriftstellern entwickelter Sammelbegriff für verschiedene Schutzrechte, welche für einen Gewerbetreibenden von Bedeutung sein können. Der Begriff wird auch in Art. 73 I Nr. 9 GG im Zusammenhang mit der ausschließlichen Gesetzgebungskompetenz des Bundes erwähnt, aber nicht definiert. Man zählt darunter das Patent-, das Gebrauchsmuster-, das Design- und das Wettbewerbsrecht sowie das Recht der Marken und sonstigen Kennzeichen, welche im Folgenden skizziert werden.

Urheberrecht

Kein Bestandteil des Gewerblichen Rechtsschutzes ist dagegen das Urheberrecht, das jedoch zum besseren Verständnis der Besonderheiten des Gewerblichen Rechtsschutzes meist im Zusammenhang mit diesem behandelt wird. Das Urheberrecht ist im Gesetz über Urheberrechte und verwandte Schutzrechte (Urheberrechtsgesetz – UrhG) geregelt. Der Schutzbereich dieses Gesetzes ist in seinem § 1 definiert.

Schutzfähig ist nur die konkrete Darstellung, nicht die in der Darstellung verkörperte Idee.

> **§ 1 UrhG – Schutzbereich des UrhG**
> Die Urheber von Werken der Literatur, Wissenschaft und Kunst genießen für ihre Werke Schutz nach Maßgabe dieses Gesetzes.

Das Urheberrechtsgesetz schützt also in erster Linie Werke künstlerischen Schaffens. In diesem Sinne ist auch die Werkkategorie „Wissenschaft" zu verstehen. Diese umfasst keine Handlungsanweisungen, weshalb (technische) Erfindungen nicht unter das Urheberrechtsgesetz fallen, sondern nur durch das Patent- oder das Gebrauchsmustergesetz geschützt werden. Urheberrechtlich schutzfähig ist nur die konkrete Darstellung der technischen Leistung, nicht aber die in der Darstellung verkörperte Idee.

Beispiel

Erfinder Egon reicht eine Patentanmeldung für einen neuartigen Motor mit einer beigefügten Skizze beim Deutschen Patent- und Markenamt (DPMA) ein. Verleger Viktor will diese Skizze in einem Buch veröffentlichen, Fabrikant Fridolin beabsichtigt, den von Egon erfundenen neuartigen Motor nachzubauen. Egon kann beiden die Verwirklichung ihres Vorhabens untersagen: Gegen Viktor hat er einen Anspruch nach dem UrhG, gegen Fridolin nach dem Patentgesetz.

Das Urheberrecht ist in den letzten Jahren auf den Schutz von Computerprogrammen (§ 2 UrhG) und Datenbanken (§ 4 UrhG) – auf der Grundlage von EU-Richtlinien – ausgeweitet worden.

Zur Entstehung des Urheberrechts ist kein formelles Verfahren erforderlich. Mit der Schaffung des Werkes entsteht das Urheberrecht.

Das Urheberrecht erlischt erst 70 Jahre nach dem Tod des Urhebers (§ 64 UrhG). Von diesem Grundsatz gibt es zwei Ausnahmen: die Rechte an einem Tonträger erlöschen 70 Jahre nach Erscheinen des Tonträgers (§§ 82 I, 85 III UrhG) und die Rechte an einer Datenbank erlöschen nach § 87d UrhG sogar schon 15 Jahre nach der Veröffentlichung der Datenbank.

7.3.2 Patentrecht

Erfindungen können nach dem Patentgesetz (PatG) geschützt werden.

> **§ 1 PatG – Voraussetzungen der Patenterteilung**
> (1) Patente werden für Erfindungen auf allen Gebieten der Technik erteilt, die neu sind, auf einer erfinderischen Tätigkeit beruhen und gewerblich anwendbar sind.

Schutzfähig sind sowohl Erzeugnisse als auch Verfahren (§ 9 S. 2 Nr. 1 und 2 PatG). Die Patenterteilung setzt voraus, dass die Erfindung beim Deutschen Patent- und Markenamt (DPMA) angemeldet wurde (§ 34 I PatG). Das DPMA (§§ 26 ff. PatG) ist eine Behörde mit Sitz in München, welche dem Bundesministerium der Justiz und für Verbraucherschutz unterstellt ist. Diese Behörde prüft, ob der Antrag die formalen Voraussetzungen (dazu zählen die Angabe des Namens des Anmelders und die Beschreibung der Erfindung) erfüllt (§ 42 PatG). Eine Prüfung der materiellen Voraussetzungen der Patentfähigkeit erfolgt nur auf Antrag, der vom Erfinder sowie von jedem Dritten bis zum Ablauf von sieben Jahren nach Einreichung der Anmeldung gestellt werden kann (§ 44 PatG). Mit dieser langen Frist will man

Patente erteilt das Deutsche Patent- und Markenamt in München.

► www.dpma.de

dem Erfinder die Möglichkeit einräumen, dass er prüft, ob seine Erfindung überhaupt wirtschaftlich verwertbar ist. Dieser Aspekt ist deswegen wichtig, weil das Patent Kosten verursacht. So müssen z. B. eine Gebühr für die Anmeldung (§ 36 VI PatG), eine Gebühr für den Antrag auf Prüfung der Anmeldung (§ 44 III PatG) sowie nach Anmeldung des Patents Jahresgebühren für das 3. bis zum 20. Jahr der Laufzeit des Patents bezahlt werden (§ 17 PatG). Die Gebührenhöhe ergibt sich aus dem Patentkostengesetz.

Beispiel

Die Erteilung und die Aufrechterhaltung eines Patents sind gebührenpflichtig.

Nach dem Patentkostengesetz beträgt die Anmeldegebühr 60 €, die Gebühr für den Antrag auf Prüfung der Anmeldung 150 € und die Jahresgebühren beginnen im dritten Jahr mit 70 € und enden im 20. Jahr bei 1940 €.

Liegen die Voraussetzungen des § 1 PatG vor, wird nach Prüfung der materiellen Voraussetzungen durch das DPMA ein Patent erteilt und diese Erteilung im Patentblatt veröffentlicht (§ 58 PatG). Innerhalb einer Frist von neun Monaten kann jeder Dritte gegen diese Patenterteilung beim DPMA Einspruch einlegen (§ 59 PatG). Der Einspruch kann nur auf einen Widerrufsgrund nach § 21 I PatG gestützt werden.

> **§ 21 PatG – Widerruf des Patents**
> (1) Das Patent wird widerrufen (§ 61 PatG), wenn sich ergibt, daß
> 1. der Gegenstand des Patents nach den §§ 1 bis 5 [PatG] nicht patentfähig ist,
> 2. das Patent die Erfindung nicht so deutlich und vollständig offenbart, daß ein Fachmann sie ausführen kann,
> 3. der wesentliche Inhalt des Patents den Beschreibungen, Zeichnungen, Modellen, Gerätschaften oder Einrichtungen eines anderen oder einem von diesem angewendeten Verfahren ohne dessen Einwilligung entnommen worden ist (widerrechtliche Entnahme),
> 4. …

Gegen die Patenterteilung kann Einspruch eingelegt werden.

Über den Einspruch entscheidet die Patentabteilung des DPMA durch Beschluss (§ 61 PatG). Gegen diesen Beschluss ist Beschwerde vor dem Bundespatentgericht möglich (§ 73 PatG). Das Bundespatentgericht ist ein Bundesgericht ohne Unterbau (es gibt keine Landespatentgerichte o. ä.) mit Sitz in München. Gegen den Beschluss des Bundespatentgerichts ist Rechtsbeschwerde beim Bundesgerichtshof statthaft, wenn das Bundespatentgericht sie zugelassen hat oder wenn ein Verfahrensmangel gerügt wird (§ 100 PatG).

Nach Ablauf der Neunmonatsfrist kann das Patent nur mit einer Nichtigkeitsklage vor dem Bundespatentgericht angegriffen werden (§ 81 PatG). Auch die Nichtigkeitsklage kann jeder Dritte erheben, und das selbst dann, wenn er bereits erfolglos das Einspruchsverfahren betrieben hat. Gegen das Urteil des Bundespatentgerichts ist Berufung beim Bundesgerichtshof zulässig (§ 110 PatG).

> Ein Patent kann mit einer Nichtigkeitsklage angegriffen werden.

Wie der Einspruch ist auch die Klage nur erfolgreich, wenn ein Widerrufsgrund nach § 21 I PatG vorliegt (§ 22 I PatG). Ein Unterschied zwischen dem Einspruch und der Nichtigkeitsklage liegt – außer in der Fristgebundenheit des Einspruchs – darin, dass bei Erfolglosigkeit des Verfahrens im Klageverfahren dem Kläger höhere Kosten entstehen als demjenigen, der erfolglos Einspruch eingelegt hat.

Die Schutzdauer eines Patents beträgt maximal 20 Jahre ab Anmeldung (§ 16 PatG); lediglich bei Arznei- und bei Pflanzenschutzmitteln ist eine Schutzdauer von maximal 25 Jahren möglich (§ 16a PatG). Während der Schutzdauer kann der Patentinhaber gegen jeden vorgehen, der sein Patent widerrechtlich nutzt.

> Die Schutzdauer eines Patents ist begrenzt.

---

§ 139 PatG – Unterlassungs- und Schadensersatzanspruch

(1) Wer entgegen den §§ 9 bis 13 [PatG] eine patentierte Erfindung benutzt, kann vom Verletzten bei Wiederholungsgefahr auf Unterlassung in Anspruch genommen werden. Der Anspruch besteht auch dann, wenn eine Zuwiderhandlung erstmalig droht.

(2) [S. 1] Wer die Handlung vorsätzlich oder fahrlässig vornimmt, ist dem Verletzten zum Ersatz des daraus entstandenen Schadens verpflichtet.

(3) [S. 1] Ist Gegenstand des Patents ein Verfahren zur Herstellung eines neuen Erzeugnisses, so gilt bis zum Beweis des Gegenteils das gleiche Erzeugnis, das von einem anderen hergestellt worden ist, als nach dem patentierten Verfahren hergestellt.

Unabhängig vom Streitwert sind für diese Patentverletzungsprozesse die Landgerichte zuständig (§ 143 I PatG). Im Patentverletzungsprozess kann das Landgericht nicht überprüfen, ob das Patent hätte erteilt werden dürfen oder nicht. Die Patenterteilung durch das DPMA ist für das Gericht bindend.

> Für Patentverletzungsprozesse sind die Landgerichte zuständig.

Rechtsschutz im
Patentrecht

> **Rechtsmittel Dritter gegen die Patenterteilung**
> 1. Einspruchsverfahren
> - Gegen die Patenterteilung ist innerhalb von neun Monaten nach der Veröffentlichung Einspruch beim DPMA möglich.
> - Gegen den Beschluss des DPMA ist Beschwerde vor dem Bundespatentgericht möglich.
> - Gegen den Beschluss des Bundespatentgerichts ist Rechtsbeschwerde beim BGH möglich.
> 2. Nichtigkeitsverfahren
> - Gegen die Patenterteilung ist unbefristet Klage vor dem Bundespatentgericht möglich.
> - Gegen das Urteil des Bundespatentgerichts ist Berufung beim BGH möglich.

7

> **Klage des Patentinhabers gegen den Patentverletzer im Patentverletzungsprozess**
> - Klage des Patentinhabers gegen den Patentverletzer vor dem Landgericht (Gericht kann die Rechtmäßigkeit der Patenterteilung nicht überprüfen).
> - Gegen das Urteil des Landgerichts kann der Unterlegene Berufung vor dem Oberlandesgericht oder bei Rechtssachen mit grundsätzlicher Bedeutung direkt Sprungrevision beim BGH einlegen.
> - Gegen das Berufungsurteil des Oberlandesgerichts kann Revision beim BGH eingelegt werden.

Ein deutsches Patent
gewährt nur in
Deutschland Schutz.

Ein vom DPMA erteiltes Patent gewährt nur für Deutschland Schutz. Will der Erfinder auch für andere Staaten Schutz beanspruchen, muss er bei den dort zuständigen Stellen ein Patent gemäß dem dort geltenden Recht beantragen. Mehrere internationale Abkommen räumen den Staatsangehörigen der Mitgliedsstaaten des jeweiligen Abkommens verfahrensrechtliche Erleichterungen beim Patenterteilungsverfahren im Ausland ein.

Beispiel

Erfinder Willy Weizenkeim hat eine neuartige Maschine zur Reinigung von Zahnprothesen erfunden. Seine Erfindung hat er in Deutschland beim DPMA schützen lassen. Einige Monate später erfährt er, dass in Brasilien ein Unternehmen begonnen hat, das von ihm in Deutschland patentierte Produkt herzustellen. Wenn Erfinder Willy Weizenkeim nicht auch in Brasilien ein Patent angemeldet hat, kann er nichts gegen die Produktion der Zahnprothesenreinigungsmaschine in Brasilien unternehmen. Lediglich wenn die in Brasilien hergestellten Produkte nach Deutschland eingeführt werden sollen, kann der Erfinder sie durch die Zollbehörden beschlagnahmen lassen (§ 142a PatG).

7.3.3 Gebrauchsmusterrecht

Das Gebrauchsmusterrecht ist im Gebrauchsmustergesetz (GebrMG) geregelt. Schutzgegenstand beim Gebrauchsmuster ist wie beim Patent eine Erfindung. Im Gegensatz zum Patent sind aber Verfahren nicht schutzfähig (§ 2 Ziff. 3 GebrMG).

Verfahren sind nicht als Gebrauchsmuster schutzfähig.

> **§ 1 GebrMG – Schutzbereich des GebrMG**
> (1) Als Gebrauchsmuster werden Erfindungen geschützt, die neu sind, auf einem erfinderischen Schritt beruhen und gewerblich anwendbar sind.

Während beim Patent die Erfindung auf einer erfinderischen Tätigkeit beruhen muss, fordert das GebrMG einen erfinderischen Schritt. Trotz der unterschiedlichen Formulierungen im Gesetzestext stimmen die Anforderungen an die Erfindungshöhe überein (BGH, Beschluss v. 20.06.2006 – X ZB 27/05, GRUR 2006, 842).

Es erfordert einen „erfinderischen Schritt"

> **§ 4 GebrMG – Anmeldung**
> (1) [S. 1] Erfindungen, für die der Schutz als Gebrauchsmuster verlangt wird, sind beim Patentamt anzumelden. …

Ein wesentlicher Unterschied zwischen Patent- und Gebrauchsmuster besteht darin, dass das DPMA die materiellen Voraussetzungen für die Erteilung eines Gebrauchsmusters nicht prüft (§ 8 I 2 GebrMG).

> **§ 8 GebrMG – Prüfung durch das DPMA**
> (1) … [S. 2] Eine Prüfung des Gegenstands der Anmeldung auf Neuheit, erfinderischen Schritt und gewerbliche Anwendbarkeit findet nicht statt. …

Daher kann im Verletzungsverfahren der als Verletzer in Anspruch Genommene jederzeit die Schutzunfähigkeit des Gebrauchsmusters geltend machen (§§ 13 I, 15 GebrMG).

Außerdem wird ein Gebrauchsmuster nur für maximal zehn Jahre erteilt (§ 23 I GebrMG).

7.3.4 Design-/Geschmacksmusterrecht

Schutz für Formen im gewerblichen Bereich

Das Designrecht ist im Gesetz über den rechtlichen Schutz von Design (DesignG) vom 24.02.2014 geregelt. Zuvor hieß das Gesetz „Geschmacksmustergesetz"; auf EU-Ebene (VO 6/2002 vom 12.12.2001 über das Gemeinschaftsgeschmacksmuster) wird nach wie vor nicht von Design, sondern von Geschmacksmuster gesprochen.

Das DesignG stellt die Formgestaltung im gewerblichen Bereich unter Schutz. Was schutzfähig ist, wird in § 2 I, § 1 I Nr. 1 und § 4 DesignG definiert.

> **§ 2 DesignG – Designschutz**
> (1) Als Design wird ein Design geschützt, das neu ist und Eigenart hat.

> **§ 1 DesignG – Begriffsbestimmungen**
> Im Sinne dieses Gesetzes
> 1. ist ein Design die zweidimensionale oder dreidimensionale Erscheinungsform eines ganzen Erzeugnisses oder eines Teils davon, die sich insbesondere aus den Merkmalen der Linien, Konturen, Farben, der Gestalt, Oberflächenstruktur oder der Werkstoffe des Erzeugnisses selbst oder seiner Verzierung ergibt;
> 2. ...

> **§ 4 DesignG – Bauelemente komplexer Erzeugnisse**
> Ein Design, das bei einem Erzeugnis, das Bauelement eines komplexen Erzeugnisses ist, benutzt oder in dieses Erzeugnis eingefügt wird, gilt nur dann als neu und hat nur dann Eigenart, wenn das Bauelement, das in ein komplexes Erzeugnis eingefügt ist, bei dessen bestimmungsgemäßer Verwendung sichtbar bleibt und diese sichtbaren Merkmale des Bauelements selbst die Voraussetzungen der Neuheit und Eigenart erfüllen.

Das Design muss beim DPMA angemeldet werden (§ 11 DesignG). Eine materielle Prüfung durch das DPMA auf Neuheit und Eigenart erfolgt nicht (§ 16 DesignG). Daher gewährt ein eingetragenes Design auch nur einen eingeschränkten Schutz.

> **§ 39 DesignG – Vermutung der Rechtsgültigkeit**
> Zugunsten des Rechtsinhabers wird vermutet, dass die an die Rechtsgültigkeit eines eingetragenen Designs zu stellenden Anforderungen erfüllt sind.

Die Schutzdauer beträgt maximal 25 Jahre, gerechnet ab dem Anmeldetag (§ 27 II DesignG).

7.3.5 Recht der Marken und sonstigen Kennzeichen

Das Markenrecht ist im Gesetz über den Schutz von Marken und sonstigen Kennzeichen (Markengesetz – MarkenG) geregelt.

> **§ 1 MarkenG – Geschützte Marken und sonstige Kennzeichen**
> Nach diesem Gesetz werden geschützt:
> 1. Marken,
> 2. geschäftliche Bezeichnungen,
> 3. geographische Herkunftsangaben.

Zu den geschäftlichen Bezeichnungen nach § 1 Nr. 2 MarkenG gehört insbesondere die Firma. Auf die daraus erwachsenden Schutzansprüche sind wir schon oben bei der Firma eingegangen.

Eine Aufzählung der Zeichen, die als Marke geschützt werden können, findet sich in § 3 I MarkenG.

> **§ 3 MarkenG – Als Marke schutzfähige Zeichen**
> (1) Als Marke können alle Zeichen, insbesondere Wörter einschließlich Personennamen, Abbildungen, Buchstaben, Zahlen, Klänge, dreidimensionale Gestaltungen einschließlich der Form einer Ware oder ihrer Verpackung sowie sonstige Aufmachungen einschließlich Farben und Farbzusammenstellungen geschützt werden, die geeignet sind, Waren oder Dienstleistungen eines Unternehmens von denjenigen anderer Unternehmen zu unterscheiden.

7

Beispiele

Wörter: Puma, Milka; Personennamen: Yves St. Laurent; Abbildungen: Gelbes Dreieck bei der Commerzbank, Mercedesstern; Buchstaben: GTI, BMW; Zahlen: 4711; Verpackungen: Dimple-Flasche, Cola-Flasche; Klänge: Jingle, das in der Werbung eingesetzt wird; Farbkombinationen: blau-weiß für Aral.

Ausschlussgründe für eine Markeneintragung

---

§ 8 MarkenG – Absolute Schutzhindernisse

(2) Von der Eintragung ausgeschlossen sind Marken,

1. denen für die Waren oder Dienstleistungen jegliche Unterscheidungskraft fehlt,
2. die ausschließlich aus Zeichen oder Angaben bestehen, die im Verkehr zur Bezeichnung der Art, der Beschaffenheit, der Menge, der Bestimmung, des Wertes, der geographischen Herkunft, der Zeit der Herstellung der Waren oder der Erbringung der Dienstleistungen oder zur Bezeichnung sonstiger Merkmale der Waren oder Dienstleistungen dienen können,
3. die ausschließlich aus Zeichen oder Angaben bestehen, die im allgemeinen Sprachgebrauch oder in den redlichen und ständigen Verkehrsgepflogenheiten zur Bezeichnung der Waren oder Dienstleistungen üblich geworden sind,
4. die geeignet sind, das Publikum insbesondere über die Art, die Beschaffenheit oder die geographische Herkunft der Waren oder Dienstleistungen zu täuschen,
5. die gegen die öffentliche Ordnung oder die guten Sitten verstoßen,
6. die Staatswappen, Staatsflaggen oder andere staatliche Hoheitszeichen oder Wappen eines inländischen Ortes … enthalten, …

Beispiele

Die Kurt Klugmann Küchenbau AG möchte die Marke „Turbo" für Küchen eintragen lassen. Eine Eintragung ist nicht möglich, da es sich um ein gebräuchliches Wort der deutschen Sprache handelt, das beschreibend verstanden wird und dem damit jegliche Unterscheidungskraft fehlt (§ 8 II Nr. 1 MarkenG).

Die Besovsky Bräu AG möchte die neue Bier-Marke „Bier" beim DPMA als Marke eintragen. Eine Eintragung ist nicht möglich, da dieser Begriff ein Gattungsbegriff ist. Gattungsbegriffe können nicht als Marke geschützt werden (§ 8 II Nr. 2 MarkenG).

> **§ 4 MarkenG – Entstehung des Markenschutzes**
> Der Markenschutz entsteht
> 1. durch die Eintragung eines Zeichens als Marke in das vom
>   Deutschen Patent- und Markenamt geführte Register,
> 2. durch die Benutzung eines Zeichens im geschäftlichen
>   Verkehr, soweit das Zeichen innerhalb beteiligter Verkehrs-
>   kreise als Marke Verkehrsgeltung erworben hat, oder
> 3. durch die … notorische Bekanntheit einer Marke.

Will man eine Marke durch Eintragung erwerben, ist eine Anmeldung beim DPMA einzureichen (§ 32 I MarkenG). Dabei ist auch ein Verzeichnis derjenigen Waren oder Dienstleistungen vorzulegen, für welche die Eintragung beantragt wird. Die Klassifizierung der Waren und Dienstleistungen richtet sich nach der Verordnung zur Ausführung des Markengesetzes (Markenverordnung – MarkenV).

Marken können durch Eintragung einer Marke in das Markenregister erworben werden.

Beispiel

Die Markenverordnung unterscheidet nach Waren- und Dienstleistungsklassen und führt zahlreiche solcher Klassen auf. So gibt es z. B. die Warenklasse „Musikinstrumente" und die Dienstleistungsklasse „Erziehung; Ausbildung; Unterhaltung; sportliche und kulturelle Aktivitäten". Die Marke wird nur für die Waren- bzw. Dienstleistungsklasse(n) erteilt, für welche sie beantragt ist. Beantragt man eine Marke für mehrere Waren- oder Dienstleistungsklassen, fallen entsprechend höhere Gebühren an.

Das DPMA prüft die Anmeldung auf absolute Schutzhindernisse (§ 37 MarkenG). Was absolute Schutzhindernisse sind, ergibt sich aus dem oben dargestellten § 8 MarkenG. Nicht geprüft wird jedoch, ob bereits eine entsprechende Marke von einem Dritten angemeldet wurde.

Das DPMA prüft nicht, ob die Marke bereits von einem Dritten angemeldet wurde.

Man kann auch Markenschutz ohne Eintragung der Marke erhalten, nämlich durch Benutzung einer Marke im geschäftlichen Verkehr. Der für die Anerkennung notwendige Bekanntheitsgrad in den einschlägigen Verkehrskreisen muss je nach Fall bei 20 bis 70 % liegen.

Im Gegensatz zu den durch Benutzung erworbenen Marken hängt der Schutz notorischer Marken nicht von der Benutzung im Inland ab, sondern es genügt eine im Ausland erworbene Bekanntheit. Notorisch bekannte Marken sind solche, die (fast) jeder kennt.

Das Markenrecht kennt
keine maximale
Schutzdauer.

Die eingetragene Marke hat eine Schutzdauer von zunächst zehn Jahren; diese Schutzdauer ist aber unbeschränkt verlängerbar (§ 47 MarkenG). Sowohl bei der Anmeldung als auch bei der Verlängerung der Schutzdauer sind Gebühren zu entrichten (§ 47 III MarkenG).

Bei eingetragenen Marken besteht – im Gegensatz z. B. zum Patent – eine Benutzungspflicht.

Eine Marke kann
verfallen.

> **§ 49 MarkenG – Verfall**
> (1) Die Eintragung einer Marke wird auf Antrag für verfallen erklärt und gelöscht, wenn die Marke nach dem Tag, ab dem kein Widerspruch mehr gegen sie möglich ist, innerhalb eines ununterbrochenen Zeitraums von fünf Jahren nicht … benutzt worden ist. …

7

Der Markeninhaber kann gegen denjenigen vorgehen, der seine Marke benutzt, ohne dass er vom Markeninhaber im Rahmen eines Lizenzvertrages dazu bevollmächtigt wurde. § 14 II MarkenG unterscheidet zwischen drei verschiedenen Untersagungstatbeständen.

> **§ 14 MarkenG – Ausschließliches Recht des Inhabers einer Marke**
> (2) Dritten ist es untersagt, ohne Zustimmung des Inhabers der Marke im geschäftlichen Verkehr in Bezug auf Waren oder Dienstleistungen
> 1. ein mit der Marke identisches Zeichen für Waren oder Dienstleistungen zu benutzen, die mit denjenigen identisch sind, für die sie Schutz genießt,
> 2. ein Zeichen zu benutzen, wenn das Zeichen mit einer Marke identisch oder ihr ähnlich ist und für Waren oder Dienstleistungen benutzt wird, die mit denjenigen identisch oder ihnen ähnlich sind, die von der Marke erfasst werden, und für das Publikum die Gefahr einer Verwechslung besteht, die die Gefahr einschließt, dass das Zeichen mit der Marke gedanklich in Verbindung gebracht wird, oder
> 3. ein mit der Marke identisches Zeichen oder ein ähnliches Zeichen für Waren oder Dienstleistungen zu benutzen, wenn es sich bei der Marke um eine im Inland bekannte Marke handelt und die Benutzung des Zeichens die Unterscheidungskraft oder die Wertschätzung der bekannten Marke ohne rechtfertigenden Grund in unlauterer Weise ausnutzt oder beeinträchtigt. …
>
> (6) Wer die Verletzungshandlung vorsätzlich oder fahrlässig begeht, ist dem Inhaber der Marke zum Ersatz des durch die Verletzungshandlung entstandenen Schadens verpflichtet.

Beispiel

Wer sich die Marke „Hohner" nur für die Warenklasse „Musikinstrumente" reservieren lassen hat, kann einem Veranstalter
von Unterhaltungsshows den Gebrauch dieser Marke nicht
untersagen.

Er kann aber einem anderen Hersteller von Musikinstru-
menten nicht nur den Gebrauch der Marke „Hohner" (§ 14 II
Nr. 1 MarkenG), sondern auch der damit leicht zu verwechseln-
den Marke „Honeur" untersagen (§ 14 II Nr. 2 MarkenG).

Einen sehr weitgehenden Schutz genießen Marken mit einer
überragenden Bekanntheit (§ 14 II Nr. 3 MarkenG): Wenn ein
Taxiunternehmen für seine zehn Taxen ganz groß mit der ihm
zugeteilten Telefonnummer 4711 wirbt, kann der weltbekannte
Kölnisch Wasser-Hersteller 4711 ihm dies untersagen, obwohl
zwischen einem Taxiunternehmen und Kölnisch Wasser keine
Branchennähe besteht. Grund dafür ist die Gefahr, dass sonst
der Ruf der bekannten Marke verwässert werden könnte
(BGH, Urteil v. 22.03.1990 – I ZR 43/88, GRUR 1990, 711).

Außerdem schützt das MarkenG nach § 126 graphische
Herkunftsangaben.

besonderer Schutz bekannter Marken

**§ 126 MarkenG – Als geographische Herkunftsangaben
geschützte Namen**

(1) Geographische Herkunftsangaben im Sinne dieses Gesetzes
sind Namen von Orten, Gegenden, Gebieten oder Ländern sowie
sonstige Angaben oder Zeichen, die im geschäftlichen Verkehr
zur Kennzeichnung der geographische Herkunft von Waren oder
Dienstleistungen benutzt werden.

Schutz von Herkunftsangaben

Der Schutzinhalt ist in § 127 MarkenG definiert. Diese Bestimmung differenziert nach dem Prestige der Herkunftsangabe. Nach § 127 I MarkenG dürfen Herkunftsangaben im
geschäftlichen Verkehr nicht für Waren oder Dienstleistungen
benutzt werden, die nicht aus dem bezeichneten Gebiet stam-
men, wenn bei der Benutzung solcher Angaben eine Gefahr
der Irreführung über die geographische Herkunft besteht.

Haben die durch eine geographische Herkunftsangabe ge-
kennzeichneten Waren oder Dienstleistungen besondere Eigenschaften oder eine besondere Qualität (Beispiel: Solinger
Stahl), so darf die Herkunftsangabe für Waren und Dienstleistungen dieser Herkunft nur benutzt werden, wenn sie
diese Eigenschaften oder diese Qualität aufweisen (§ 127 II
MarkenG).

Genießt eine Herkunftsangabe besonderen Ruf (Beispiel: Champagne), so darf sie auch dann nicht benutzt werden, wenn zwar keine Gefahr der Irreführung über die Herkunft besteht, sie jedoch geeignet ist, den Ruf der Herkunftsangabe oder ihre Unterscheidungskraft ohne rechtfertigenden Grund in unlauterer Weise auszunutzen oder zu beeinträchtigen (§ 127 III MarkenG).

Name des Übereinkommens	Wesentlicher Inhalt
Pariser Verbandsübereinkunft zum Schutze des gewerblichen Eigentums (PVÜ)	Angehörige der Mitgliedstaaten des Abkommens dürfen bei der Anmeldung gewerblicher Schutzrechte in anderen Mitgliedstaaten nicht diskriminiert werden.
Vertrag über die internationale Zusammenarbeit auf dem Gebiet des Patentwesens – Patentzusammenarbeitsvertrag (Patent Cooperation Treaty – PCT)	Anmeldeverfahren für Patenterteilung und Neuheitsrecherche wurde vereinheitlicht.
Europäisches Patent-übereinkommen (EPÜ)	Europäisches Patent mit Geltung für die Vertragsstaaten, welche der Anmelder benannt hat; dieses Patent hat in den jeweiligen Vertragsstaaten dieselbe Wirkung wie ein national erteiltes Patent. Zuständige Behörde ist das Europäische Patentamt (EPA) mit Sitz in München.
Verordnung (EG) Nr. 6/2002 über das Gemeinschafts-geschmacksmuster	Europäisches Geschmacksmuster ohne Eintragung: drei Jahre Nachahmungsschutz; Europäisches Geschmacksmuster mit Eintragung: maximal 25 Jahre Nach-ahmungsschutz. Zuständige Behörde ist das EUIPO (Amt der Europäischen Union für Geistiges Eigentum – European Union Intellectual Property Office) mit Sitz in Alicante (Spanien).
Madrider Abkommen über die internationale Registrierung von Marken –Madrider Markenabkommen (MMA)	Möglichkeit der internationalen Registrierung einer Marke beim Markenamt eines Mit-gliedstaats unter Angabe der Staaten, auf welche sich der Schutz erstrecken soll. Diese Registrierung gewährt denselben Schutz wie eine nationale Registrierung (§§ 107 bis 118 MarkenG).
Unionsmarkenverordnung (UMV)	Die Unionsmarke kann nur durch Eintragung erworben werden. Sie hat eine einheitliche Wirkung auf dem Gebiet der Europäischen Union. Zuständige Behörde ist das EUIPO in Alicante.

🔲 Abb. 7.1   Wichtige internationale Abkommen im Bereich des Gewerblichen Rechtsschutzes

7.3.6 Wettbewerbsrecht

Den Wettbewerb schützen zwei Gesetze: Das Gesetz gegen den unlauteren Wettbewerb (UWG) und das Gesetz gegen Wettbewerbsbeschränkungen (GWB). Die im UWG geregelte Materie wird als Wettbewerbsrecht, die im GWB geregelte als Kartellrecht bezeichnet. Das UWG greift immer dann, wenn ein Anbieter mit sittenwidrigen Mitteln arbeitet.

UWG und GWB

Beispiel

Ein Einzelhändler lockt Kunden mit irreführender Werbung an. Hier findet zwar ein Wettbewerb zwischen den verschiedenen Einzelhändlern statt, dieser wird aber durch den einen unseriösen Geschäftsmann verfälscht.

Das GWB soll dagegen dafür sorgen, dass überhaupt ein Wettbewerb stattfindet.

Beispiel

Mineralölkonzerne stimmen die Benzinpreise ab. Dadurch findet in diesem Marktbereich gar kein Wettbewerb statt.

Über die Einhaltung der Bestimmungen des GWB wachen Behörden, das Bundeskartellamt und die nach Landesrecht zuständigen obersten Landesbehörden (§ 48 GWB). Daher wird dieses Gesetz – obwohl es auch privatrechtlich wirkende Normen enthält – dem öffentlichen Recht zugerechnet. Unter den Sammelbegriff des Gewerblichen Rechtsschutzes fällt deswegen nur das UWG. Dieses wurde im Jahr 2004 neu gefasst. Die Intention des UWG ergibt sich aus der Generalklausel des § 3 UWG.

Kartellrecht ist im GWB geregelt.

§ 3 UWG – Verbot unlauteren Wettbewerbs

(1) Unlautere geschäftliche Handlungen sind unzulässig.

(2) Geschäftliche Handlungen, die sich an Verbraucher richten oder diesen errreichen, sind unlauter, wenn sie nicht der unternehmerischen Sorgfalt entsprechen und dazu geeignet sind, das wirtschaftliche Verhalten des Verbrauchers wesentlich zu beeinflussen.

Generalklausel des UWG

Konkrete Beispiele für Wettbewerbsverstöße werden in den §§ 3a bis 7 UWG aufgezählt. Wettbewerbswidrig sind danach insbesondere die irreführende Werbung (§ 5 UWG) und unzumutbare Belästigung von Marktteilnehmern (§ 7 UWG).

7

Ausdrücklich geregelt wird im UWG der Fall der vergleichenden Werbung, die früher grundsätzlich als unzulässig angesehen wurde und die seit einer Gesetzesänderung im Jahre 2000 nun grundsätzlich zulässig ist. Die Fälle, in denen sie nach wie vor unzulässig ist, werden in § 6 II UWG aufgezählt.

Grundsätzlich ist vergleichende Werbung zulässig.

> ### § 6 UWG – Vergleichende Werbung
>
> (1) Vergleichende Werbung ist jede Werbung, die unmittelbar oder mittelbar einen Mitbewerber oder die von einem Mitbewerber angebotenen Waren oder Dienstleistungen erkennbar macht.
>
> (2) Unlauter handelt, wer vergleichend wirbt, wenn der Vergleich
> 1. sich nicht auf Waren oder Dienstleistungen für den gleichen Bedarf oder dieselbe Zweckbestimmung bezieht,
> 2. nicht objektiv auf eine oder mehrere wesentliche, relevante, nachprüfbare und typische Eigenschaften oder den Preis dieser Waren oder Dienstleistungen bezogen ist,
> 3. im geschäftlichen Verkehr zu einer Gefahr von Verwechslungen zwischen dem Werbenden und einem Mitbewerber oder zwischen den von diesen angebotenen Waren oder Dienstleistungen oder den von diesen verwendeten Kennzeichen führt,
> 4. den Ruf des von einem Mitbewerber verwendeten Kennzeichens in unlauterer Weise ausnutzt oder beeinträchtigt,
> 5. die Waren, Dienstleistungen, Tätigkeiten oder persönlichen oder geschäftlichen Verhältnisse eines Mitbewerbers herabsetzt oder verunglimpft oder
> 6. eine Ware oder Dienstleistung als Imitation oder Nachahmung einer unter einem geschützten Kennzeichen vertriebenen Ware oder Dienstleistung darstellt.

Die Durchsetzung der Rechte aus dem UWG ist in § 8 UWG geregelt. Dort werden in Abs. 3 diejenigen Personen und Einrichtungen aufgezählt, die einen Unterlassungsanspruch nach dem UWG geltend machen können.

Der einzelne Verbraucher ist nach dem UWG nicht klagebefugt.

> ### § 8 UWG – Klagebefugnis
>
> (1) Wer eine nach § 3 oder § 7 unzulässige Handlung vornimmt, kann auf Beseitigung und bei Wiederholungsgefahr auf Unterlassung in Anspruch genommen werden. Der Anspruch auf Unterlassung besteht bereits dann, wenn eine derartige Zuwiderhandlung gegen § 3 oder 7 droht.
>
> (2) …

(3) Die Ansprüche aus Abs. 1 stehen zu:
1. jedem Mitbewerber;
2. rechtsfähigen Verbänden zur Förderung gewerblicher oder
   selbstständiger beruflicher Interessen, soweit ihnen eine
   erhebliche Zahl von Unternehmern angehört, die Waren oder
   Dienstleistungen gleicher oder verwandter Art auf demselben Markt vertreiben, soweit sie insbesondere nach ihrer
   personellen, sachlichen und finanziellen Ausstattung
   imstande sind, ihre satzungsgemäßen Aufgaben der
   Verfolgung gewerblicher oder selbstständiger beruflicher
   Interessen tatsächlich wahrzunehmen und soweit die
   Zuwiderhandlung die Interessen ihrer Mitglieder berührt;
3. qualifizierten Einrichtungen … nach § 4 des Unterlassungs-
   klagengesetzes…;
4. den Industrie- und Handelskammern oder den Handwerks-
   kammern.

Bei den in § 8 III Nr. 3 UWG genannten qualifizierten Einrichtungen handelt es sich um rechtsfähige Verbände, zu
deren satzungsmäßigen Aufgaben es gehört, die Interessen
der Verbraucher durch Aufklärung und Beratung nicht gewerbsmäßig und nicht nur vorübergehend wahrzunehmen.

Im Wettbewerbsrecht kommt es oft zu Abmahnungen wegen Wettbewerbsverstößen. Ist die Abmahnung zu Recht er-
gangen, weil tatsächlich ein Wettbewerbsverstoß vorliegt, hat
der Abgemahnte dem Abmahnenden die Kosten der Abmahnung zu ersetzen. Die Abmahnkosten können aber nur solche
Personen geltend machen, die auch zu einer Klage in dieser
Wettbewerbssache berechtigt wären, da eine Abmahnung zur
Vorbereitung des Klageverfahrens dient. Um zu vermeiden,
dass Abmahnungen lediglich zum Zweck der Einnahmequelle
des Abmahnenden betrieben werden, gewährt der Gesetzgeber nur bestimmten Personen und Organisationen eine Klage-
befugnis gegen Wettbewerbsverstöße. Zudem hat er in das
UWG eine Missbrauchsklausel eingefügt (§ 8 IV UWG).

Ersatz von
Abmahnkosten

§ 8 UWG – Missbräuchliche Unterlassungsansprüche
(4) [S. 1] Die Geltendmachung der in Abs. 1 bezeichneten
Ansprüche ist unzulässig, wenn sie unter Berücksichtigung der
gesamten Umstände missbräuchlich ist, insbesondere wenn sie
vorwiegend dazu dient, gegen den Zuwiderhandelnden einen
Anspruch auf Ersatz von Aufwendungen oder Kosten der
Rechtsverfolgung entstehen zu lassen.

Missbrauch liegt vor, wenn die Bekämpfung des unlauteren Wettbewerbs nur als Vorwand für eine gewinnbringende Abmahn- und Prozesstätigkeit dient. Dies ist bei Massenabmahnungen regelmäßig der Fall.

Schutzgesetz	Schutzgegenstand	Verfahren
Patentgesetz (PatG)	Erfindung	ja, DPMA
Gebrauchsmustergesetz (GebrMG)	Erfindung	ja, DPMA
Designgesetz (DesignG)	ästhetische Darstellung	ja, DPMA
Markengesetz (MarkenG)	eingetragene Marke	ja, DPMA
	nicht eingetragene Marke	nein
	geschäftliche Bezeichnung	nein
	geographische Herkunftsangabe	nein
Urheberrechtsgesetz (UrhG)	schöpferische Werke (Leistungen auf kulturellem Gebiet)	nein
	Computerprogramme	nein
	Datenbanken	nein
Gesetz gegen den unlauteren Wettbewerb (UWG)	Schutz sonstiger Geistesgüter	nein

▫ Abb. 7.2   Übersicht über die einzelnen Schutzgesetze und den Schutzgegenstand

7.4 Wirtschaftsverwaltungsrecht

Gewerbeordnung

Auch verwaltungsrechtliche Vorschriften können für den Kaufmann von Bedeutung sein. Das wichtigste Gesetz in diesem Zusammenhang ist die Gewerbeordnung (GewO).

> **§ 14 GewO – Anzeigepflicht**
> (1) [S. 1] Wer den selbstständigen Betrieb eines stehenden Gewerbes, einer Zweigniederlassung oder einer unselbstständigen Zweigstelle anfängt, muss dies der zuständigen Behörde gleichzeitig anzeigen. …

Einige Gewerbetreibende bedürfen nach der Gewerbeordnung einer besonderen Genehmigung:
- Privatkrankenanstalten (§ 30 GewO)
- Bewachungsgewerbe auf Seeschiffen (§ 31 GewO)

- Veranstalter von Schaustellungen von Personen (§ 33a GewO)
- Veranstalter von Tanzlustbarkeiten (§ 33b GewO)
- Aufsteller von Spielgeräten mit Gewinnmöglichkeit (§ 33c GewO)
- Veranstalter anderer Spiele mit Gewinnmöglichkeit (§ 33d GewO)
- Betreiber von Spielhallen und ähnlichen Unternehmen (§ 33i GewO)
- Pfandleihgewerbe (§ 34 GewO)
- Bewachungsgewerbe (§ 34a GewO)
- Versteigerergewerbe (§ 34b GewO)
- Makler, Bauträger, Baubetreuer (§ 34c GewO)
- Versicherungsvermittler, Versicherungsberater (§ 34d GewO)
- Finanzanlagenvermittler (§ 34f GewO)
- Honorar-Finanzanlagenberater (§ 34h GewO)
- Immobiliardarlehensvermittler (§ 34i GewO).

---

§ 35 GewO – Gewerbeuntersagung wegen Unzuverlässigkeit

(1) [S. 1] Die Ausübung eines Gewerbes ist von der zuständigen Behörde ganz oder teilweise zu untersagen, wenn Tatsachen vorliegen, welche die Unzuverlässigkeit des Gewerbetreibenden oder einer mit der Leitung des Gewerbebetriebes beauftragten Person in bezug auf dieses Gewerbe dartun, sofern die Untersagung zum Schutze der Allgemeinheit oder der im Betrieb Beschäftigten erforderlich ist. ...

Besondere Vorschriften für das handwerklich betriebene Gewerbe enthält das Gesetz zur Ordnung des Handwerks (Handwerksordnung – HwO).

Handwerksordnung

---

§ 1 HwO – Selbstständige Handwerker

(1) Der selbstständige Betrieb eines zulassungspflichtigen Handwerks als stehendes Gewerbe ist nur den in der Handwerksrolle eingetragenen natürlichen und juristischen Personen und Personengesellschaften gestattet. Personengesellschaften im Sinne dieses Gesetzes sind Personenhandelsgesellschaften und Gesellschaften des bürgerlichen Rechts.

(2) [S. 1] Ein Gewerbebetrieb ist ein Betrieb eines zulassungspflichtigen Handwerks, wenn er handwerksmäßig betrieben wird und ein Gewerbe vollständig umfaßt, das in der Anlage A aufgeführt ist, oder Tätigkeiten ausgeübt werden, die für dieses Gewerbe wesentlich sind (wesentliche Tätigkeiten).

Zur Handwerksordnung gehört eine Anlage A, die ein Verzeichnis der Gewerbe enthält, die als Handwerk betrieben werden können.

7.5 Wiederholungsfragen

? 1. Wann ist ein Scheck zahlbar? ▶ Abschn. 7.1

? 2. Kann man eine Geldforderung dadurch erfüllen, dass man seinem Gläubiger einen Wechsel in Höhe der Forderung gibt? ▶ Abschn. 7.2

? 3. Was versteht man unter dem Begriff „Gewerblicher Rechtsschutz"? ▶ Abschn. 7.3

? 4. Was wird durch das Urheberrechtsgesetz geschützt? ▶ Abschn. 7.3.1

? 5. Erfinder Egon hat eine neuartige Maschine zur Reinigung von Zahnprothesen erfunden. Er will diese Erfindung schützen lassen. Welche Gesetze kommen dafür in Betracht? Sagen Sie stichwortartig, wodurch sich diese Gesetze unterscheiden. ▶ Abschn. 7.3.2

? 6. Was ist der Schutzbereich des Designgesetzes? ▶ Abschn. 7.3.4

? 7. Auf welchen drei Wegen kann man Markenschutz erwerben? ▶ Abschn. 7.3.5

? 8. Besteht bei der eingetragenen Marke eine Benutzungspflicht? ▶ Abschn. 7.3.5

? 9. Kann man den Gattungsbegriff „Auto" als Marke für einen PKW schützen lassen? ▶ Abschn. 7.3.5

? 10. Welches Gesetz soll Kartellabsprachen verhindern? ▶ Abschn. 7.3.6

? 11. Welches Ziel verfolgt der Gesetzgeber mit dem UWG? ▶ Abschn. 7.3.6

? 12. Ist vergleichende Werbung nach dem UWG zulässig? ▶ Abschn. 7.3.6

13. Wer kann Unterlassungsansprüche wegen Wettbewerbsverstößen geltend machen? ▶ Abschn. 7.3.6

14. Kennen Sie ein Gewerbe, das erlaubnispflichtig ist?
▶ Abschn. 7.4

15. Welche Berufsgruppe unterfällt der Handwerksordnung? ▶ Abschn. 7.4

Klausurfälle

© Springer-Verlag GmbH Deutschland, ein Teil von Springer Nature 2019
J. Gruber, *Handelsrecht – Schnell erfasst*, Recht – schnell erfasst,
https://doi.org/10.1007/978-3-662-58348-7_8

8.1 Tipps für Klausuren und Hausarbeiten

Bereits in der Einführung dieses Buches wurden die wichtigsten Schritte zur erfolgreichen Fallbearbeitung dargestellt. Bei der Fallbearbeitung gilt wie überall im Leben: Übung macht den Meister. Bei Klausuren wie bei Hausarbeiten stehen Sie unter Zeitdruck. Eine vernünftige Zeiteinteilung setzt aber gewisse Erfahrungswerte voraus. Anhand von Probeklausuren können Sie Erkenntnisse gewinnen, ob Sie jemand sind, der besonders viel Zeit für den Entwurf benötigt, dem dafür aber die Reinschrift leicht von der Hand geht, oder ob bei Ihnen der umgekehrte Fall vorliegt. Diese Erkenntnisse ermöglichen ein effektives Zeitmanagement.

Sowohl für die Klausur als auch für die Hausarbeit gelten die folgenden Grundsätze:

- Der Sachverhalt ist genau zu lesen. Um sicher zu gehen, dass man nichts überlesen oder falsch verstanden hat, sollte der Sachverhalt mehrfach gelesen werden. Als Grundsatz kann man davon ausgehen, dass alle Sachverhaltsangaben für die Falllösung von Bedeutung sind, auch wenn die Relevanz auf den ersten Blick nicht ersichtlich ist.
- Lesen Sie die Fragestellung am Ende des Aufgabentextes genau durch. Diese Frage – und nur diese Frage! – muss beantwortet werden.

8.1.1 Die Situation in der Klausur

Erkundigen Sie sich vor der Klausur, ob Sie die für die Falllösung wichtigsten Paragrafen Ihres Gesetzestextes durch Klebezettel markieren dürfen. Wenn dies zulässig ist, versehen Sie die entsprechenden Stellen mit solchen Klebezetteln. Dies spart beim Suchen der einschlägigen Paragrafen viel Zeit. Denken Sie aber daran, die Frage der Zulässigkeit solcher Markierungen bereits einige Zeit vor der Klausur zu klären, damit Sie nicht unmittelbar vor Klausurbeginn eine böse Überraschung erleben.

Lösungsskizze   Nachdem Sie den Sachverhalt erfasst und ihn anhand der Fragestellung am Ende des Aufgabentextes strukturiert haben, können Sie mit dem Entwurf der Lösungsskizze beginnen. Immer dann, wenn es um Ansprüche geht, lautet die zentrale Frage: „Wer will was von wem woraus?". Als erstes müssen Sie die in Betracht kommenden zivil- und handelsrechtlichen Anspruchsgrundlagen suchen. Diese Anspruchsgrundlagen sind in einer bestimmten Reihenfolge zu prüfen, nämlich zuerst die vertraglichen und dann die außervertraglichen Ansprüche.

Die Lösungsskizze ist später nicht mit der Klausur zusammen abzugeben. Lediglich wenn Sie aus Zeitgründen mit der Reinschrift nicht fertig wurden, ist es erwägenswert, bezüglich der fehlenden Passagen die entsprechenden Blätter der Lösungsskizze an die Reinschrift anzuheften. Dies setzt jedoch voraus, dass die Angaben in der Lösungsskizze für einen Dritten nachvollziehbar sind.

Hat man den Fall durchdacht und eine Lösung gefunden, so muss die Gliederung erstellt werden. Die Gliederung ist ganz entscheidend für die Qualität der Arbeit. Sie zeigt, ob der Bearbeiter folgerichtig denken kann. Eine für den Korrektor nicht nachvollziehbare Gliederung führt stets zu einer schlechten Note, und dies selbst dann, wenn aus der Klausur ersichtlich ist, dass der Bearbeiter über ein beachtliches Wissen verfügt.

Gliederung

Die Gliederung in juristischen Arbeiten richtet sich im Allgemeinen nach folgendem Muster:

1. Teil...
A. ....
I. ....
1. ....
a) ....
aa) ....
(1) ....
(a) ....
(aa) ....
(aaa) ....

Jedem Gliederungspunkt muss ein gleichwertiger folgen (also nach A mindestens B, nach I mindestens II usw.).

Formulieren der Lösung:

Formulieren der Lösung

- Etwa nach einem Drittel, spätestens aber nach der Hälfte der zur Verfügung stehenden Zeit sollten Sie mit der Niederschrift der Klausurlösung beginnen.
- In juristischen Klausuren unerlässlich ist der Gutachtenstil. Das heißt: Es darf nie das Ergebnis vorweggenommen, sondern es muss im Konjunktiv darauf hingeführt werden. Insoweit unterscheidet sich der Gutachtenstil fundamental vom Urteilsstil, in welchem ein Richter seine Urteile abfasst.

Das Gutachten stellt im ersten Denkschritt zunächst das Ergebnis, das der Autor in dem zu prüfenden Fall für möglich hält, als Hypothese voran.

Gutachtenstil

Beispiel

Kaufmann Karl könnte gegen die Gernegross GmbH einen Anspruch auf Bezahlung des Kaufpreises in Höhe von 30.000 € gemäß § 433 II BGB haben.

Da in der Klausur die Zeit knapp ist, sollten als Hypothese nur solche Ansprüche erwähnt werden, die ernsthaft zu erwägen sind. Offensichtlich abwegige Anspruchsgrundlagen dürfen nicht erörtert werden.

Dann sind Schritt für Schritt die rechtlichen Voraussetzungen zu prüfen, die erfüllt werden müssen, damit die Hypothese zutrifft. Man nennt die Prüfung, ob durch den Sachverhalt alle Tatbestandsmerkmale einer Gesetzesnorm erfüllt werden, in der juristischen Fachsprache die „Subsumtion" (lateinisch für: unterordnen). Liegen alle Voraussetzungen vor, ist am Schluss der Prüfung zu sagen, ob die Hypothese zutrifft oder nicht. Zwischenergebnisse und das Endergebnis eines Gutachtens sind daher nicht im Konjunktiv, sondern im Indikativ zu schreiben.

Beispiel

Dazu müsste zwischen Kaufmann Karl und der Gernegross GmbH ein Kaufvertrag zustande gekommen sein. ... Dies setzt voraus, dass Prokurist Paul die Gernegross GmbH wirksam gemäß § 164 BGB vertreten hat. Nach § 49 HGB ermächtigt die Prokura zu allen Arten von gerichtlichen und außergerichtlichen Geschäften und Rechtshandlungen, die der Betrieb eines Handelsgewerbes mit sich bringt. Der Kauf von Holzpaletten gehört zu der Art von Geschäften, die der Betrieb eines Handelsgewerbes mit sich bringt. Somit hat Prokurist Paul die Gernegross GmbH beim Kauf dieser Paletten wirksam gemäß § 164 BGB, § 49 HGB vertreten. ... Ergebnis: Kaufmann Karl hat gegen die Gernegross GmbH einen Kaufpreisanspruch in Höhe von 30.000 € nach § 433 II BGB.

— Alle rechtlichen Aussagen und Fragestellungen, Zwischen- und Endergebnisse sollten mit den betreffenden Paragrafenzitaten versehen werden. Die beste Argumentation hilft nichts, wenn sie „in der Luft hängt". Außerdem erleichtert die Gesetzesangabe dem Korrektor die Kontrolle, ob Sie alle relevanten Punkte geprüft haben. Die meisten Korrektoren setzen beim Durchlesen der Arbeit hinter die in der Klausur zitierten einschlägigen Paragrafen ein Häkchen und orientieren sich bei der Notengebung dann an der Häkchenzahl. Die Paragrafen sind mit Absatz und Satz zu zitieren, ferner muss hinter dem Paragrafen das Gesetz genannt werden.

- Noch ein Hinweis zum Schluss: Für vorzeitiges Abgeben gibt es keine Sonderpunkte! Wenn Sie vor Ende des Zeitlimits fertig werden, nutzen Sie die verbleibende Zeit, um die Arbeit auf eventuelle inhaltliche oder sprachliche Fehler zu überprüfen.

Formalien:
- Achten Sie auf eine ordentliche Form. Der Korrektor wird immer – zumindest im Unterbewusstsein – von der äußeren Form beeinflusst. Daher sollten Sie sich um eine leserliche Schrift bemühen. Beschreiben Sie das Papier nur einseitig und lassen Sie einen Korrekturrand. Sofern Ihnen im Nachhinein noch eine Ergänzung einfällt, schreiben Sie diese nicht auf die Rückseite eines Blattes, sondern fügen Sie ein Ergänzungsblatt ein.
- Verwenden Sie keinen roten Stift; die rote Farbe ist dem Prüfer vorbehalten.
- Selbstständige Gesichtspunkte und Gedankengänge sollten durch Überschriften gekennzeichnet und dadurch vom übrigen Text abgehoben werden. Die Struktur der Arbeit muss bereits durch die Überschriften erkennbar sein. Überschriften sollten kurz und prägnant sein und den Inhalt des überschriebenen Textes nicht vorwegnehmen, sondern nur den Gegenstand der nachstehenden Ausführungen angeben.
- Untergliedern Sie den Text durch Absätze. Setzen Sie jeweils selbstständige Gedanken ab. Kein Absatz sollte mehr als ein Drittel einer Seite umfassen. Ein Absatz sollte aber auch nicht nur aus einem Satz bestehen.
- Nummerieren Sie die Seiten, damit der Korrektor auch im Falle des Auseinanderfallens der Klausur die Reihenfolge nachvollziehen kann. Um ein solches Auseinanderfallen zu vermeiden, ist es im Übrigen sinnvoll, die Klausur mit einem Klammerhefter zusammenzuklammern.

Formalien

8.1.2 Die Hausarbeit

Wer eine Hausarbeit anfertigen muss, dem stehen normalerweise mehrere Wochen Bearbeitungszeit zur Verfügung. Dieses auf den ersten Blick großzügig bemessene Zeitpolster schmilzt jedoch schnell dahin. Stellen Sie daher gleich zu Beginn einen realistischen Zeitplan auf, damit Sie die Arbeit besser einteilen können.

8

Der große Unterschied zur Klausur liegt darin, dass bei der Hausarbeit Rechtsprechung und Literatur auszuwerten sind und zu streitigen Fragen Stellung zu nehmen ist. Für die Benotung ist dabei das Ergebnis oft weniger wichtig als die Qualität der Begründung. Achten Sie daher auf eine klar strukturierte Argumentation und setzen Sie sich auch sorgsam mit den Gegenargumenten auseinander.

Im Textteil der Hausarbeit werden die dargelegten Auffassungen mit Fußnoten, in denen die Literaturquellen genannt werden, belegt. Kommentare werden nicht nach Seitenzahl, sondern nach Paragraf (beziehungsweise Artikel) und Randnummer zitiert. Bei Kommentaren und Sammelwerken, in denen sich Beiträge von mehreren Autoren finden, muss auch der Name des konkreten Bearbeiters auftauchen. Beispiel: Nicht nur den Namen eines Kommentars (z. B. Palandt, BGB-Kommentar), sondern diesen ergänzt um den jeweiligen Bearbeiter (Palandt-Grüneberg, § 242 BGB, Rdnr. 18) angeben.

Zulässig sind Zitate, die sich auf Fundstellen im Internet beziehen. Dabei ist aber aufgrund der oftmaligen Änderung der Netz-Texte anzugeben, wann der Bearbeiter die Seite abgerufen hat. Beispiel: „► http://www.uncitral.org/en-index.htm (zuletzt abgerufen am 12.04.2018)".

Verwenden Sie keine fallbezogenen Zitate, bei denen Sie sich für eine nur auf den konkreten Fall bezogene Aussage auf einen anderen Autor berufen. Beispiel: „Also hat Kaufmann Karl mit Prokurist Paul einen wirksamen Kaufvertrag geschlossen." Wird für diese Aussage in der Fußnote Baumbach/Hopt-Hopt, Handelsgesetzbuch (Kurz-Kommentar), 38. Aufl., § 49, Rdnr. 1 zitiert, ist dies ein Fehler. Der Autor Hopt hat sich in seinem Kommentar nur allgemein mit der Vertretungsbefugnis des Prokuristen befasst. Zu den Handlungen des Prokuristen Paul findet sich dort keine Aussage. Ein solches Zitat wirkt sich daher negativ auf die Benotung aus.

Ein Fehler ist es auch, wenn der Gesetzeswortlaut mit einem Literaturzitat belegt wird. Beispiel: „Als Handelsgewerbe gilt auch ein Gewerbebetrieb, der nach Art oder Umfang einen in kaufmännischer Weise eingerichteten Geschäftsbetrieb nicht erfordert, sofern die Firma des Unternehmens in das Handelsregister eingetragen ist". Wer hier als Beleg für diese Aussage Wörlen/Kokemoor, Handelsrecht, 13. Aufl., Rdnr. 23 zitiert, wird vom Korrektor Punkte abgezogen bekommen, da sich diese Aussage bereits unmittelbar im Gesetz (§ 2 S. 1 HGB) findet.

Formalien:

- Jeder Hausarbeit ist ein Deckblatt voranzustellen, auf dem oben der Vor- und Nachname des Verfassers, das Fachsemester und die Anschrift des Verfassers anzugeben sind. In der Mitte des Deckblattes ist die Übung zu nennen und der Name des Dozenten.

— Dem Deckblatt folgt das Literaturverzeichnis. Im Literaturverzeichnis ist nicht jedes Werk aufzuführen, welches der Verfasser anlässlich der Abfassung der Hausarbeit gelesen hat, sondern nur diejenigen Veröffentlichungen, welche er in den Fußnoten zitiert. Die dort zitierten Autoren sind jedoch vollständig aufzuzählen. Gerichtsentscheidungen sind nicht in das Literaturverzeichnis aufzunehmen. Das Literaturverzeichnis ist nach Kommentaren, Lehrbüchern, Monografien und Aufsätzen zu gliedern. Innerhalb dieser Kategorien erfolgt die Aufzählung in der alphabetischen Reihenfolge der Verfassernamen. Bei Hausarbeiten, in denen nur wenig Literatur zitiert wird, kann auf die Gliederung nach Werkarten verzichtet werden. In diesen Fällen genügt die Aufzählung in alphabetischer Reihenfolge der Verfassernamen. Kommentare und Lehrbücher werden mit Autor, Titel, Auflage, Erscheinungsort und -jahr zitiert. Beispiel: Baumbach/Hopt-Bearbeiter, Handelsgesetzbuch (Kurz-Kommentar), 38. Aufl., München 2018.

— Im Anschluss an das Literaturverzeichnis kommt die Gliederung. Hinsichtlich der Gliederungspunkte gilt das oben bei der Hausarbeit zu den Überschriften Gesagte. Im Rahmen der Hausarbeit ist bei jedem einzelnen Gliederungspunkt am Rand die Seitenzahl wiederzugeben, die auf den Textteil verweist. Dabei ist zu beachten, dass die in der Gliederung genannten Gliederungspunkte auch als Überschriften im Text erscheinen müssen.

— Der Text ist mit einem Computer 1,5-zeilig auf DIN A-4-Papier zu schreiben. Die Blätter sind nur einseitig zu beschriften. Lassen Sie einen ausreichenden Korrekturrand. Dieser sollte etwa ein Drittel der Seite ausmachen.

— Die Hausarbeit sollte in einem Schnellhefter abgegeben werden.

8.2 Fall: „Das mangelhafte Computerprogramm"

■ **Sachverhalt**

Die Fleischerei Ferdinand Fallbeil OHG (im Folgenden: FFF OHG) kauft von der Sepp Software GmbH mit Vertrag vom 07.01.2018 ein Standard-Lohnprogramm für 10.000 €.

Die Datenträger wurden der FFF OHG am 15.03.2018 übergegeben. Das laut Kaufvertrag mit zu dem Lohnprogramm gehörende Handbuch wurde erst am 19.04.2018 geliefert. Am 22.04.2018 fordert die FFF OHG die Sepp Software GmbH auf, „bis zum 29.04.2018 dafür zu sorgen, dass alle zu Ihrem Lieferumfang gehörenden Programme uns in vollem Umfang zur Verfügung stehen und vereinbarungsgemäß von uns genutzt werden können". Mit einem Schreiben an die Sepp Software GmbH vom 24.06.2018 beanstandet die OHG dann mehrere Fehler des Programms. Das Programm sei bisher nie störungsfrei gelaufen. Sie listet die bei der Anwendung des Programms auftretenden Fehler im Einzelnen auf. Zugleich verlangt sie die Beseitigung der Mängel.

Steht der FFF OHG ein Anspruch auf Mängelbeseitigung zu?

■ **Lösungsvorschlag**

Die FFF OHG könnte einen Mängelbeseitigungsanspruch gegen die Sepp Software GmbH wegen Schlechtleistung aus einem Kaufvertrag nach §§ 437 Nr. 1, 439 I BGB haben.

Ein Vertrag über die Lieferung von Software ist zumindest dann ein Kaufvertrag, wenn er ein Anwenderprogramm zum Gegenstand hat, das nicht speziell für den Käufer hergestellt werden soll. Dies ist vorliegend der Fall. Die Sepp Software GmbH hat eine mangelhafte Kaufsache geliefert (§ 434 BGB). Dem Käufer könnte daher ein Anspruch auf Mängelbeseitigung zustehen (§§ 437 Nr. 1, 439 I BGB), sofern der Mangel nicht nach § 377 II HGB als genehmigt gilt. Dies setzt zum einen voraus, dass es sich um ein beiderseitiges Handelsgeschäft handelt (§ 377 I HGB). Dies ist zu bejahen, da beide Parteien Kaufleute sind (§§ 1, 6 HGB) und hier nichts gegen die gesetzliche Vermutung (§§ 343, 344 I HGB) spricht, wonach im Zweifel alle von einem Kaufmann vorgenommenen Rechtsgeschäfte Handelsgeschäfte sind.

Zum anderen setzt § 377 HGB voraus, dass der Käufer die Mängel der Ware nicht unverzüglich gerügt hat. Die Obliegenheit des Käufers zur Untersuchung und zur Anzeige etwaiger Mängel an den Verkäufer entsteht mit der „Ablieferung" der Ware (§ 377 I HGB). Diese liegt grundsätzlich dann vor, wenn die Ware derart in den Machtbereich des Käufers verbracht wird, dass dieser sie untersuchen kann.

Eine Ablieferung der Kaufsache setzt jedoch außerdem voraus, dass die Ware in Erfüllung des Kaufvertrags vollständig in den Machtbereich des Käufers gebracht wurde. Software gilt somit erst dann als abgeliefert, wenn auch die Lieferung des zur Hauptleistungspflicht des Verkäufers gehörenden Handbuches erfolgt ist. Dies war am 19.04.2018 der Fall.

Unverzüglich bedeutet in § 377 I HGB dasselbe wie nach der Legaldefinition des § 121 I BGB: „ohne schuldhaftes Zögern". Bei Software ist allerdings die Entdeckung von Mängeln schwierig und zeitaufwendig. Dem ist durch eine großzügige Bemessung der Untersuchungsfrist des § 377 I HGB Rechnung zu tragen. Deswegen ist in diesen Fällen ein Untersuchungszeitraum von mehreren Tagen gerechtfertigt.

Der Verkäufer muss einer Rüge im Sinne des § 377 HGB Art und Umfang der Mängel entnehmen können. Das ganz allgemein gehaltene Schreiben der FFF OHG vom 22.04.2018 lässt Art und Umfang der fraglichen Beanstandungen in keiner Weise erkennen. Dieses Schreiben stellt daher keine Rüge dar. Die inhaltlichen Anforderungen an eine Rüge erfüllt erst das Schreiben vom 24.06.2018. Damit liegt zwischen Ablieferung und Rüge jedoch ein Zeitraum von über zwei Monaten. Folglich ist die Rüge nicht unverzüglich erfolgt und die Ware gilt somit als genehmigt.

Ergebnis: Ein Anspruch auf Mängelbeseitigung besteht nicht.

8.3 Fall: „Der umtriebige Prokurist"

■ **Sachverhalt**

Der Geschäftsführer der Dr. Ottl GmbH, Rudi Ratlos, erteilt seinem Angestellten Harry Hurtig im Jahre 2016 die Prokura. Nach zwei Jahren überwerfen sich Rudi Ratlos und Harry Hurtig. Harry Hurtig kündigt darauf zum 01.03.2018 den Arbeitsvertrag.

Am 15.03.2018 trifft Harry Hurtig, der mittlerweile für ein anderes Unternehmen tätig ist, auf einer Messe einen Lieferanten der Dr. Ottl GmbH, Karl Kleinmann. Bei diesem bestellt er im Namen der Dr. Ottl GmbH eine Maschine für 3500 €, da er davon ausgeht, dass die Dr. Ottl GmbH Bedarf an einer solchen Maschine hat. Karl Kleinmann hat Harry Hurtig früher mehrfach in den Räumen der Dr. Ottl GmbH gesehen und geht davon aus, dass dieser dort Prokurist ist. Ihm ist nicht bekannt, dass Harry Hurtig nicht mehr bei der Dr. Ottl GmbH beschäftigt ist. Das Handelsregister, in dem weder die Erteilung der Prokura für Harry Hurtig noch deren Widerruf eingetragen ist, hat Karl Kleinmann nicht eingesehen.

Karl Kleinmann möchte von Ihnen wissen, ob und wenn ja gegen wen er einen Kaufpreisanspruch geltend machen kann.

8

■   **Lösungsvorschlag**

1. Anspruch gegen die Dr. Ottl GmbH

Karl Kleinmann könnte einen Anspruch auf Kaufpreiszahlung in Höhe von 3500 € gegen die Dr. Ottl GmbH aus § 433 II BGB haben.

Dies setzt voraus, dass zwischen Karl Kleinmann und der Dr. Ottl GmbH ein Kaufvertrag zustande kam. Karl Kleinmann schloss einen Kaufvertrag mit Harry Hurtig. Dieser gab die Erklärung aber im Namen der Dr. Ottl GmbH ab. Diese Erklärung würde nach § 164 BGB für und gegen den Vertretenen wirken, wenn Harry Hurtig innerhalb der ihm zustehenden Vertretungsmacht die Erklärung abgegeben hätte.

Harry Hurtig könnte als Prokurist zur Vertretung der Dr. Ottl GmbH berechtigt gewesen sein. Ein Prokurist ist ermächtigt zu allen Arten von Geschäften, die der Betrieb eines Handelsgewerbes mit sich bringt (§ 49 I HGB). Dazu zählt auch der Kauf von Maschinen.

Ein Kaufvertrag mit der Dr. Ottl GmbH wäre also zustande gekommen, wenn Harry Hurtig wirksam zum Prokuristen ernannt wurde und im Zeitpunkt des Vertragsabschlusses noch Prokurist war. Erteilt hat die Prokura der Geschäftsführer der Dr. Ottl GmbH. Dieser ist zur Vertretung der Gesellschaft nach § 35 GmbHG berechtigt. Damit ist die Prokura wirksam nach § 48 I HGB erteilt worden. Unschädlich ist es, dass sie nicht, wie es § 53 I HGB vorschreibt, in das Handelsregister eingetragen wurde, da die Eintragung nur deklaratorisch wirkt.

Die Prokura könnte jedoch erloschen sein. Mit Ablauf des 28.02.2018 endete das Arbeitsverhältnis des Harry Hurtig bei der Dr. Ottl GmbH. Nach § 168 I 1 BGB erlischt eine Vollmacht mit dem ihr zugrunde liegenden Rechtsverhältnis. Mit Ablauf seines Arbeitsverhältnisses bei der Dr. Ottl GmbH erlosch daher die Prokura des Harry Hurtig. Im Zeitpunkt des Vertragsschlusses war er somit nicht mehr Prokurist.

Das Erlöschen der Vollmacht könnte für Karl Kleinmann jedoch unbeachtlich sein, wenn sein Vertrauen auf das Schweigen des Handelsregisters hinsichtlich dieses Erlöschenstatbestandes nach § 15 I HGB geschützt ist. Dazu müsste es sich bei dem Erlöschen der Prokura um eine eintragungspflichtige Tatsache handeln. Nach § 53 III in Verbindung mit § 53 I HGB muss das Erlöschen der Prokura zur Eintragung in das Handelsregister angemeldet werden. Somit ist das Erlöschen der Prokura eine eintragungspflichtige Tatsache. § 15 I HGB setzt weiter voraus, dass diese Tatsache nicht in das Handelsregister eingetragen und nicht bekannt gemacht wurde, was zu bejahen ist.

Allerdings fehlt hier eine Voreintragung, das heißt schon die Erteilung der Prokura wurde nicht in das Handelsregister eingetragen. Wie sich aus dem Wortlaut des § 15 I HGB ergibt, findet die Bestimmung jedoch auch dann Anwendung, wenn eine Voreintragung fehlt, die mit der einzutragenden Tatsache in Zusammenhang steht.

Ferner hat Kurt Kleinmann das Handelsregister nicht eingesehen. Dies ist jedoch für § 15 I HGB unschädlich, da es für diese Norm nur darauf ankommt, ob der Dritte – aus welchen Gründen auch immer – vom Nichtbestehen der einzutragenden Tatsache ausgeht und diese Annahme Grundlage seiner Entscheidung ist.

Folglich kann Karl Kleinmann sich gemäß § 15 I HGB auf die Nichteintragung des Erlöschens der Vollmacht berufen. In diesem Fall hat er einen Anspruch aus dem Kaufvertrag gegen die Dr. Ottl GmbH.

2. Anspruch gegen Harry Hurtig

Ein Anspruch gegen Harry Hurtig besteht nicht, wenn Karl Kleinmann Vertragserfüllung von der Dr. Ottl GmbH fordert. Karl Kleinmann kann aber auf die Geltendmachung eines Anspruchs gegen die Dr. Ottl GmbH verzichten und sich nach § 15 I HGB auf die wahre Rechtslage berufen. Nach dieser war Harry Hurtig nicht zur Vertretung der Dr. Ottl GmbH berechtigt. Harry Hurtig haftet deswegen als Vertreter ohne Vertretungsmacht nach § 179 BGB auf Vertragserfüllung.

Ergebnis: Karl Kleinmann kann alternativ einen Anspruch auf Kaufpreiszahlung gegen die Dr. Ottl GmbH oder gegen Harry Hurtig geltend machen. Er ist in der Wahl des Verpflichteten frei und kann bei seiner Entscheidung zum Beispiel berücksichtigen, ob einer der beiden potenziellen Schuldner der Kaufpreisforderung Insolvenz angemeldet hat.

Serviceteil

© Springer-Verlag GmbH Deutschland, ein Teil von Springer Nature 2019
J. Gruber, *Handelsrecht – Schnell erfasst*, Recht – schnell erfasst,
https://doi.org/10.1007/978-3-662-58348-7

Register/Glossar

Abschlussprovision Provision des Handelsvertreters (§ 87 I Satz 1 HGB). ▶ Abschn. 3.3.1

Abschlussprüfer Sachverständige Person, die bei mittelgroßen und großen Kapitalgesellschaften den Jahresabschluss prüft (§§ 316 ff. HGB). ▶ Abschn. 5.3

Abtretung Vertrag, durch den der bisherige Gläubiger (Zedent) eine Forderung auf einen neuen Gläubiger (Zessionar) übertragt (§§ 398 ff. BGB). Anstelle von Abtretung spricht man auch von Zession. ▶ Abschn. 6.1.3, 7.2

AEUV Abkürzung für „Vertrag über die Arbeitsweise der Europäischen Union". Dieser Vertrag ist neben dem „Vertrag über die Europäische Union (EUV)" und der „Charta der Grundrechte der Europäischen Union" einer der drei Basistexte des Unionsrechts. ▶ Abschn. 4.4.1

AG Abkürzung für Aktiengesellschaft.

AktG Aktiengesetz. Regelt die Rechtsgrundlagen der Aktiengesellschaften.

Aktiengesellschaft Kapitalgesellschaft, die ein in Aktien zerlegtes Grundkapital hat (§ 1 AktG). Vertretungsberechtigtes Organ ist der Vorstand. Weitere Organe sind die Hauptversammlung und der Aufsichtsrat. Für die Verbindlichkeiten der AG haftet den Gläubigern nur das Gesellschaftsvermögen. ▶ Abschn. 4.3.2

Aktiva Vermögenspositionen in der Bilanz, welche über die Mittelverwendung Auskunft geben. ▶ Abschn. 5.2

Allgemeine Geschäftsbedingungen (AGB) Für eine Vielzahl von Verträgen vorformulierte Vertragsbedingungen, die eine Vertragspartei der anderen vorgibt. Das BGB stellt in §§ 305 bis 310 strenge Anforderungen an die Wirksamkeit dieser AGB. Unternehmer können sich aber nur auf einige dieser Schutzvorschriften des BGB berufen (§ 310 I BGB). ▶ Abschn. 6.1.3, 6.3.2

Annahmeverzug (auch Gläubigerverzug genannt) Liegt vor, wenn der Gläubiger die ihm angebotene Leistung nicht annimmt (§§ 293 ff. BGB, § 373 HGB). ▶ Abschn. 6.2.1

Anscheinsvollmacht Eine Anscheinsvollmacht liegt vor, wenn jemand einer Person zwar weder eine Vollmacht erteilt hat noch weiß, dass diese Person als sein Vertreter auftritt, der Vertretene aber das Verhalten seines Vertreters bei pflichtgemäßer Sorgfalt hätte erkennen können. Der angebliche Vollmachtgeber muss sich so behandeln lassen, als hätte er tatsächlich eine Vollmacht erteilt. ▶ Abschn. 3.1

Aufbewahrungspflicht Jeder Kaufmann ist verpflichtet, Handelsbücher und ähnliche Unterlagen zehn Jahre lang aufzubewahren (§ 257 HGB). ▶ Abschn. 5.2

Aufsichtsrat Organ bei Gesellschaften, das den Vorstand überwacht. Bei der AG, KGaA, eG und dem VVaG schreibt das Gesetz die Existenz eines Aufsichtsrats vor. ▶ Abschn. 4.3.2

Außenverhältnis Beziehung eines Kaufmanns oder einer Gesellschaft zu außenstehenden Dritten. Davon zu unterscheiden ist das Innenverhältnis, das die Beziehungen des Kaufmanns zu seinen Angestellten beziehungsweise das Verhältnis der Gesellschafter untereinander betrifft. ▶ Abschn. 1.4, 3.1.1, 4.2.1, 4.2.2, 4.3.2

Basiszinssatz Zinssatz für bestimmte Finanzoperationen der Europäischen Zentralbank (§ 247 BGB). Der Basiszinssatz ist eine der Bezugsgrößen für die Berechnung der Verzugszinsen (§ 288 BGB). ▶ Abschn. 6.1.3

Besitz Der Besitz einer Sache wird durch Erlangung der tatsächlichen Sachherrschaft erworben (§ 854 BGB). Besitz und Eigentum sind daher zwei verschiedene Dinge. ▶ Abschn. 6.1.3

Bestätigungsschreiben siehe kaufmännisches Bestätigungsschreiben.

Bestimmungskauf Kaufvertrag über eine bewegliche Sache, bei welchem dem Käufer die nähere Bestimmung über Form, Maß oder ähnliche Verhältnisse vorbehalten ist (§ 375 HGB). ▶ Abschn. 6.2.1

Bewegliche Sache Körperliche Gegenstände (§ 90 BGB) mit Ausnahme von Tieren (§ 90a BGB) und Grundstücken. ▶ Abschn. 6.2.1

Bewertungsgrundsätze Allgemeine Bewertungsgrundsätze sind z. B., dass die Wertansätze in der Eröffnungsbilanz des Geschäftsjahrs mit denen der Schlussbilanz des vorhergehenden Geschäftsjahrs übereinstimmen müssen und dass vorsichtig zu bewerten ist (§ 252 HGB). ▶ Abschn. 5.2

Bezogener Derjenige, der die auf einem Scheck oder Wechsel genannte Geldsumme bezahlen soll. Sein Name muss auf dem Scheck oder dem Wechsel genannt werden. Aus dem Wechsel wird er nur verpflichtet, wenn er den Wechsel annimmt, indem er seine Unterschrift auf den Wechsel setzt. ▶ Abschn. 7.1, 7.2

BGB Bürgerliches Gesetzbuch.

BGB-Gesellschaft siehe GbR.

Bilanz Gegenüberstellung von Vermögen und Schulden eines Kaufmanns. ▶ Abschn. 5.2

Brüssel I a-VO Oft gebrauchte Kurzbezeichnung für die VO (EU) Nr. 1215/2012 des Europäischen Parlaments und des Rates vom 12.12.2012 über die gerichtliche Zuständigkeit und die Anerkennung und Vollstreckung von Entscheidungen in Zivil- und Handelssachen. ▶ Abschn. 6.4.2

Buchführungspflicht Jeder Kaufmann ist verpflichtet, Bücher zu führen und in diesen seine Handelsgeschäfte und die Lage seines Vermögens ersichtlich zu machen (§ 238 HGB). ▶ Abschn. 5.2

Bundespatentgericht Das Bundespatentgericht (BPatG) ist ein Bundesgericht mit Sitz in München, das keinen Unterbau hat (es gibt keine Landespatentgerichte o. ä.). Entgegen seines Namens ist es nicht nur für Patentstreitigkeiten, sondern u. a. auch für Markensachen zuständig. ▶ Abschn. 7.3.2

Bürgschaft Vertrag, durch den sich der Bürge gegenüber dem Gläubiger verpflichtet, für die Erfüllung der Verbindlichkeiten eines Dritten einzustehen (§ 765 BGB). Ein Sonderfall der Bürgschaft ist die Scheckbürgschaft. ▶ Abschn. 6.1.3, 7.1

Centros Name eines bekannten Urteils des Europäischen Gerichtshofs in Luxemburg vom 09.03.1999 (benannt nach der Klägerin), in welchem der Gerichtshof festgestellt hat, dass ein Mitgliedstaat der EU die Sitzverlegung einer in einem anderen Mitgliedstaat wirksam gegründeten Gesellschaft in sein Hoheitsgebiet im Grundsatz nicht verhindern könne. ▶ Abschn. 4.3.2

CISG Abkürzung für „United Nations Convention on Contracts for the International Sale of Goods", deutsch UN-Kaufrecht.

Dänemark Dänemark ist zwar ein EU-Mitgliedstaat, hat aber in dem Protokoll über die Position Dänemarks zum Amsterdamer Vertrag vom 02.10.1997 erklärt, nicht an den in Titel IV des EG-Vertrags genannten Maßnahmen teilzunehmen; dazu gehören auch Maßnahmen im Bereich der justiziellen Zusammenarbeit, wie z. B. die Rom I-VO über das auf vertragliche Schuldverhältnisse anzuwendende Recht und die Brüssel I a-VO über die gerichtliche Zuständigkeit. ▶ Abschn. 6.3.1, 6.4.2

Deklaratorische Eintragung Eintragung, mit der das Bestehen eines Rechts lediglich festgestellt wird. Die eingetragene Rechtstatsache entsteht in diesen Fällen unabhängig von der Eintragung in das Handelsregister ▶ Abschn. 2.2

Delkredereprovision Besondere Vergütung des Handelsvertreters, wenn dieser sich verpflichtet hat, für die Erfüllung der Verbindlichkeiten Dritter aus den von ihm vermittelten oder abgeschlossenen Verträgen einzustehen (§ 86b HGB). ▶ Abschn. 3.3.1

Designrecht Formgestaltungen im gewerblichen Bereich können nach dem „Gesetz über den rechtlichen Schutz von Design (DesignG)" geschützt werden. ▶ Abschn. 7.3.4

DPMA Abkürzung für „Deutsches Patent- und Markenamt". Bundesbehörde mit Sitz in München, unter anderem zuständig für die Erteilung von Patenten und die Eintragung von Marken. ▶ Abschn. 7.3.2, 7.3.3, 7.3.4, 7.3.5

Duldungsvollmacht Eine Duldungsvollmacht liegt vor, wenn jemand einer Person zwar keine Vollmacht erteilt hat, er von dieser Person aber weiß, dass sie als sein Vertreter auftritt, und wenn er dennoch nicht einschreitet. Der angebliche Vollmachtgeber muss sich so behandeln lassen, als hätte er tatsächlich eine Vollmacht erteilt. ▶ Abschn. 3.1

eG Eingetragene Genossenschaft, geregelt im Gesetz betreffend die Erwerbs- und Wirtschaftsgenossenschaften (GenG). Beachte: eG schreibt sich ohne Punkte hinter den beiden Buchstaben (siehe § 3 GenG). ▶ Abschn. 4.3.4

EGBGB Einführungsgesetz zum Bürgerlichen Gesetzbuche. Dieses Gesetz enthält in den Art. 3 bis 46d Bestimmungen zum Internationalen Privatrecht. Ferner regelt das EGBGB den zeitlichen Geltungsbereich des BGB in seinen verschiedenen Fassungen und die Überleitung von in der DDR begründeten Zivilrechtsverhältnissen in bundesdeutsches Recht.
▶ Abschn. 6.3.1

EGHGB Einführungsgesetz zum HGB. Enthält Vorschriften über den zeitlichen Geltungsbereich des HGB in seinen verschiedenen Fassungen und zum Verhältnis des HGB zu bestimmten Bundes- und Landesgesetzen. ▶ Abschn. 1.1

Einrede Leistungsverweigerungsrecht, das im Prozess vom Gericht nicht von Amts wegen berücksichtigt wird, sondern vom Schuldner geltend gemacht werden muss. Einreden gewähren dem Schuldner z. B. § 349 HGB und § 369 HGB. ▶ Abschn. 6.1.3

Einrede der Vorausklage Nach § 771 BGB kann der Bürge die Befriedigung des Gläubigers verweigern, solange nicht der Gläubiger eine Zwangsvollstreckung gegen den Hauptschuldner ohne Erfolg versucht hat. Dieses Verweigerungsrecht bezeichnet man als Einrede der Vorausklage. Es steht jedoch dem Kaufmann nicht zu (§ 349 HGB). ▶ Abschn. 6.1.3

Erbschaft siehe Nachlass.

Europarecht Darunter versteht man teils das Recht der Europäischen Union (EU), teils wird der Begriff auch als Oberbegriff für das Recht der EU und das Recht des Europarats gebraucht. Von Letzterem stammt die Europäische Konvention zum Schutz der Menschenrechte und Grundfreiheiten (EMRK), die im Handelsrecht vor allem hinsichtlich der prozessualen Verfahrensgarantien (Anspruch auf rechtliches Gehör im Prozess; Entschädigung bei einer überlangen Verfahrensdauer) Bedeutung hat.

Europäische Aktiengesellschaft Die Europäische Gesellschaft (lateinisch Societas Europaea, abgekürzt SE) ist eine Aktiengesellschaft, die in mindestens zwei Mitgliedstaaten der Europäischen Union tätig ist. Rechtsgrundlage ist die Verordnung (EG) Nr. 2157/2001 des Rates über das Statut der Europäischen Gesellschaft.
▶ Abschn. 4.4.2

Europäische Genossenschaft Lateinisch Societas Cooperativa Europaea, daher abgekürzt SCE, geregelt in der VO Nr. 1453/2003 über das Statut der Europäischen Genossenschaft und dem Gesetz zur Ausführung der VO Nr. 1435/2003 (SCEAG). ▶ Abschn. 4.4.3

Europäische Union Die wichtigste Rechtsgrundlage ist der AEUV, die wichtigsten Rechtsinstrumente der Europäischen Union (EU) sind die Richtlinien und Verordnungen. Die EU-Richtlinien wenden sich an die nationalen Gesetzgeber der EU-Mitgliedstaaten und müssen von diesen erst durch entsprechende Gesetze umgesetzt werden, während die EU-Verordnungen unmittelbar geltendes Rechts in den Mitgliedstaaten sind. ▶ Abschn. 4.4

e.V. Eingetragener Verein (§§ 55 bis 79 BGB).
▶ Abschn. 4.3.1

EWIV Europäische wirtschaftliche Interessenvereinigung, geregelt in der „Verordnung (EWG) Nr. 2137/85 des Rates der Europäischen Gemeinschaften betr. die Schaffung einer EWIV" und in dem „Gesetz zur Ausführung der EWG-Verordnung über die EWIV (EWIV-AG)".
▶ Abschn. 4.4.1

Fälligkeit Zeitpunkt, zu dem der Schuldner nach Gesetz (dazu § 271 BGB) oder Vertrag zur Leistung verpflichtet ist. ▶ Abschn. 6.1.3

Fälligkeitszinsen Bei beiderseitigen Handelsgeschäften können vom Tag der Fälligkeit der Forderung an Fälligkeitszinsen verlangt werden.
▶ Abschn. 6.1.3

FamFG Abkürzung für Gesetz über das Verfahren in Familiensachen und in den Angelegenheiten der freiwilligen Gerichtsbarkeit. ▶ Abschn. 2.1.2

Fehler einer Sache Ein Fehler (in der Sprache des BGB: Sachmangel) liegt vor, wenn eine Sache bei Gefahrübergang nicht die vereinbarte Beschaffenheit hat (§ 434 BGB).
▶ Abschn. 6.2.1

Fernabsatzverträge Ein Vertrag ist dann ein Fernabsatzvertrag, wenn ein Unternehmer oder eine in seinem Namen oder Auftrag handelnde Person und ein Verbraucher für die Vertragsverhandlungen und den Vertragsschluss ausschließlich Fernkommunikationsmittel verwenden. Beim Fernabsatzvertrag steht dem Verbraucher auch bei Lieferung einer mangelfreien Ware ein Widerrufsrecht zu. ▶ Abschn. 6.2.1

Fiktivkaufmann Eine Person, die mit ihrer Firma zu Unrecht im Handelsregister eingetragen ist und ein Gewerbe betreibt, das jedoch kein Handelsgewerbe ist. Diese Person ist somit kein Kaufmann (§ 1 I HGB). Sie wird aber wie ein Kaufmann behandelt (§ 5 HGB). ▶ Abschn. 2.1.4

Firma Die Firma ist der Name, unter dem ein Kaufmann seine Geschäfte betreibt (§ 17 HGB). ▶ Abschn. 2.3

Firmenbeständigkeit Um einem Unternehmen den erworbenen Ruf zu erhalten, darf die Firma auch fortgeführt werden, wenn sie den veränderten Verhältnissen nicht mehr entspricht (§§ 21 ff. HGB). ▶ Abschn. 2.3

Firmenfortführung Übernahme eines Handelsgeschäfts unter Beibehaltung der Firma. In diesem Fall haftet der Erwerber für die im Betrieb des Handelsgeschäfts begründeten Verbindlichkeiten des früheren Inhabers (§ 25 HGB). ▶ Abschn. 2.3

Firmenunterscheidbarkeit Eine Firma muss Unterscheidungskraft besitzen (§ 18 I HGB). ▶ Abschn. 2.3

Firmenwahrheit Eine Firma darf nicht irreführend sein (§ 18 II 1 HGB). ▶ Abschn. 2.3

Fixgeschäft Geschäft, bei dem die Erfüllung zu einem bestimmten Termin oder innerhalb einer bestimmten Frist nach dem Vertrag wesentlich ist (§ 376 HGB). ▶ Abschn. 6.2.1

Formkaufmann Bestimmte Gesellschaftsformen (GmbH, AG, KGaA, eG, SE, SCE sowie OHG, KG und EWIV) sind allein aufgrund ihrer Rechtsform, unabhängig von der Art und dem Umfang ihres Geschäftsbetriebs, mit ihrer Eintragung in das Handelsregister Kaufleute (§ 6 HGB). ▶ Abschn. 2.1.3

Frachtgeschäft Durch den Frachtvertrag verpflichtet sich der Frachtführer, das Frachtgut zum Bestimmungsort zu befördern und dort an den Empfänger abzuliefern, und der Absender, das vereinbarte Frachtgeld zu bezahlen (§ 407 HGB). ▶ Abschn. 6.2.2.1

Franchise Durch den Franchisevertrag gestattet der Franchisegeber dem Franchisenehmer gegen Entgelt, seinen Namen, seine Marken und Schutzrechte usw. beim Vertrieb von Waren und Dienstleistungen zu nutzen. ▶ Abschn. 3.3.4

Freiberufliche Tätigkeit Zu der freiberuflichen Tätigkeit gehören die selbstständig ausgeübte wissenschaftliche, künstlerische, schriftstellerische, unterrichtende oder erziehende Tätigkeit (§ 18 I Nr. 1 EStG). ▶ Abschn. 2.1.1

Freiwillige Gerichtsbarkeit Das grundlegende Verfahrensgesetz ist das FamFG. In der freiwilligen Gerichtsbarkeit ergehen Entscheidungen nicht durch Urteil, sondern durch Beschluss oder Verfügung.

Frist Zeitraum, mit dessen Ablauf eine bestimmte Rechtswirkung eintritt. Es gibt gesetzliche (z. B. Verjährung) und vertragliche Fristen. Die Fristberechnung erfolgt nach den §§ 186 bis 193 BGB. ▶ Abschn. 6.1.3, 6.2.1

Garantie Zusicherung des Verkäufers oder des Herstellers, dass die Ware eine bestimmte Beschaffenheit hat oder für eine bestimmte Dauer eine bestimmte Beschaffenheit behält (§ 443 BGB). ▶ Abschn. 6.2.1

GbR Gesellschaft bürgerlichen Rechts. Diese Gesellschaftsform wird auch als BGB-Gesellschaft bezeichnet, da sie im BGB geregelt ist. Die GbR ist ein Zusammenschluss mehrerer Gesellschafter, die sich zur Förderung eines gemeinsamen Zwecks verpflichten (§§ 705 bis 740 BGB). ▶ Abschn. 4.2.1

Gebrauchsmuster Erfindungen, die neu sind, auf einem erfinderischen Schritt beruhen und gewerblich anwendbar sind, können nach dem Gebrauchsmustergesetz (GebrMG) geschützt werden. ▶ Abschn. 7.3.3

Genossenschaft Siehe eG

Gerichtsstandsvereinbarung Sind die Parteien Kaufleute, können sie eine Vereinbarung treffen, welches Gericht örtlich zuständig sein soll. Diese Gerichtsstandsvereinbarung hat zur Folge, dass dadurch ein an sich unzuständiges Gericht zuständig wird (§ 38 I ZPO). ▶ Abschn. 6.4.2

Gesamtprokura Eine Gesamtprokura liegt vor, wenn die Erteilung der Prokura an mehrere Personen gemeinschaftlich erfolgt (§ 48 II HGB). ▶ Abschn. 3.1.1

Gesamtschuld Eine Gesamtschuld liegt vor, wenn mehrere eine Leistung in der Weise schulden, dass jeder die ganze Leistung zu bewirken verpflichtet, der Gläubiger aber die Leistung nur einmal zu fordern berechtigt ist (§ 421 BGB). ▶ Abschn. 4.2.2, 4.2.3, 7.1

Geschäftsbriefe Auf Geschäftsbriefen müssen Kaufleute unter anderem ihre Firma angeben sowie das Registergericht und die Nummer, unter der die Firma in das Handelsregister eingetragen ist (§ 37a HGB). ▶ Abschn. 2.3

Geschäftsführung Befugnis zur Leitung einer Gesellschaft. Die Geschäftsführungsbefugnis betrifft das Innenverhältnis zwischen den Gesellschaftern. Davon zu unterscheiden ist die Vertretungsbefugnis. Diese betrifft das Außenverhältnis, also die Frage, ob eine Person die Gesellschaft gegenüber Dritten wirksam verpflichten kann. ▶ Abschn. 4.2.1, 4.2.2, 4.2.3, 4.3.2

Gesellschaft Privatrechtlicher Zusammenschluss mehrerer Personen zur Erreichung eines gemeinsamen Zwecks. Im Gesellschaftsrecht gilt der Numerus clausus der Gesellschaftsformen. Zulässig sind daher nur GbR, OHG, Partnerschaftsgesellschaft, EWIV, KG, Stille Gesellschaft, Verein, GmbH, AG, KGaA, SE, eG, SCE und VVaG sowie Mischformen dieser Gesellschaftstypen. ▶ Abschn. 4.1

Gewährleistung überholter Begriff für Sachmängelhaftung.

Gewerbebetrieb Ein Gewerbebetrieb liegt vor bei einer selbstständigen, planmäßig ausgeübten und auf Dauer ausgerichteten Tätigkeit am Markt, die nach außen erkennbar und die keine freiberufliche Tätigkeit ist. ▶ Abschn. 2.1.1

Gewerbeordnung Einige Gewerbetreibende bedürfen nach der Gewerbeordnung einer besonderen Genehmigung für ihre Tätigkeit. ▶ Abschn. 7.4

Gewerblicher Rechtsschutz Sammelbegriff für verschiedene gewerbliche Schutzrechte: Patent-, Gebrauchsmuster-, Design-, Marken- und Wettbewerbsrecht. ▶ Abschn. 7.3.1

Gewinn- und Verlustrechnung Gegenüberstellung der Aufwendungen und Erträge des Geschäftsjahrs (§ 242 II HGB). ▶ Abschn. 5.2

gGmbH Gemeinnützige GmbH. Ob eine GmbH gemeinnützig ist oder nicht, bestimmt sich nach den §§ 51 bis 68 Abgabenordnung (AO). Liegen die steuerrechtlichen Voraussetzungen vor, darf ein Unternehmen als gGmbH firmieren (§ 4 GmbHG). ▶ Abschn. 4.3.2

GmbH Gesellschaft mit beschränkter Haftung. Für die Verbindlichkeiten der GmbH haftet den Gläubigern nur das Gesellschaftsvermögen. ▶ Abschn. 4.3.2

GmbH & Co. KG Kommanditgesellschaft, deren nach dem Kommanditgesellschaftsrecht des HGB unbeschränkt haftender Gesellschafter eine GmbH ist. ▶ Abschn. 4.2.3

Gutachtenstil Formulierungsstil, bei dem das Gutachten mit einer Hypothese beginnt und das Ergebnis einer rechtlichen Erörterung erst am Ende festgestellt wird. Der Gegensatz zum Gutachtenstil ist der Urteilsstil, der gleich mit dem Ergebnis beginnt und dieses dann begründet. ▶ Abschn. 8.1.1

Gutgläubiger Erwerb Erwerb des Eigentums oder eines anderen Rechts an einer Sache vom Nichtberechtigten durch einen gutgläubigen Dritten (§ 932 BGB, § 366 HGB). ▶ Abschn. 6.1.3

Handelsbräuche Die im Handelsverkehr geltenden Gewohnheiten und Gebräuche. Dabei handelt es sich zwar um kein Gewohnheitsrecht, § 346 HGB ordnet aber ausdrücklich an, dass diese Bräuche bei der Auslegung von Verträgen zu berücksichtigen sind. ▶ Abschn. 6.1.2

Handelsgeschäfte Alle Geschäfte eines Kaufmanns, die zum Betrieb seines Handelsgewerbes gehören (§ 343 HGB). ▶ Abschn. 6.1.1

Handelsgewerbe Jeder Gewerbebetrieb, es sei denn, dass das Unternehmen nach Art oder Umfang einen in kaufmännischer Weise eingerichteten Geschäftsbetrieb nicht erfordert (§ 1 II HGB). ▶ Abschn. 2.1.1

Handelskauf Ein Handelskauf ist ein Kaufvertrag über Waren oder Wertpapiere, der für mindestens eine der beiden Parteien ein Handelsgeschäft ist. Für den Handelskauf gibt es spezielle Vorschriften (§§ 373 bis 382 HGB). ▶ Abschn. 6.2.1

Handelsmakler Ein Handelsmakler übernimmt gewerbsmäßig für andere Personen, ohne von ihnen auf Grund eines Vertragsverhältnisses ständig damit betraut zu sein, die Vermittlung von Verträgen über Gegenstände des Handelsverkehrs (§ 93 HGB). ▶ Abschn. 3.3.2

Handelsregister Beim Registergericht geführtes öffentliches Verzeichnis, das über bestimmte Tatsachen in Bezug auf Kaufleute Auskunft gibt (§§ 8 ff. HGB). ▶ Abschn. 2.2

Handelsvertreter Ein Handelsvertreter ist als selbstständiger Gewerbetreibender ständig damit betraut, für einen anderen Unternehmer Geschäfte zu vermitteln oder in dessen Namen abzuschließen (§ 84 I HGB). ▶ Abschn. 3.3.1

Handlungsbevollmächtigter Eine Handlungsvollmacht liegt vor, wenn jemand ohne Erteilung der Prokura zum Betrieb eines Handelsgewerbes oder zur Vornahme einer bestimmten zu einem Handelsgewerbe gehörenden Art von Geschäften oder zur Vornahme einzelner zu einem Handelsgewerbe gehöriger Geschäfte ermächtigt ist (§ 54 I HGB). ▶ Abschn. 3.1.2

Handlungsgehilfe Handlungsgehilfe ist jeder, der in einem Handelsgewerbe zur Leistung kaufmännischer Dienste gegen Entgelt angestellt ist (§ 59 HGB). ▶ Abschn. 3.2

Handwerksbetrieb Der selbstständige Betrieb eines Handwerks ist nach dem Gesetz zur Ordnung des Handwerks (HwO) nur den in der Handwerksrolle eingetragenen Personen gestattet. ▶ Abschn. 7.4

HGB Handelsgesetzbuch. In diesem Gesetzbuch ist das Sonderprivatrecht der Kaufleute geregelt. ▶ Abschn. 1.1

Hinterlegung Art der Leistungserfüllung. Wenn der Gläubiger in Annahmeverzug ist, kann sich der Schuldner von seiner Verbindlichkeit befreien, indem er den geschuldeten Gegenstand beim Amtsgericht des Erfüllungsortes hinterlegt (§§ 372 bis 383 BGB). Im Handelsrecht besteht ein erweitertes Hinterlegungsrecht, das Hinterlegungen auch an anderen Stellen als den dazu bestimmten öffentlichen Stellen ermöglicht (§ 373 HGB). ▶ Abschn. 6.2.1

HRV Abkürzung für Verordnung über die Einrichtung und Führung des Handelsregisters. ▶ Abschn. 2.2

IAS International Accounting Standards. Sammlung internationaler Rechnungslegungsstandards, abgelöst durch die IFRS.

ICC International Chamber of Commerce, deutsch: Internationale Handelskammer. Die ICC mit Sitz in Paris ist ein nicht staatlicher, weltumfassender Verband von Unternehmen, in dem über 1500 Wirtschaftsorganisationen und mehr als 5000 international tätige Unternehmen aus mehr als 130 Staaten organisiert sind. ▶ Abschn. 6.3.3, 6.4.3

IFRS International Financial Reporting Standards. Die IFRS sind eine Sammlung einheitlicher, internationaler Rechnungslegungsstandards. § 315e HGB nimmt auf die IFRS Bezug. ▶ Abschn. 5.5

Impressumspflicht Die Impressumspflicht bei Internetseiten ist im TMG geregelt. ▶ Abschn. 5.3

Incoterms International Commercial Terms. Sammlung von Vertragsklauseln, welche die Internationale Handelskammer in Paris (ICC), versehen mit Erläuterungen, herausgibt. ▶ Abschn. 6.3.3

Indossament Schriftliche Erklärung, durch welche die Rechte an einem Scheck oder Wechsel übertragen werden. ▶ Abschn. 7.1, 7.2

Inkassoprovision Besondere Vergütung des Handelsvertreters, wenn dieser zusätzlich die Aufgabe übernommen hat, Forderungen aus den vermittelten oder abgeschlossenen Geschäften einzuziehen (§ 87 IV HGB). ▶ Abschn. 3.3.1

Insolvenzmasse Die Insolvenzmasse ist das gesamte Vermögen, das dem Schuldner zur Zeit der Eröffnung des Insolvenzverfahrens gehört und das er während des Verfahrens erlangt (§ 35 Insolvenzordnung). ▶ Abschn. 4.5

Insolvenzverfahren Verfahren, durch das die Verwaltung des Vermögens eines insolventen Schuldners einem Insolvenzverwalter übertragen wird; der Insolvenzverwalter muss für eine gemeinsame Befriedigung der Gläubiger sorgen. ▶ Abschn. 4.5

Internationales Privatrecht Vorschriften, die bei zivilrechtlichen Sachverhalten mit einer Verbindung zum Recht eines ausländischen Staates bestimmen, welche Rechtsordnung anzuwenden ist (Art. 3 I EGBGB). ▶ Abschn. 6.3.1

Internet-Domain Die Freigabe einer bestehenden Internet-Domain kann in einem Zivilprozess erreicht werden, wenn eine geschäftliche genutzte Domain das Markenrecht (§§ 4, 14 MarkenG bei Marken oder §§ 5, 15 MarkenG bei Unternehmenskennzeichen) oder wenn eine privat genutzte Domain das Namensrecht (§ 12 BGB) des Klägers verletzt. ► Abschn. 2.3

Inventar Verzeichnis aller Vermögensgegenstände und Schulden eines Kaufmanns, das zu Beginn des Handelsgewerbes und zum Schluss jedes Geschäftsjahrs aufzustellen ist (§ 240 HGB). ► Abschn. 5.2

Istkaufmann Kaufmann ist, wer ein Handelsgewerbe betreibt (§ 1 I HGB). ► Abschn. 2.1.1

Jahresabschluss Der Jahresabschluss setzt sich aus der Bilanz und der Gewinn- und Verlustrechnung zusammen (§ 242 III HGB). ► Abschn. 5.3

Juristische Person Die juristische Person besitzt eine eigene Rechtsfähigkeit. Sie ist daher von ihren Mitgliedern losgelöst. Juristische Personen des Privatrechts sind der Verein, die AG, die GmbH, die eG und die KGaA. ► Abschn. 4.1

Kammer für Handelssachen Spezielle Kammer (Spruchkörper) beim Landgericht, zu der neben einem Berufsrichter auch zwei ehrenamtliche Richter aus der Wirtschaft gehören (§§ 105, 109 GVG). ► Abschn. 6.4.1

Kannkaufmann Ein Kleingewerbetreibender kann seine Eintragung ins Handelsregister beantragen. Durch die Eintragung ins Handelsregister wird die Stellung als Kaufmann begründet (§ 2 HGB). ► Abschn. 2.1.2

Kapitalgesellschaft Gesellschaft, bei der die Mitgliedschaft auf die reine Kapitalbeteiligung zugeschnitten ist. Kapitalgesellschaften sind die AG, die GmbH und die KGaA. ► Abschn. 4.3.2

Kartellrecht Kartelle sind Vereinbarungen zwischen Unternehmen, Beschlüsse von Unternehmensvereinigungen und aufeinander abgestimmte Verhaltensweisen, die eine Beschränkung des Wettbewerbs bezwecken oder bewirken. Kartelle sind nach dem Gesetz gegen Wettbewerbsbeschränkungen (GWB) bis auf einige Ausnahmefälle verboten. ► Abschn. 7.3.6

Kaufmann Man unterscheidet zwischen dem Ist-, dem Kann-, dem Form-, dem Fiktiv- und dem Scheinkaufmann. ► Abschn. 2.1

Kaufmännisches Bestätigungsschreiben Schreiben, mit dem eine mündlich getroffene Vereinbarung zwischen Kaufleuten bestätigt wird. Weicht der Inhalt eines solchen Bestätigungsschreibens von dem vorher mündlich Vereinbarten ab und nimmt der Empfänger es widerspruchslos entgegen, so gilt der Inhalt des Schreibens als Vertragsinhalt. ► Abschn. 6.1.2, 6.3.2

KG Abkürzung für Kommanditgesellschaft

KGaA Kommanditgesellschaft auf Aktien, geregelt in §§ 278 ff. Aktiengesetz. ► Abschn. 4.3.3

Kleingewerbetreibende Gewerbetreibende, deren Unternehmen nach Art oder Umfang einen in kaufmännischer Weise eingerichteten Geschäftsbetrieb nicht erfordert. Sie sind keine Istkaufleute (§ 1 II HGB). ► Abschn. 2.1.1, 2.1.2

Kommanditgesellschaft Gesellschaft, deren Zweck auf den Betrieb eines Handelsgewerbes unter gemeinschaftlicher Firma gerichtet ist und bei der bei einem oder einigen von den Gesellschaftern die Haftung gegenüber den Gesellschaftsgläubigern auf den Betrag einer bestimmten Vermögenseinlage beschränkt ist (Kommanditisten), während bei dem anderen Teil der Gesellschafter eine Beschränkung der Haftung nicht stattfindet (persönlich haftende Gesellschafter), § 161 HGB. ► Abschn. 4.2.3

Kommissionär Kaufmann, der gewerbsmäßig im eigenen Namen für Rechnung eines anderen Waren oder Wertpapiere kauft oder verkauft (§ 383 I HGB). ► Abschn. 3.3.3

Kommittent Derjenige, in dessen Namen der Kommissionär Waren oder Wertpapiere kauft oder verkauft (§ 383 I HGB). ► Abschn. 3.3.3

Komplementär Als Komplementär wird auch – allerdings nicht vom Gesetzgeber – der persönlich haftende Gesellschafter einer Kommanditgesellschaft bezeichnet. ► Abschn. 4.2.3

Konstitutive Eintragung Eintragung mit rechtsbegründendem Charakter, bei der die Rechtsfolge erst durch die Eintragung einer Tatsache in das Handelsregister eintritt. ► Abschn. 2.2

Kontokorrent Bei einem Kontokorrent (laufende Rechnung) werden die gegenseitigen Forderungen nach einem bestimmten Zeitraum verrechnet und durch Feststellung des für den einen oder anderen Teil sich ergebenden Überschusses ausgeglichen (§ 355 HGB). ▶ Abschn. 6.1.3

Körperschaft Die Körperschaft ist eine juristische Person, die rechtsfähig ist und unabhängig von ihren Mitgliedern durch ihre Organe im Rechtsverkehr tätig wird. Körperschaften sind der Verein, die GmbH, AG, KGaA, eG und der VVaG. ▶ Abschn. 4.3

Körperschaftsteuer siehe Steuerrecht.

Ladenangestellter Angestellte in Läden oder Warenlagern gelten nach § 56 HGB als ermächtigt zu Verkäufen und Empfangnahmen, die in einem derartigen Laden oder Warenlager gewöhnlich geschehen. ▶ Abschn. 3.1.3

Lagergeschäft Beim Lagergeschäft schließt der Einlagerer mit dem Lagerhalter einen entgeltlichen Lagervertrag, durch den der Lagerhalter verpflichtet wird, das Gut zu lagern und gegen Beschädigung und Verlust zu schützen (§§ 467 ff. HGB). ▶ Abschn. 6.2.2.3

Land- und forstwirtschaftliche Betriebe Diese Betriebe genießen im Handelsrecht einen Sonderstatus. Sie sind unabhängig von ihrem Umfang niemals Kaufleute kraft Gesetzes. Erfordern sie nach Art und Umfang einen in kaufmännischer Weise eingerichteten Geschäftsbetrieb, können sie jedoch die Eintragung in das Handelsregister beantragen und durch diese Eintragung den Status eines Kaufmanns erlangen (§ 3 HGB). ▶ Abschn. 2.1.2

lex mercatoria lateinisch für „Handelsrecht"; so bezeichnet eine Strömung in der Literatur ein „selbstgeschaffenes Recht des Welthandels". Praktische Bedeutung hat diese Theorie im Recht der Schiedsverfahren. In mehreren Schiedsverfahren entschieden Schiedsgerichte auf Grundlage von – nirgendwo verbindlich festgelegten – Grundsätzen der lex mercatoria. ▶ Abschn. 6.4.3

Mängelanzeige siehe Untersuchungs- und Rügeobliegenheit.

Marke Als Marke können alle Zeichen, die geeignet sind, Waren oder Dienstleistungen eines Unternehmens von denjenigen anderer Unternehmen zu unterscheiden, nach dem Gesetz über den Schutz von Marken und sonstigen Kennzeichen (Markengesetz – MarkenG) geschützt werden. ▶ Abschn. 7.3.5

Markengesetz Nach dem Markengesetz werden Marken, geschäftliche Bezeichnungen und geografische Herkunftsangaben geschützt (§ 1 MarkenG). ▶ Abschn. 2.3, 7.3.5

Masse Verkürzte Bezeichnung für Insolvenzmasse

Nachlass Im BGB verwendeter Ausdruck (z. B. in § 2205 BGB) für die Erbschaft, also das Vermögen des Erblassers, das beim Erbfall als Ganzes auf den Erben übergeht (§ 1922 BGB). Nicht identisch ist damit der Begriff „Erbmasse" Der gehört in den Bereich der Biologie und nicht in den des Rechts (obgleich er in einigen Entscheidungen des Bundesgerichtshofs und des Bundesfinanzhofs gebraucht wird). ▶ Abschn. 2.3

Nachlassinsolvenz Insolvenzverfahren über den Nachlass. ▶ Abschn. 4.5

Negative Publizität des Handelsregisters Ein Kaufmann, in dessen Angelegenheiten eine Tatsache im Handelsregister einzutragen war, aber nicht eingetragen wurde, kann diese Tatsache einem Dritten nur dann entgegenhalten, wenn er beweist, dass der Dritte die einzutragende Tatsache kannte (§ 15 I HGB). ▶ Abschn. 2.2

Niederlassungsprokura Bei einer Niederlassungsprokura ist die Prokura auf den Betrieb einer Zweigniederlassung beschränkt (§ 50 III HGB). ▶ Abschn. 3.1.1

Offene Handelsgesellschaft Gesellschaft, die auf den Betrieb eines Handelsgewerbes unter gemeinschaftlicher Firma gerichtet ist und bei der bei keinem der Gesellschafter die Haftung gegenüber den Gesellschaftsgläubigern beschränkt ist (§ 105 HGB). ▶ Abschn. 4.2.2

OHG Abkürzung für Offene Handelsgesellschaft.

Organhaftung Haftung einer Körperschaft für schuldhaftes Handeln ihrer Organe (§ 31 BGB). ▶ Abschn. 4.3.1

Partnerschaftsgesellschaft Diese im Gesetz über Partnerschaftsgesellschaften Angehöriger Freier Berufe (Partnerschaftsgesellschaftsgesetz – PartGG) geregelte Gesellschaftsform steht ausschließlich Freiberuflern offen. ▶ Abschn. 4.2.4

Passiva Vermögenspositionen in der Bilanz, welche über die Mittelherkunft Auskunft geben. ▶ Abschn. 5.2, 5.3

Patent Erfindungen, die neu sind, auf einer erfinderischen Tätigkeit beruhen und gewerblich anwendbar sind, können nach dem Patentgesetz (PatG) geschützt werden. ▶ Abschn. 7.3.2

Personenhandelsgesellschaften Die KG und die OHG. Diese sind im Gegensatz zu den Kapitalgesellschaften keine juristischen Personen, diesen aber insoweit angenähert, als sie unter ihrer Firma Rechte erwerben und Verbindlichkeiten eingehen und vor Gericht klagen und verklagt werden können. Praktisch wichtigster Unterschied ist, dass bei der Personenhandelsgesellschaft nur die Einkünfte der Gesellschafter besteuert werden, während die Kapitalgesellschaft als selbstständiges Steuersubjekt der Körperschaftsteuer unterliegt. ▶ Abschn. 4.1, 4.2

Positive Publizität des Handelsregisters Eine im Handelsregister eingetragene und bekanntgemachte Tatsache kann jedem Dritten entgegengehalten werden, es sei denn, die Rechtshandlung wird innerhalb von 15 Tagen nach der Bekanntmachung vorgenommen und der Dritte kann beweisen, dass er die Tatsache weder kannte noch kennen musste (§ 15 II, III HGB). ▶ Abschn. 2.2

ppa. Per procura (lateinisch für „in Vollmacht"). Indem ein Prokurist dieses Kürzel seinem Namen voranstellt, kommt er der Verpflichtung nach, seine Schreiben mit einem auf die Prokura hinweisenden Zusatz zu zeichnen (§ 51 HGB). ▶ Abschn. 3.1.1

Priorität Bei der Vergabe der Firma gilt der Grundsatz der Priorität: Wer zuerst ins Handelsregister eingetragen ist, darf die Firma benutzen, selbst wenn die Firma z. B. aus dem Eigennamen desjenigen besteht, der als Zweiter die Firma eintragen lassen will (§ 30 HGB). ▶ Abschn. 2.3

Prokura Die Prokura ist eine besondere Art der Vollmacht, welche der Inhaber eines Handelsgeschäfts oder sein gesetzlicher Vertreter einem Angestellten erteilt. Die Prokura ermächtigt zu allen Arten von gerichtlichen und außergerichtlichen Geschäften und Rechtshandlungen, die der Betrieb eines Handelsgewerbes mit sich bringt (§ 49 I HGB). ▶ Abschn. 3.1.1

Protest Begriff des Scheck- und Wechselrechts. Protest ist die Feststellung in einer öffentlichen Urkunde, dass die Zahlung des rechtzeitig vorgelegten Schecks oder Wechsels verweigert wurde. ▶ Abschn. 7.1

Provision Entgelt für Geschäftsbesorgungen oder Dienstleistungen. Ein Handelsvertreter z. B. hat Anspruch auf eine Provision für Geschäfte, die er vermittelt oder im Namen eines anderen Unternehmers abgeschlossen hat (§ 87 I 1 HGB). Ferner können z. B. Kaufleute einen Provisionsanspruch haben (§ 354 HGB). ▶ Abschn. 3.3.1, 6.1.3

Rechnungsabgrenzungsposten Zum Zwecke der periodengerechten Erfolgsermittlung gebildete Posten, welche sich auf Zahlungen vor dem Abschlussstichtag für wirtschaftliche Gegenleistungen in späterer Zeit beziehen (§ 250 HGB). ▶ Abschn. 5.2

Rechnungslegung Verpflichtung zur Führung von Handelsbüchern und zur Bilanzerstellung (§§ 238 ff. HGB) sowie zur Offenlegung des Jahresabschlusses bei Kapitalgesellschaften (§ 325 HGB). ▶ Kap. 5

Registergericht Amtsgericht, welches das Handelsregister führt (§ 8 HGB). ▶ Abschn. 2.2

Rom I-VO EU-Verordnung, welche das Internationale Privatrecht der Schuldverträge regelt. ▶ Abschn. 6.3.1

Rügeobliegenheit siehe Untersuchungs- und Rügeobliegenheit.

Sachmängelhaftung Der Verkäufer haftet dafür, dass die verkaufte Sache bei Gefahrübergang die vereinbarte Beschaffenheit hat (= frei ist von Sachmängeln), § 434 BGB. ▶ Abschn. 6.2.1

SCE Abkürzung für Societas Cooperativa Europaea, siehe Europäische Genossenschaft.

Scheck Ein Scheck ist eine schriftliche Anweisung an ein Kreditinstitut, an einen Dritten eine bestimmte Geldsumme zu zahlen. ▶ Abschn. 7.1

Scheinkaufmann Eine Person, die als Kaufmann auftritt, obwohl sie weder im Handelsregister als Kaufmann eingetragen noch kraft Gesetzes Kaufmann ist. Aufgrund des von ihr gesetzten Rechtsscheins wird sie gutgläubigen Dritten gegenüber wie ein Kaufmann behandelt, allerdings nur bezüglich derjenigen Bestimmungen, die sich zugunsten des Dritten auswirken. ▶ Abschn. 2.1.4

Schiedsvertrag Vereinbarung zwischen verschiedenen Personen, alle oder einzelne Streitigkeiten, die zwischen ihnen in Bezug auf ein bestimmtes Rechtsverhältnis entstanden sind oder künftig entstehen, der Entscheidung durch ein Schiedsgericht zu unterwerfen (§ 1029 ZPO). ▶ Abschn. 6.4.3

Schweigen im Rechtsverkehr Abweichend vom allgemeinen Zivilrecht gilt im Handelsrecht Schweigen als Annahme eines Antrags, sofern ein Kaufmann, dessen Gewerbebetrieb die Besorgung von Geschäften für andere mit sich bringt, nicht unverzüglich auf einen Antrag über die Besorgung solcher Geschäfte antwortet, der von einer Person gestellt wurde, mit der er in Geschäftsverbindung steht (§ 362 I HGB). ▶ Abschn. 6.1.3

SE Abkürzung für Societas Europaea, siehe Europäische Aktiengesellschaft.

Sorgfaltspflichten Ein Schuldner darf bei der Erfüllung seiner Pflichten aus einem Schuldverhältnis die im Verkehr erforderliche Sorgfalt nicht außer Acht lassen (§ 276 II BGB). Bei einem Kaufmann bestimmt sich der Sorgfaltsstandard nach der „Sorgfalt eines ordentlichen Kaufmanns" (§ 347 I HGB). ▶ Abschn. 6.1.2

Speditionsvertrag Geschäftsbesorgungsvertrag, der die Versendung von Frachtgut für den Versender gegen Entgelt zum Inhalt hat (§ 453 HGB). ▶ Abschn. 6.2.2.2

Stammkapital (Mindest-)Kapital zur Gründung einer GmbH (§§ 5, 5a GmbHG). ▶ Abschn. 4.3.2

Steuerrecht Steuern sind einmalige oder laufende öffentliche Abgaben, die keine Gegenleistung für eine besondere Leistung darstellen (§ 3 Abgabenordnung – AO). Das Steuerverfahrensrecht ist in der AO, das materielle Steuerrecht in vielen verschiedenen Spezialgesetzen (u. a. KStG, EStG) geregelt. ▶ Abschn. 5.4

Stiftung Die in den §§ 80 bis 88 BGB geregelte Stiftung ist ein mit eigener Rechtspersönlichkeit ausgestattetes Sondervermögen. Im Gegensatz zu einer Gesellschaft hat die Stiftung keine Mitglieder. ▶ Abschn. 4.1

Stille Gesellschaft Bei der stillen Gesellschaft geht die Einlage des stillen Gesellschafters in das Vermögen des Inhabers des Handelsgeschäfts über. Dieser wird aus den in dem Betriebe geschlossenen Geschäften allein berechtigt und verpflichtet (§ 230 HGB). ▶ Abschn. 4.2.5

TMG Telemediengesetz. ▶ Abschn. 2.3

Transportgeschäfte Zu den Transportgeschäften zählt man das Fracht-, das Speditions- und das Lagergeschäft (§§ 407 bis 475h HGB). ▶ Abschn. 6.2.2

Treu und Glauben Allgemeiner Rechtsgrundsatz bei Schuldverhältnissen. Gilt insbesondere für die Auslegung von Verträgen (§ 157 BGB) und die Art der Erbringung der geschuldeten Leistung (§ 242 BGB). ▶ Abschn. 2.1.4, 6.1.3

UG Abkürzung für Unternehmergesellschaft.

Unionsrecht Recht der Europäischen Union.

UN-Kaufrecht Internationales Abkommen, das Regelungen für Verträge über den internationalen Warenkauf enthält. Deutschland ist diesem Abkommen beigetreten. ▶ Abschn. 6.3.2

Unternehmenskennzeichen Zeichen, die im geschäftlichen Verkehr als Name, als Firma oder als besondere Bezeichnung eines Geschäftsbetriebs oder eines Unternehmens benutzt werden. Geschützt sind auch bloße Firmenbestandteile, sofern sie als Name des Unternehmens angesehen werden (§ 5 II MarkenG). Sie genießen Schutz nach § 15 MarkenG. ▶ Abschn. 2.3

Unternehmensregister Elektronisches Register, über das man Zugang zum Originaldatenbestand der Handelsregister hat. ▶ Abschn. 2.2

Unternehmensübernahme Wer ein unter Lebenden erworbenes Handelsgeschäft unter der bisherigen Firma fortführt, haftet für alle im Betrieb des Geschäfts begründeten Verbindlichkeiten des früheren Inhabers (§ 25 I HGB). ▶ Abschn. 2.3

Unternehmer Eine natürliche oder juristische Person oder eine rechtsfähige Personengesellschaft, die bei Abschluss eines Rechtsgeschäfts in Ausübung ihrer gewerblichen oder selbstständigen beruflichen Tätigkeit handelt (§ 14 I BGB). ▶ Abschn. 1.1

Unternehmergesellschaft Die Unternehmerge-sellschaft haftungsbeschränkt ist eine Unterform der GmbH, welche die Besonderheit aufweist, dass sie mit einem Stammkapital von nur einem Euro gegründet werden kann. ▶ Abschn. 4.3.2

Untersuchungs- und Rügeobliegenheit Ist der Kauf für beide Teile ein Handelsgeschäft, so hat der Käufer die Ware unverzüglich nach der Ablieferung durch den Verkäufer, soweit dies nach ordnungsmäßigem Geschäftsgange tunlich ist, zu untersuchen. Wenn sich ein Mangel zeigt, muss er dem Verkäufer unverzüglich Anzeige machen. Geschieht dies nicht, gilt die Ware als genehmigt (§ 377 HGB). ▶ Abschn. 6.2.1

Urheberrecht Die Urheber von Werken der Literatur, Wissenschaft und Kunst genießen für ihre Werke Schutz nach dem Gesetz über Urheberrechte und verwandte Schutzrechte (UrhG). ▶ Abschn. 7.3.1

Urteilsstil Formulierungsstil, der gleich mit dem Ergebnis beginnt und dieses dann begründet. Der Gegensatz zum Urteilsstil ist der Gutachten-stil. ▶ Abschn. 8.1.1

VAG Abkürzung für Gesetz über die Beaufsichti-gung der Versicherungsunternehmen. ▶ Abschn. 2.3, 4.3.5

Verbraucher Verbraucher ist jede natürliche Person, die ein Rechtsgeschäft zu Zwecken abschließt, die überwiegend weder ihrer gewerblichen noch ihrer selbstständigen beruflichen Tätigkeit zugerechnet werden können (§ 13 BGB). ▶ Abschn. 1.1

Verein Körperschaftlich strukturierte Personen-vereinigung. Der Verein erlangt Rechtsfähigkeit durch Eintragung in das Vereinsregister oder als wirtschaftlicher Verein durch staatliche Verleihung (§§ 21 bis 79 BGB). ▶ Abschn. 4.3.1

Verfahrenssprache Sprache, welche im Gerichtsverfahren zu verwenden ist. Vor staatlichen Gerichten ist dies grundsätzlich Deutsch (§ 184 GVG), bei Schiedsverfahren kann die Verfahrenssprache zwischen den Parteien vereinbart werden (§ 1045 ZPO). ▶ Abschn. 6.4.3

Vertragshändler Kaufmann, der im eigenen Namen und für eigene Rechnung den Vertrieb von Waren eines bestimmten Herstellers übernimmt. ▶ Abschn. 3.3.4

Vertragsstrafe Geldzahlung, die der Schuldner dem Gläubiger für den Fall der Nichterfüllung oder der nicht gehörigen Erfüllung seiner Verbindlichkeiten verspricht (§ 339 BGB). Verspricht ein Kaufmann eine Vertragsstrafe, kann diese später vom Gericht grundsätzlich nicht herabgesetzt werden (§ 348 HGB). ▶ Abschn. 6.1.3

Vertretungsmacht Berechtigung, eine Willenserklärung für einen anderen in dessen Namen abzugeben oder entgegenzunehmen, wodurch diese Willenserklärung dann unmittel-bar für oder gegen den Vertretenen wirkt (§ 164 BGB). Die Vertretungsmacht kann sich unmittel-bar aus dem Gesetz ergeben oder durch Rechtsgeschäft erteilt sein. ▶ Abschn. 3.1

Verzug Sowohl der Schuldner als auch der Gläubiger können in Verzug kommen, der Schuldner mit der Leistung (§§ 286 ff. BGB), der Gläubiger mit der Annahme (§§ 293 ff. BGB). ▶ Abschn. 6.1.3, 6.2.1

Völkerrechtliche Vereinbarungen Verträge zwischen Völkerrechtssubjekten; in der Regel zwischen Staaten. Ein Beispiel für einen völkerrechtlichen Vertrag ist das UN-Kaufrecht. Regelungen in völkerrechtlichen Vereinbarungen gehen, soweit sie unmittelbar anwendbares innerstaatliches Recht geworden sind, den Vorschriften des EGBGB zum Internationalen Privatrecht vor (Art. 3 Nr. 2 EGBGB) ▶ Abschn. 6.3.1, 6.3.2, 7.3.5

Vollmacht Durch Erklärung erteilte Vertre-tungsmacht (§ 167 BGB). Sie ermächtigt den Vertreter, Willenserklärungen in fremdem Namen mit Wirkung für und gegen den Vertretenen abzugeben (§ 164 BGB). ▶ Abschn. 3.1

Vor-Gesellschaft Gesellschaft im Gründungssta-dium, die noch nicht rechtsfähig ist. Wird im Namen einer noch nicht rechtsfähigen Gesell-schaft gehandelt, wird nicht die Gesellschaft, sondern der Handelnde verpflichtet. ▶ Abschn. 4.2.3, 4.3.2

VVaG Versicherungsverein auf Gegenseitigkeit. Dies ist ein Verein, welcher die Versicherung seiner Mitglieder nach dem Grundsatz der Gegenseitigkeit betreibt. Gesetzlich geregelt ist der VVaG in den §§ 171 bis 210 VAG. ▶ Abschn. 4.3.5

Wechsel Eine schriftliche, als Wechsel bezeichnete Anweisung an einen Dritten (den Bezogenen), eine bestimmte Geldsumme zu bezahlen. Der Bezogene wird zur Zahlung nur verpflichtet, wenn er den Wechsel annimmt, indem er seine Unterschrift auf den Wechsel setzt. ▶ Abschn. 7.2

Wertpapier Ein Wertpapier ist eine Urkunde, in der ein Recht verbrieft wird. Wertpapiere sind z. B. der Scheck, der Wechsel und die Aktie. ▶ Abschn. 6.2.1

Wettbewerbsrecht Das Gesetz gegen den unlauteren Wettbewerb (UWG) verbietet den Anbietern von Waren oder Dienstleistungen unlautere geschäftliche Handlungen (z. B. Täuschung der Kunden). ▶ Abschn. 7.3.6

Wettbewerbsverbot Ein vertragliches Wettbewerbsverbot liegt vor, wenn der Kaufmann mit seinem Angestellten eine Vereinbarung schließt, nach welcher der Angestellte für den Zeitraum nach der Beendigung des Arbeitsverhältnisses in seiner gewerblichen Tätigkeit beschränkt wird (§ 74 I HGB). Ohne eine entsprechende Vereinbarung besteht nur während des Dauer eines Dienst- oder Gesellschaftsverhältnisses ein Wettbewerbsverbot (§§ 60, 112 HGB). ▶ Abschn. 3.2, 4.2.2

Zinspflicht Der Schuldner muss bei Nichtzahlung einer Geldschuld Zinsen zahlen. Nach dem BGB beginnt diese Zinspflicht im Regelfall erst mit Verzug des Schuldners (§§ 288, 286 BGB; Ausnahme Werkvertrag, Beginn nach § 641 IV BGB mit Fälligkeit), im Handelsrecht beginnt sie dagegen bei beiderseitigen Handelsgeschäften immer schon mit Fälligkeit der Forderung (§ 353 HGB). ▶ Abschn. 6.1.3

Zivilprozessordnung (ZPO) Gesetz, welches Verfahrensvorschriften für Rechtsstreitigkeiten über zivilrechtliche Ansprüche enthält. ▶ Abschn. 6.4.2, 6.4.3

Zurückbehaltungsrecht Recht des Schuldners, bei nicht erfüllten Gegenforderungen die geschuldete Leistung zu verweigern (§ 273 BGB). Bei beiderseitigen Handelsgeschäften besteht ein erweitertes Zurückbehaltungsrecht (§ 369 HGB). 7 Abschn. 6.1.3

Printed by Printforce, the Netherlands